U0905689

新时代
家庭育儿指南

杨燕◎主编　　周丛笑◎主审

东方出版中心

图书在版编目（CIP）数据

新时代家庭育儿指南 / 杨燕主编. —上海：东方出版中心，2022.7
ISBN 978-7-5473-2009-9

Ⅰ. ①新… Ⅱ. ①杨… Ⅲ. ①学前教育－家庭教育－指南 Ⅳ. ①G781-62

中国版本图书馆CIP数据核字(2022)第093252号

新时代家庭育儿指南

主　　编　杨　燕
策划组稿　张芝佳
责任编辑　费多芳
封面设计　钟　颖

出版发行　东方出版中心有限公司
地　　址　上海市仙霞路345号
邮政编码　200336
电　　话　021-62417400
印 刷 者　杭州日报报业集团盛元印务有限公司

开　　本　710mm × 1000mm　1/16
印　　张　21.75
字　　数　299千字
版　　次　2022年7月第1版
印　　次　2022年7月第1次印刷
定　　价　49.80元

编委会

序 言 |

家教润养　共同成长

家庭教育是为幼儿打好生命底色的基础工程。在2018年的全国教育大会上，习近平总书记从“四个第一”的高度，对家庭教育进行了深刻论述，指出：家庭是人生的第一所学校，家长是孩子的第一任老师，要给孩子讲好“人生第一课”，帮助扣好人生第一粒扣子。总书记的讲话，高度概括了家庭教育的重要性，对新时代家庭教育建设具有重要指导意义。

继总书记发表关于家庭教育的重要讲话之后，2021年10月23日，在本书初稿即将完成之际，一条消息“刷爆”朋友圈——《中华人民共和国家庭教育促进法》（以下简称《家庭教育法》）正式出台，并将于2022年1月起实施。家庭教育的立法，标志着一个崭新的家庭教育时代的来临，更对家庭教育提出了新的挑战。

家庭教育，《辞海》的解释为父母或其他年长者在家里对幼儿和青少年进行的教育；而在《家庭教育法》中，是指父母或者其他监护人为促进未成年人全面健康成长，对其实施的道德品质、身体素质、生活技能、文化修养、行为习惯等方面的培育、引导和影响。它具有支持幼儿迈出成长第一步的启蒙性，树立、传承良好家风的感染力，有助于幼儿的全面发展和终身发展。良好的家庭教育，能给予幼儿温暖的情感港湾，塑造幼儿坚实的人生品格，赋予幼儿“为生之道”“为人之道”“为学之道”的生命智慧，激发幼儿建设新世界的无穷潜力。家庭教育，关乎着幼儿的个人发展，关乎着家庭的和谐幸福，更关乎着国家的发展命运。

而当今社会，快速发展的时代呼唤着家庭教育的转向。譬如，儿童观的发展呼唤着家庭教育的转型发展，幼儿越来越成为有能力的学习者，要求家庭教育由成人本位逐渐向幼儿本位转变；人才要求的发展呼唤着家庭教育的转型发展，非智力因素成为人才发展的重要指标，要求家庭教育从“利在当下”逐渐向“为未来做好准备”转变；现实教育问题呼唤着家庭教育的转型发展，例如二孩、三孩政策的出台带来家庭模式的变化，教育成本的提升增加家庭生活开支，现代家庭问题又带来家庭关系的挑战，这些都要求家庭教育由单一、封闭、零散向多元、科学、系统转变……由此可见，推动家庭教育的转向已成为一个艰巨而长远的任务。

我们很高兴地看到，湖南省军区幼儿园（以下简称“军幼”）在这方面已经迈出了可喜的第一步。《新时代家庭育儿指南》一书，既面向广大家长群体，也面向广大幼儿园教师和家庭教育指导师群体，是军幼“新时代家园共育现代化实践研究”课题的重要成果。全书分为两大部分：第一部分以深入浅出的理论阐述，帮助家长、幼儿园教师和家庭教育指导师更新家教观念，打开家教视野；第二部分坚持问题导向，以真实的家教问题案例、专业的幼儿发展分析和切实可行的家教指导策略，为家长、幼儿园教师和家庭教育指导师解决家庭教育的难题与困惑提供具体思路。

本书既是军幼教师、家长集体智慧的结晶，更是幼教人责任与使命的写照。杨燕园长带领的团队，结合园所工作实际与家长现实反馈，融合、创新家庭教育理论，发挥幼儿园教育高度的组织性、扎实的专业性、纵深的系统性优势，指导家长开展家庭教育，从而促进幼儿健康成长、家长自我提升与家庭美满幸福。这既是一次家庭教育理论与实践的融合创新，更是一次推动家庭教育转向的有益尝试，不仅能为家长提供一些“育儿心经”，还能为幼儿园教师和家庭教育指导师的实际工作提供理论指导和实践参考，兼具科学性、务实性与实用性。

因此，这是一本家长读的书，也是一本幼儿园教师、家庭教育指导师与家长一起读的书。我衷心期盼，每位读到此书的读者朋友，能从中受到一些触动，感悟一些道理，收获一些启示；我也期盼，此书能为更多的幼儿园与家庭搭建起通畅牢固的共育桥梁，共同为幼儿的成长保驾护航；我更期盼，在科学适宜的家庭教育润养下，每个幼儿都能健康成长，收获美好未来！

周丛笑

湖南省教育科学研究院基础教育研究所副所长、研究员

湖南省特级教师

第十一届国家特约教育督导员

2021年10月

目　录

第三章　典型的家庭教育案例

第一章
科学的家庭教育观念

观念，是个体对事物的主观与客观认识的系统化之集合体。家庭教育观念，是父母及其他监护人对儿童开展教育活动的系统化认识。正确的家庭教育观念能够引导家长培养孩子成为有责任感、人格完善、对社会有用的人才，能够帮助孩子成就美好未来。在本书第一章中，我们将遵循“是什么”和“怎么做”的内在逻辑，共同探讨“对家长角色的理解与认识”“对待幼儿的态度与行为”“家庭教育的态度与行为”“家长自身的修养与行为”四个问题，引导家长科学地开展家庭教育，指导家长采取适宜的家庭教育行为。

一、对家长角色的理解与认识

家长，一般指父母或者其他监护人或者幼儿的长辈，是幼儿成长过程中最为重要的角色。幼儿就像一颗种子，拥有自己的生命时间节律，蓄势待发，时刻准备着长大。家长要做的，就是在合适的时间松土、浇肥，支持幼儿的成长。作为家长，我们需要更好地理解“家长”的含义与角色，在育儿过程中不断思考这一角色的定位与价值，才能在与幼儿的生命互动中保持从容与和谐。

（一）关于家长的角色，教育家们如是说

关于家长在教育中的角色，从“教育”这一概念产生以来就在不断被发现、探索和实践。伟大的学前教育家们帮我们总结梳理了许多关于“家长”这一角色的经典论述。站在巨人的肩膀上，我们可以更好地学习、反思“家长”的真正内涵。

1. 苏霍姆林斯基：家庭教育是学校教育的基础

苏联教育家苏霍姆林斯基认为，家庭教育是植物的根苗，根苗茁壮才能枝繁叶茂，开花结果。良好的学校教育是建立在良好的家庭教育基础上的，家庭教育是学校教育的基石。家长应该营造充满爱的家庭氛围。夫妻之间的感情不仅仅是两个人之间的爱，更是一种无声而有效的家庭教育。父母之间的爱情就像温暖的阳光，照耀着幼儿幸福成长。在充满爱的家庭长大，幼儿会对父母的教导有着特殊的敏感度和接受能力，爱本身就是一种教育。家长还应该让幼儿多观察。他认为智慧源于思考，而思考则从观察开始。很多家长注重让幼儿多阅读，却忽略了让幼儿观察。他强调幼儿对自然环境的直接观察决定了幼儿的智慧。幼儿天生就有观察事物的好奇心，家长可以带幼儿去户外，或者到大街上去观察，耐心回答幼儿的提问，并引导幼儿越来越系统地进行观察。

2. 蒙台梭利：深切细致地关注幼儿

意大利幼儿教育家玛利亚·蒙台梭利认为，家长应该为幼儿提供有准备的环境。对3岁以下的幼儿来说，家庭就是幼儿成长的最佳环境。尤其是母亲需要和幼儿建立亲密的身体接触。3岁以后，为幼儿创设的环境须激发出幼儿活动的动机，如为幼儿准备低矮的玩具柜，保证每个玩具摆放在专门的位置，并让幼儿参与秩序的维护。家长应该为幼儿提供工作的机会。鼓励幼儿产生工作的欲望，并且在工作中锻炼肌肉的协调，学会独立和自我控制。家长应该为幼儿提供自我服务的机会，鼓励幼儿在生活中自我服务，帮助幼儿养成自己的事情自己做的习惯，如：

准备一些符合幼儿身材大小的清洁工具，鼓励幼儿自主扫地、擦桌子、穿衣等；引导幼儿自主整理放置幼儿衣物的小衣柜；把食物放在幼儿容易取放的位置；等等。家长应帮助幼儿深化感觉认知。感觉认知是幼儿智力活动的开端。家长要注意对幼儿进行感觉教育，帮助幼儿将模糊的印象变得明确有序。家长可以在日常生活或者游戏中，帮助幼儿锻炼听觉、视觉、味觉、嗅觉和触觉，如在小区散步时，看到一棵石榴树，可以有意引导幼儿看石榴树、摸石榴、吃石榴等，以丰富幼儿的感知觉经验。幼儿感官能力得到较好的锻炼，能够为将来的阅读、书写等活动打下基础。

3. 华德福：养育是一种职业

鲁道夫·施泰纳于1919年在德国创立了第一所华德福学校。在华德福学校，家长和教师一起参与学校管理。家长应终身学习，与学校形成教育合力。在华德福，育儿是一种职业，家长需要获得职业所需的相关技能和知识。华德福学校会定期举行家长聚会，组织学习小组，以关注家长内在的自我成长。活动形式包括冥想练习、艺术活动、精神科学以及相关讨论等。这意味着，家长不仅应该积极参与幼儿园举办的家长学校、教育讲座等活动，也应该有意识地自我教育，提升自己的教育素养。

（二）编者眼中的家长角色

关于家长在教育中的角色，编者通过总结梳理认为，其内涵更像是园丁，园丁式的父母并不会试图将幼儿打造成自己想象中的样子，而是为花木提供一个受保护的培育空间，提供一个充满爱的丰富、安全的空间，让幼儿能够发挥自身无限的可能。让我们一起来挖掘家长角色的深刻内涵。

1. 家长角色的起点是养

家长是幼儿身体的养护者。从出生开始，幼儿就从来没有停止过对世界的探索。从他开始用吮吸的方式感知外部世界，父母就在幼儿的身边，为他排除危险因素。当幼儿试图触摸滚烫的热水，父母紧急地将热水拿走，远离幼儿；而当幼儿不停地抽取卫生纸时，父母眼含笑意，满足幼儿的好奇心。只要不伤及幼儿的身体，父母就鼓励、支持幼儿用身体和动作丰富他们对世界的认识。父母也为幼儿的身体成长提供适宜的营养，从哺乳喂养到三餐安排，父母为幼儿身体成长提供后勤保障，让幼儿在充足的养分中茁壮成长。

家长更是幼儿心灵的养护者。父母不是幼儿心灵的画师，即使是刚出生的幼儿，也不是一张白纸，能够任意地被书写、涂抹。幼儿从出生开始就是一个积极的学习者，就像是“有过滤功能的海绵”，有选择性地吸收外部信息。父母陪伴幼儿成长，一举一动都影响着幼儿，为他迎难而上加油，为他疑惑不解疏导，为他沮丧低沉鼓劲，为他取得成功喝彩……父母不仅是陪伴者，更是润泽幼儿心灵的养护人。

2. 家长角色的根本是爱

为人父母的本质是缔结与深化爱的关系。成为照顾幼儿的父母，是成为一种深刻而独特的人类关系的一部分，应投入到一种特定的爱当中。在和幼儿建立爱的关系时，我们要处理的第一个问题是爱与放手的关系。看着孩子从怀里嗷嗷待哺的婴儿、蹒跚学步的幼儿、嬉闹游戏的稚子，一步步地成长为成人的过程，就是龙应台所说的不断目送的过程。我们看着幼儿一点点长大，他们往前行走的背影，提示我们“不必再送”。幼儿随着成长，逐渐从依赖到独立，父母要学会在适当的时机放手和退出，如从幼儿小时候开始就注重培养他们的独立能力，鼓励幼儿自己进餐、自己如厕等，放手让幼儿去做自己力所能及的事。第二个问题就是爱要有底线的问题。父母要将适度的爱与内心深沉的爱化为对幼儿的信任、鼓励，切忌在溺爱中失去底线原则，贻误幼儿一生。

3. 家长角色的关键是理解

家长角色的关键是要站在幼儿的角度，理解幼儿，用儿童的视角去体会、感受其差异。家长从幼儿的角度去认识世界，也能丰富家长对生活的认知。如：对于下雪这种现象，成人知道这是一种自然的天气现象。但是，有的幼儿会解释说，是雪姑娘在天上跳舞，是圣诞老人送的礼物，幼儿用想象、诗意的眼光解释他们所想象的世界。这个时候，家长不需要用科学的世界去否定幼儿心中浪漫的世界，只需要尊重幼儿特有的认识世界的方式。

4. 家长角色的实质是陪伴

家长角色的实质是陪伴，这种陪伴不仅是日常生活层面的陪伴，更是幼儿精神成长层面的陪伴。幼儿的精神生活需要游戏，游戏是童年生活的本质。父母不仅要为幼儿创造适宜的游戏条件和环境，如提供结构玩具和低结构性材料，给予幼儿游戏的空间和时间，更要适时地参与到幼儿的游戏中，让幼儿自主择定主题和提出游戏思路，用提问、启发、协商、提示、建议的方法来帮助幼儿丰富游戏情节，提高游戏质量，在游戏互动过程中及时给予幼儿鼓励和表扬，让幼儿在获得相应发展的同时融洽亲子关系。

5. 家长角色的真谛是榜样

家长是幼儿的榜样，幼儿是家长的镜子。幼儿具有吸收性心理，他们吸收环境中的信息，因此家长的言谈举止都直接影响着幼儿。家长是幼儿生长中的重要“他人”，家长的处事态度、行为方式也被幼儿内化成自己的一部分。因而，家长应当以“榜样”的角色时时自省，应当“身正为范”，以良好的世界观、人生观和价值观影响幼儿。“榜样”也意味着家长是自己的老师，应当自我教育，不断完善自己待人接物的方式，从而不断给予幼儿正面影响。

二、对待幼儿的态度与行为

幼儿，指一岁的孩子度过了婴儿期，进入了幼儿期。幼儿既是发展中的个体，是成人照顾和养育的对象，也是生长的主体。幼儿主动感知世界、积极构造自我世界，同时也改变着他人世界。他们的到来改变了家长的生活理念和日常样态，重组了家长对生命的认知和感受。作为家长，我们需要以科学的态度和发展的眼光看待幼儿，才能正确地认识幼儿、理解幼儿，为幼儿的发展提供有力支持。

（一）理解你的幼儿，有正确的儿童观

关于对待幼儿的态度与行为，纪伯伦在《论孩子》中说道："你们的孩子，都不是你们的孩子，乃是'生命'为自己所渴望的儿女。"孩子因你来到这个世界，却不是你的附属品。孩子是独立的生命个体，自我生命的指挥家。

1. 幼儿不是小大人，有独有的身心特点

幼儿不是小大人，幼儿有不同于成人的特点和需求。在幼儿发展的过程中，父母不能基于自己的角度和标准去帮助幼儿。只有基于幼儿的身心发展特点，才能为幼儿提供适宜的生长条件。幼儿天生就是科学家，对周围事物充满好奇心。只要稍加留意你就会发现，幼儿的脑袋里装着千奇百怪的问题。家长不能认为幼儿在"胡言乱语"，应用积极回应与鼓励的态度促进幼儿对事物的观察和探索。幼儿天生就是艺术家，充满想象和天马行空的创意。家长不应过于注重对幼儿进行艺术技能的训练，要尊重幼儿用自己的语言表现自己的理解。幼儿天生就是哲学家，喜欢追问关于世界、生命的哲学问题。家长要善于倾听幼儿，以平等的态度引导幼儿不断深化自己的认识。

2. 幼儿不是橡皮泥，有自由的个性特征

幼儿不是橡皮泥，不是任何人可以随意打造、任意塑形的作品。幼儿具有依赖性，他们依赖成人的照顾和帮助，但这种依赖性并不意味着幼儿只能消极被动地任凭成人处置。幼儿依赖成人的同时，也是一个能动的主体。随着年龄的增长，幼儿有能力一点点扩大自己的活动范围。在合适的条件下，幼儿既能够按照自己的节律生长，也能够参与家庭、社会生活；幼儿具有不同于成人的幼儿视角，并能构建丰富的、不断生长的幼儿文化。父母不能只看到幼儿依赖的一面，用所谓的"教养"方式将幼儿捏造成自己想要的样子。

3. 幼儿不是小皇帝，有自主的能动意识

幼儿不是小皇帝，事事都需要家长包办代替。家长在日常生活中可以培养幼儿的自理能力。让幼儿亲身参与日常家务，有利于培养幼儿的独立性，帮助幼儿获得自我效能感。在幼儿年龄比较小的时候，家长可以鼓励幼儿收拾自己的玩具。家长可以提供玩具收纳箱，和幼儿一起商量如何进行分类和收纳，包括鼓励幼儿制作收纳标识等。当幼儿大一点的时候，家长可以和幼儿一起参与日常生活中的家务劳动。在这个过程中，家长要摆正自己的心态，面对幼儿的消极反应时不能过于焦虑，要多陪伴和鼓励幼儿参与家务劳动，养成爱劳动的好习惯。

幼儿是自我世界的创造者，他们从自己独特的视角出发，将周围环境和外界信息进行阐释性再构，重新纳入自己的文化世界；幼儿是家庭生活的构成者，幼儿不仅有参与家庭生活的权利，也有参与家庭生活的能力，幼儿以自己的方式影响甚至决定着家庭生活的样态。只有从正确的认知基础出发，才能以合适的态度和行为对待幼儿，帮助幼儿获得成长，度过美好的童年，走向幸福的未来；只有尊重幼儿创造和参与的权利，父母才能在真正意义上实现教育的可能，让幼儿获得充足的养分。

（二）支持你的幼儿，有正确的育儿观

关于对待幼儿的态度与行为，心理学家高普尼克也曾反思，好的父母究竟是什么样子的。他们不仅应当尊重幼儿生命的自然规律，还应当为“幼苗”提供受保护的空间和赖以生存的养分，最重要的是，牵引着“幼苗”向着阳光不断延伸。幼儿是独立的生命个体，也需要身心成长的必要支持。

1. 应正确看待幼儿的认知需求

幼儿具有很强的好奇心，他对于外部世界天然具有旺盛的认知需求。幼儿的年龄特点和发展特征决定了幼儿需要的是具体形象、生动有趣的认知对象，而不是按照理性逻辑编排的抽象知识。因此，幼儿的学习是在游戏中、在生活中、在自然中悄然发生的。超前的小学化学习模

式，不但不能让幼儿提前起跑，率先起步，反而会扼杀幼儿的学习激情和认知兴趣。早有研究表明，提前让幼儿学习英语、计算、识字等，虽然会让幼儿在小学低年级表现出短暂的学习优势，却更容易让幼儿在中高年级表现出学习兴趣降低、后劲不足等特点。提前让幼儿学习抽象知识，不仅不符合幼儿的认知特点，还会让幼儿失去快乐的童年，不利于幼儿的长远发展。

童年的游戏并不是无意义的浪费时间。事实上，幼儿在游戏中认知、学习和成长，游戏才是符合幼儿认知需求的学习方式。在游戏中，幼儿学会了与同伴进行沟通和合作，学会了对物品和时间进行计划和调整，培养了专注力、动手能力以及解决问题的能力等。而这些方面的发展构成了决定幼儿未来认知发展的学习品质。

2. 应密切关注幼儿的身心状况

幼儿的成长是身与心的协同发展。家长在养育幼儿的过程中，不仅要注重培育体格强健、身体健康的幼儿，也要注重为幼儿营造一个温暖、安全的心理环境。家庭成员之间和谐、亲密的关系直接影响着幼儿的情绪基调。首先，父母的陪伴能够满足幼儿依恋的需求，让幼儿有能力维持一种良好、稳定的情绪。其次，家长可以帮助幼儿认识和表达自己的情绪，如选择一些情绪绘本与幼儿共读，启发幼儿把自己带入故事角色，体验或者克服故事主人公所经历的情绪，或与父母一起谈论自己的情绪。当家长遇到幼儿产生情绪问题时，可以主动求助幼儿园老师，和教师共同合作，尝试用适宜的方式处理幼儿的情绪问题。

3. 应适当重视幼儿的意志锻炼

意志力是能够根据目标克服困难和挫折，调节和支配自己行为的能力。一个有意志力的幼儿，会有更强的独立性和成就感，能够勇敢、自信地应对学业问题、生活困难和人生困境，能以坚韧、坚强、坚持的态度做好每件事，为成功创造无限的可能。因而，家长应适当地给予幼儿锻炼意志的机会。如：家长可以让幼儿试着对自己的时间进行规划，学会制订计划、实施计划、反思计划、完善计划；在日常生活中，家长应当给予幼儿更多独立活动的机会，让幼儿开展自我服务并承担力所能及的家务劳动；家长还可以鼓励幼儿坚持适度的体育运动，磨炼幼儿的意志力；当幼儿在生活或者学习过程中遇到问题或挫折时，家长应鼓励幼儿面对困难，积极解决问题，尝试用包容之心协助幼儿积极应对，让幼儿感受自我挑战后的快乐，从而形成积极面对人生的态度。

三、家庭教养的态度与行为

教养，是家长对幼儿养育与教育行为的统称。家庭是幼儿生活的主要环境，幼儿的生存与发展都有赖于家庭环境。家庭环境中的教养氛围和每位成员的教养态度与行为都会直接影响幼儿的成长。作为家长，我们需要基于正确的教养观念，秉持科学的教养态度，施以适宜的教养行为，才能在幼儿的生存与发展中发挥有益的作用。

（一）科学教养幼儿

关于家庭教养的态度与行为，一直是家庭教育中的核心命题。众说纷纭，却无定论。但唯一不变的是“关爱尊重，引导支持”。我们需要认真学习、用心体会以这八个字为核心的科学教养态度、教养原则、教养方式与策略。

1. 不粗暴，态度温柔且坚定

在教育幼儿的时候，打骂等粗暴的方式看似非常高效，能够立马遏制幼儿的不良行为并让幼儿不敢再犯，但是在教育功能上的表现却是递减的。长此以往，父母会发现，他们只能一次次增加粗暴的程度、打骂的力度才能让幼儿“听话”，而且幼儿的情绪变得越来越无常不定，亲子关系更在一次次的打骂中被推向岌岌可危的悬崖边缘。甚至，幼儿会模仿父母粗暴的态度和言行，来解决同伴冲突和各类问题。暴力的毒素在不知不觉中悄然摧毁着幼儿的身心、亲密的亲子关系、和谐的家庭氛围以及幼儿光明的未来。

“棍棒底下出孝子”绝不是教育法宝，“温柔而坚定”才是教育的强心剂。父母要学会温柔且坚定地和幼儿沟通，禁止使用粗暴的方式。温柔且坚定意味着父母既要清楚自己立场，也要肯定幼儿的感受。过于温柔，就容易向幼儿不合理的需求妥协。过于坚定则容易过于严厉，伤害幼儿独立自主的能力。温柔而坚定意味着父母应充分接纳和理解幼儿的情绪，既要在语言上给予幼儿情绪上的理解，更要在身体上和心灵上给予幼儿支持和包容，如告诉幼儿“我理解你”“我相信你”，拥抱幼儿、轻抚幼儿，但在沟通和商量的过程中，还是要坚定地执行自己的原则。

2. 不溺爱，清楚底线与原则

溺爱是对幼儿没有原则和限制的爱。溺爱包括对幼儿的需求百依百顺，对幼儿过度保护以及对幼儿的错误袒护。溺爱不是爱，而是一种伤害。无限度地满足幼儿的需求会让幼儿以为自己是世界的中心，所有的事物理所应当属于自己；过度保护会让幼儿错失许多身心成长的机会，更会让幼儿在面对世界时产生恐惧和畏缩的心态；处处袒护幼儿，则会让幼儿丧失明辨是非的能力和判断。

正如教育家马卡连柯所说:“一切为了幼儿，为了他牺牲一切，这是父母送给幼儿最可怕的礼物。”父母爱幼儿就要学会放手，让幼儿自主感知世界，自主创造生活；父母爱幼儿就要学会坚守原则，坚持为人应有的品质和准则，坚持处世应有的规范和守则。

3. 不说教，巧用示范与榜样

“说教”就是忽视甚至无视幼儿的感受与情绪，直接灌输给幼儿道理和规矩。说教式的教育试图直接以教条性的话语改变幼儿的行为，让幼儿遵守规矩。说教一方面反映出家长对幼儿感受与情绪的忽视，另一方面反映出家长对幼儿认知思维的误解。说教是家长站在“道德的制高点”指挥幼儿，而不问幼儿为什么“违规”，想要“什么规则”，愿意以什么方式“遵守规则”；说教是家长站在成人视角理解规则，而不管规则是否能为幼儿所认知内化，能否转化为幼儿的自觉行动。因此，说教并不是教育最适宜、科学的方式。

示范与榜样教育对幼儿更为适合。示范与榜样能让幼儿在具体情境中进行观察、模仿与强化，加速幼儿对规范行为的认知、理解、内化与行动。在示范和榜样教育中，家长首先要注意以身作则。家长是与幼儿相处最久、最亲密的人，更是幼儿最信任、最依赖的人。家长的一言一行都是幼儿观察学习的榜样。因此，家长在要求幼儿之前，请先自己做到、做好，要知道“身教”胜过“言传”。其次，家长还需要选择高级榜样供幼儿模仿学习。榜样的对象可以是幼儿熟悉的同伴，也可以是没见过面的陌生人，如解放军叔叔；可以是真实存在的人物，也可以是虚拟的形象，如动画片《汪汪队立大功》里的小狗。但不论是哪种类型的榜样，都要符合一个标准：健康、积极、向上，能够在特定方面对幼儿产生正面影响。

4. 不攀比，善于鼓励与引导

在现实生活中，很多父母都有用“比较”来进行教育的习惯，把自己的幼儿和“别人家的幼儿”进行对比，以两者的差距来刺激幼儿的发展，或者把自己的幼儿当作自己在家长群体中维持骄傲和体面的工具。殊不知，这种“比较”的育儿方式存在诸多阻碍幼儿身心健康发展的隐患。首先，攀比会给幼儿的心灵造成不良影响。认为自己“不如”别人的幼儿，可能会产生强烈的自卑心理，自身独特的天赋和长处也往往会被忽视和抑制，变得犹豫、懦弱，缺乏自信心、独立性和冒险精神。还可能会因为想要获得更多的肯定而产生盲目攀比和恶意竞争等不良心理与行为。而那些“优于”别人的幼儿，可能会产生自负心理，变得骄傲、蛮横、坐享其成，甚至会因此而过度依赖他人的评价，自主判断能力受到局限。

世界上没有两片完全相同的叶子，也没有一模一样的幼儿。人所拥有的智能是多元的，每个幼儿都会表现出不同的智能特点，不应被片面地评价与比较。家长首先要做到保持平和的心态，尊重自己幼儿独特的发展规律和速度。父母应以鼓励和引导为主，对幼儿的优点给予肯定，针对幼儿的弱点给出建议，为幼儿的发展提供更多自由的空间。其次，家长在引导幼儿向其他幼儿学习时，要中肯地和幼儿探讨别人的优点和缺点，让幼儿认识到自己在某个时间段的进步和改变，了解自身优势的同时认识到自身的不足。

（二）集合家庭力量

家庭教养的态度与行为，关乎的不仅是父母或者某个家庭成员，而是整个家庭环境和全体家庭成员的集合。家庭氛围、成员关系、成员行为等都是影响幼儿发展的重要支点。我们需要统筹整合家庭的教养力量，形成科学良好的教育行为，构建稳定和谐的家庭教育氛围。

1. 获得祖辈正向的育儿支持

父母的陪伴是幼儿成长最好的助力。爸爸和妈妈是教育幼儿的主力军，但是由于工作繁忙等原因，很多父母不得不请求祖辈共同承担育儿的责任。在我国，有近八成的家庭是祖辈参与幼儿教养的。并且，伴随着三孩政策的逐渐落地，祖父母更会成为家庭教育的重要参与者。但值得注意的是，在抚养、教育幼儿的过程中，父母应是主导者，祖辈为辅助者，祖辈不能代替父母的教养角色。理想的家庭教育应是祖辈和父辈将两代人的教养智慧统一结合起来，形成科学适宜的教育合力。在幼儿的教养问题上，只有所有的家庭成员达成一致，才能发挥最好的教育效果。

父辈和祖辈应建立教育的共同体。首先，要明确父母和祖辈的教育责任和教育分工。一般情况下，父母是养育幼儿的第一责任人。幼儿需要父母的关爱，需要与父母互动、交流，从而形成良好的依恋关系。父母也具有更好的学习能力，能够更好地调整自己的教育理念和教育方式。其次，要扬长避短发挥祖辈的教养优势，避免因祖辈教育理念的落后，而采取过于传统的方式教育幼儿。父母要帮助祖辈及时更新教育理念，统一教养方式。作为祖辈也不能故步自封，唯我独尊，在幼儿教育问题上，既要充分尊重幼儿父母的意见，更要主动了解、学习育儿知识。最后，父母要尊重祖辈的付出。在教养幼儿的问题上，父母和祖辈之间的分歧和矛盾是不可避免的。当遇到问题时，不能互相埋怨和指责，父母要在理解祖辈教养行为的基础上，再去沟通和交流，寻求达成教养观念与方式的一致。

2. 父母共同育儿

在我国传统的家庭观念中，男主外，女主内，育儿责任似乎主要由妈妈承担，母亲负主要教养责任的比例也远高于父亲，“丧偶式”家庭依然占比很大。殊不知，父亲积极参与幼儿的养育，能够极大地促进幼儿的整体发展。首先，父亲能更好地支持幼儿进行体能方面的活动。从两岁开始，幼儿身体动作的发展表现为更好的行动力以及更大的身体运动需求。父亲体力和性格的优势能够支持幼儿更好地进行体能游戏和动作游戏。其次，父亲能够帮助幼儿进行男性角色的学习和认同。对男孩而言，父亲是他们建立男性角色的学习榜样，父亲代表着充满力量和能力的男性。同样，父亲是女孩最早对男性角色建立认知的对象，父亲的陪伴能够帮助女孩学会如何与不同性别的个体进行交流和沟通。再次，父亲参与育儿能够进一步加深家庭成员之间的互动，拉近家庭成员关系，对家庭氛围的和谐稳定起着重要作用。在良好家庭氛围的熏陶中，幼儿的安全感和幸福感都会增强，为其良好的身心发展奠定基础。父母双方共同教育幼儿，更能让幼儿感受到家庭的和谐与爱，幼儿能在父母的共同关心、爱护中幸福成长。

3. 多胎家庭，子女互为教育助力

随着三孩政策的不断落地，当前许多家庭的成员结构也随之改变，多孩家庭数量攀升。在多孩家庭中，兄弟姐妹也是重要的教育影响因素之一。孩子都充满好奇心和想象力，他们天然地具有共同语言，同处一片文化领域之下。我们发现，幼儿不仅能够相互陪伴，而且年龄差距不大的同胞还能一起游戏，能够互相学习。与同胞相处能够让幼儿学会如何沟通，学会如何爱与被爱，如何分享等。父母应树立科学的育儿观，给予幼儿同等分量的爱，让幼儿成为彼此的教育助力，要防止偏爱和攀比，善于欣赏幼儿身上的闪光点，从正面教育幼儿。在民主、公平的家庭环境中，父母可以给予幼儿更多的空间，让他们学会自己处理遇到的

矛盾和冲突。总之，在一个充满爱的家庭里，幼儿之间能够形成一个良性的教育影响圈。

四、家长自身的修养与行为

修养，是社会中的个体所应当具有的各方面的基本品质，包括文化、艺术、品德等多方面。家长修养既包括家长在文化、艺术、品德等方面的能力和素养，也包括家长在教育、教养幼儿的过程中表现的基本能力。一个人的修养不仅仅是个人安身立命的内在特质，更是教育与传承的重要内容。作为家长，我们不仅要通过学习与反思不断完善自身的修养与行为，还要时刻把示范与表率意识放在心上，才能为幼儿的发展提供正向引领。

（一）家长修养的意义

家长的修养与行为，会在家长参与家庭生活和社会生活时表现出来，并构成幼儿成长的直接环境，潜移默化地影响幼儿的成长。以身立教是家庭教育的关键，父母的修养决定幼儿的教养。我们需要不断提高自身的修养，才能在潜移默化中让幼儿受到正面的教育影响。

1. 家长修养是强大的教育力量

家长修养不是从专门的教育意图出发，向幼儿传授特定的教育内容，家长修养是一种浸润式的教育方式。它直接体现在家长的言行举止、待人接物之中。在和幼儿共同生活的过程中，家长的修养就在灵魂与灵魂的碰撞中成为幼儿人格和性格中的一部分，是家长以自身生命进行的一场润物细无声的教育，是整体性的教育。家长的文化修养、艺术修养、品德修养作为一个完整的综合体，整体性地发挥着作用。在生活中，家长的修养就在言谈举止中不知不觉地影响着幼儿。如：在一个读书氛围比较浓的家庭中，父母有享受阅读的日常习惯。于是，父母读书、讨论的过程，不仅能够培养幼儿养成良好的阅读习惯，也会自然地输出一些观点和态度影响幼儿，家长修养带来的教育影响随即生成。

2. 家长修养是家长教育行为的根据

家长修养是家长自身认知和行为的综合体，反映在家长行为处事的各个方面。同样，它也是家长教育决策和教育行为背后的最终依据。也就是说，家长在教养幼儿的过程中采取的行为和方式都直接受自身修养的影响，如父母在陪伴幼儿进行亲子阅读时，从绘本的挑选、阅读过程的展开到阅读之后的讨论和延伸活动等都会因父母自身的修养不同而有所不同。分析不同家庭选择的绘本，我们可以发现，选择的背后体现了不同的文化修养、艺术修养和品德修养。也就是说，正是父母的修养直接决定了父母的教育行为和决策。

3. 家长修养是家庭人际关系的积淀

家长修养决定了家庭成员之间的关系。父母对老人的态度和赡养情况、夫妻之间的相处方式、亲子之间关系的建立等都受到家长修养水平的影响。也就是说，家长修养和家庭成员之间的人际关系息息相关，它决定着家庭成员之间是否能够建立和维持爱与理解、安全与信任的环境。而家庭氛围是幼儿成长环境中的基调，良好的家庭氛围能够让幼儿感受到关心与爱护，自信且勇敢地探索外部世界。

（二）家长修养的内容

家长的修养与行为，包括了品德修养、知识储备、教养能力等，是一场家长的自我修炼。在承担教养角色的过程中，家长为幼儿提供了直接的学习榜样。我们需要在家庭教养中不断成为更好的家长和自己，成为最佳的教育示范。

1. 加强品德修炼

家长的道德品质会给幼儿带来深刻的影响。尤其是对处于他律阶段的幼儿来说，家长的价值判断和道德认知是幼儿判断是非的依据。而且，家长的道德品质直接影响到家长的教育目标，如家长有乐于助人的品质，就会希望把幼儿培养为乐于助人的人。

因此，家长应当有意识地加强品德修养。一方面，家长要通过阅读、听讲座等方式提高自身修养的认知水平，如树立与社会理想相一致的个人理想等。另一方面，家长要具有自我反思的能力，善于发现自己的不足，并勇于改进，不断提升品德修养。

2. 增加知识储备

幼儿的发展是全面的、整体的，幼儿的发展不是特定方面的发展，而是认知、语言、社会、艺术等方面的综合提升。这直接要求父母需要具备一定广度的一般性文化知识，从而能够支撑幼儿的发展，更好地满足幼儿的成长需求。

父母需要具备一定的优生知识。在怀孕前，夫妻双方应当去医院进行相应的身体评估，再决定是否具备孕育子女的身体条件。父母还应当改变不良的生活方式，远离高危环境。父母还可以适量进行有氧运动，增强自身体质。有准备的生育能够为幼儿提供良好的身体素质。

父母还需要了解幼儿的生理、心理特点，以及科学育儿知识。如：爱游戏、爱活动是学前幼儿的发展特点，幼儿需要在游戏和活动中发展。因此，家长需要为幼儿提供游戏与活动的环境，不能强制要求幼儿保持安静，超前学习。家长需要阅读相关的家庭教育书刊，收看家教节目，参加家长学校和家长讲座等活动，有意识地提高自身科学育儿的能力。

3. 提升教养能力

（1）了解幼儿的能力

家长需要具备了解幼儿的能力。幼儿的世界区别于成人的世界。每个人都曾是幼儿，但是长大之后，就脱离了幼儿的世界。要想了解幼儿，就需要蹲下来，站在幼儿的角度，去观察幼儿的言行举止，了解幼儿真正的需求。读懂幼儿是家长的必修课。观察幼儿，需要家长先放下自己对幼儿的成见，保持客观的认知。父母还要善于观察幼儿的变化，发现幼儿成长的敏感期。如：当父母发现幼儿开始尝试用语言表达看到的事物时，要意识到幼儿进入了语言的敏感期。此时，父母要尽量用正确的语言方式和幼儿去沟通，应尽量避免使用“吃饭饭”等叠词类的儿语，要有意识地增加语素的输入。最后，父母在观察幼儿时，应当有意识地进行持续性记录，客观地记录幼儿某方面的表现，并尝试与幼儿园教师进行交流和讨论，共同分析幼儿的问题或发展。

（2）分析和解决问题的能力

父母要具备分析和解决问题的能力。在教育幼儿的过程中，当父母遇到问题时，要学会摆脱情绪的控制。父母应以冷静、客观的态度分析幼儿的具体行为，并找出原因。父母要善于与幼儿园根据幼儿的特点和当时的情境，选择合适的教育方法。

（3）掌握一定的家庭教育方法

家庭教育是一门艺术，父母需要掌握育儿技巧，巧用智慧与学校共育幼儿。家长既要注重以口头或书面的方式教育幼儿，也要注重以自身为榜样影响幼儿。家长可采用沟通法，在家庭教养过程中遇到问题，首先要积极聆听幼儿的声音，尊重和引导幼儿表达自我，然后尝试和幼儿协商解决问题。家长要坚持鼓励的正面教育方法，要充分肯定幼儿取得的进步，表扬要真实且具体，如：今天你自己整理了玩具，很干净。同样，面对幼儿的缺点和不足时也要给予中肯的评价，并善于发现幼儿的改变和进步，以鼓励的方式引导幼儿改变自己的行为。

第二章
适宜的家庭教育指导

指导，是指示与教导，指点与引导。家庭教育指导，是依据科学理论与先进经验对家长的教育观念与行为进行分析、建议与引导。科学的家庭教育指导，能帮助家长正确认识教育问题，掌握适宜的教养方法，提升家庭教育素养，从而促进幼儿的健康成长和家庭的和谐幸福。在第二章中，我们将遵循“发现问题”“呈现问题”“分析问题”“解决问题”的内在逻辑，共同探讨幼儿发展五大领域中的家庭教育问题，回应家长在育儿中的困惑，帮助家长增强对幼儿发展规律的认识，更好地掌握科学的教育方法。

一、健康领域家庭教育问题与指导

健康，是指人在身体、心理和社会适应方面的良好状态。幼儿阶段是儿童身体发育和机能发展极为迅速的时期，也是形成安全感和乐观态度的重要阶段。发育良好的身体、愉快的情绪、强健的体质、协调的动作、良好的生活习惯和基本生活能力是幼儿身心健康的重要标志，也是其他领域学习与发展的基础。

因此，为有效促进幼儿身心健康发展，家长应为幼儿提供合理均衡的营养，保证充足的睡眠和适宜的锻炼，满足幼儿生长发育的需要；创设温馨的家庭环境，让幼儿充分感受亲情和关爱，形成积极稳定的情绪情感；帮助幼儿养成良好的生活与卫生习惯，提高自我保护能力，形成使其终身受益的生活能力和生活方式。

◆ 问题一：幼儿总是生病怎么办?

生病，是在一定病因的作用下，机体自稳调节紊乱而发生的异常生命活动过程，并引发一系列代谢、功能、结构的变化，表现为症状、体征和行为的异常，会影响幼儿正常的生命活动，造成身心发展的多种阻碍。许多幼儿在上幼儿园后经常生病，打喷嚏、流涕、发烧、咽喉肿痛、腹泻等，大小毛病不断。家长们焦头烂额且充满困惑：平时幼儿在家里身体还好，为什么一进幼儿园就总生病?是幼儿自身免疫力低下?还是幼儿园护理照顾不周?有没有什么方法可以让幼儿增强体质，预防生病呢?

【问题分析】

1. 生理因素

幼儿正处于身体发育阶段，身体娇弱柔嫩，器官发育不完善，免疫系统不成熟，抵抗疾病能力较差，加之新陈代谢旺盛，在游戏过程中容易出汗，若未及时更换汗湿的衣物，就容易受凉感冒。因此，部分体质较弱的幼儿会在一段时间内反复生病，给身体健康、生长发育甚至心理发展都带来不良影响。

2. 心理因素

进幼儿园是幼儿从家庭环境走向社会环境的第一步，由于所处环境、活动方式等方面的差异，幼儿会产生一定程度的焦虑，处于思念、恐惧、害羞、不安全的心理状态中，进而影响饮水、进餐、排泄等生理活动。[1]在心理和生理的双重作用下，幼儿的身体功能出现紊乱，整体免疫力下降，极易患病。

3．环境因素

入园前，幼儿接触的人员和环境较单一；入园后，幼儿园人员密集且相对集中，物品的交叉使用又增加了细菌、病毒传播的机会。一旦有患儿或潜在传染源进入班级，容易在群体中迅速传播，造成大面积感染。

4．带养方式

幼儿是家庭的焦点，处于长辈无微不至且过于精细的照料之下，如：经常待在温度舒适的室内，外出与自然环境接触及体育锻炼较少；出门被抱着或者坐婴儿车，较少行走；穿得过多，容易出汗，活动时随时更换汗巾；凡事包办代替，自理能力发展滞后，无法独立吃饭、穿衣、如厕、睡眠等。这使得幼儿难以适应幼儿园的集体生活，造成容易生病的现象。

【问题建议】

1．优化生活环境

环境的卫生和清洁是预防疾病的基础。首先，室内要经常开窗通风，幼儿的生活用品和玩具应定期擦拭或在日光中曝晒，以减少环境中病原菌的滋生；其次，家长应为幼儿准备好入园必需的生活用品，如适宜的衣物、毛巾等，满足幼儿集体生活的需要；若幼儿生病，不宜坚持上幼儿园，应在家好好休息，痊愈后方可入园，避免造成疾病反复和交叉感染；最后，保持信任，加强与班级教师的良性沟通，了解幼儿的在

1　刘海燕．帮幼儿顺利度过初入园的生病期［J］．启蒙，2009（9）：38–39.

园生活情况，共同关注、探讨有关幼儿的健康话题，形成一致一贯的健康教育观念与策略，合力共育。

2. 增强幼儿体质

幼儿生长发育迅速，健康的饮食、睡眠、体育锻炼习惯，可以帮助幼儿提高抵抗力，增强体质。[1]首先，家长应妥善安排好幼儿的日常饮食，注意饮食均衡；引导幼儿主动表达饥、渴需求，培养良好的饮食习惯，鼓励幼儿自主进餐、饮水，不偏食、挑食，多吃瓜果蔬菜等新鲜食物，少吃甜食冷饮，多喝白开水。其次，应培养幼儿早睡早起的好习惯，保证充足的睡眠时间，养成良好的睡眠习惯，让免疫系统得到充足的休息，提高身体抵抗力，更好地抗击病毒的侵入。再次，家长应多带幼儿在室内外适度开展体育锻炼，呼吸新鲜空气，享受日光浴，以增强体质，提升免疫能力，从而达到少病、无病的健康状态；不能因噎废食，因为担心幼儿生病，就放弃让幼儿亲近和适应大自然的机会。

3. 调整幼儿心理

入园焦虑是幼儿入园易生病的另一原因，家长应注重对幼儿的心理引导。首先，家长要以积极的态度鼓励幼儿，经常与幼儿交流幼儿园里的游戏、生活，还有与同伴交往的趣事，让幼儿充分感受到家庭的关爱和呵护，形成积极稳定的情绪情感，缓解入园焦虑。其次，可通过亲子共读相关绘本，如《我爱幼儿园》《小魔怪要上学》《汤姆上幼儿园》《大卫上学去》《小猪菲奥娜的重要一天》等，唤起幼儿的情感共鸣，缓解幼儿内心的恐惧和焦虑，培养幼儿积极乐观、坚强独立的意志品质，让幼儿逐渐爱上幼儿园，早日适应集体生活。

4. 科学带养方式

科学带养方式对幼儿养成习惯、增强体质有着至关重要的影响。首先，家长要以身作则，做好榜样示范，注意自身饮食习惯和生活方式的科学性，在潜移默化中言传身教。其次，家长应具备科学带养观念，避免过度保护和包办代替，应教会幼儿感知冷热增减衣物，引导幼儿饭前

---

1 中华人民共和国教育部 . 3—6 岁儿童学习与发展指南［M］. 北京：首都师范大学出版社，2012：10.

便后自主洗手喝水等，鼓励指导幼儿自理、自立。再次，家长可以参考幼儿园的作息时间及食谱，与幼儿共同制订家庭作息时间表与膳食计划，养成家园一致、良好的生活习惯。[1]

幼儿少生病，家长少担心！优化环境、科学养育、调适心理、增强体质，让我们共同努力，降低发病率，让幼儿开心健康每一天！

◆ 问题二：如何预防幼儿早期近视？

近视（近视眼），是眼睛在调节放松时，平行光线通过眼的屈光系统屈折后聚焦在视网膜之前的一种屈光状态。幼儿近视发病在学前时期，存在调节异常、有进展性、易受多因素干扰的特点。[2]近视不仅影响着幼儿的身体健康，更限制了日常生活，对幼儿身心发展造成不良影响。随着信息时代的到来，电子产品广泛应用于家庭生活中，青少年、儿童近视的患病率节节攀升，并且逐渐呈现低龄化、幼龄化的特点。[3]很多幼儿小小年纪就出现视力下降问题，需要佩戴眼镜，令家长备感忧心：究竟是哪些因素导致了幼儿近视？应该如何科学有效地预防早期近视呢？

【问题分析】

1．生理因素

第一，先天遗传。遗传是幼儿近视的诱发因素之一。通过双生子研究、核心家系研究及全基因组关联性分析等方法进行探索发现，人体23对染色体上共16个基因位点与屈光不正有关，说明近视存在遗传倾向。另有研究表明，如果父母双方均为600度以上的高度近视，下一代近视

1　马冠生．科学的饮食行为，让人一生健康幸福［J］．父母必读，2020（10）.

2　百度百科．小儿近视词条解释［EB/OL］．https://baike. baidu. com/item/ 小儿近视 /10108941? fr=aladdin.

3　王冬梅．小儿视力问题切莫忽视［J］．家庭生活指南，2020（5）：1.

的可能性就很大。[1]

第二，膳食营养。幼儿期是眼部发育的重要时期，充足的营养是视力健康的重要保障。如：在日常的饮食当中，钙与眼部发育息息相关，如果钙摄入不足，就会出现巩膜单性减退，晶体内的压力明显上升，导致眼球前后径拉长，直接诱发近视。然而，部分幼儿有挑食、偏食、厌食等不良饮食习惯，导致营养元素单一，极易出现营养过剩，或维生素、矿物质缺乏，从而引发近视。[2]

2. 环境因素

除生理因素外，诸多环境因素也会增加近视风险。国外研究证实，环境因素会显著影响幼儿近视的遗传效应。用眼环境的光线不足或过强，阅读的书本纸张颜色、印刷质量，观看的屏幕光线、画面复杂程度等环境因素都可能导致幼儿眼调节过度紧张，造成近视或加剧近视。[3]

3. 行为因素

近视是由于眼睛对光的屈折力同眼轴长度不相适应造成的。近视的产生与不良的用眼行为有着直接关系。

用眼时间过长。这一问题目前普遍存在。随着家庭经济水平的提高，现在的幼儿初次接触电子产品的年龄呈现低龄化趋势，不少幼儿从幼儿早期就开始使用手机、平板电脑、电脑、电话手表等带有电子屏幕的产品，有的幼儿甚至会较长时间地使用电子产品。

用眼姿势不当。首先，幼儿容易被有光、动态的画面吸引，不自觉地靠近凝视，造成用眼距离过近。其次，很多幼儿喜欢以卧姿用眼，导致眼调节紧张疲劳，加重眼睛的负担，逐渐形成近视。

其他不当行为。首先，不科学的眼镜佩戴方式会加剧近视问题。幼儿期眼球发育快，有些家长对有些因眼球睫状肌紧张造成痉挛而产生的暂时视力减弱，也就是假性近视认识不足，急于给幼儿佩戴眼镜，结果

---

1 刘亚敏，李晓勇 . 幼儿近视现状及影响因素分析［J］. 长江大学学报：自然科学版，2019（16）：121–124.

2 周琦 . 擦亮幼儿心灵的窗户——幼儿近视情况的分析与防治［J］. 经验与启示，2019（12）：183–184.

3 王旭君，杨陈涛 . 幼儿近视的预防［J］. 早期教育：家教版，2018（3）：20–21.

却加速眼球病变，弄假成真。此外，夏季使用的一些塑料有色眼镜，也会损伤眼睛。其次，不恰当的用药方式也会使药物产生副作用影响视力，如过量服用磺胺类、激素类药物等。[1]

【问题建议】

1. 定期检查视力

早发现、早干预是幼儿视力防治工作的主要原则。除出现一些先天性视力异常的情况必须马上就医外，视力看似正常发育的幼儿，也应定期进行视力检查，以便及时关注幼儿视力发育情况，尽早发现潜在隐患，把握矫治的黄金时期。

2. 学习正确用眼

预防视力问题，需要从小培养幼儿用眼卫生习惯。如：科学引导幼儿使用电子产品，使用时间不宜过长，每天看电子产品的时间不超过半小时，用眼后休息放松5—10分钟；[2]及时提醒幼儿在学习和阅读时，调整并保持正确的用眼姿势；引导幼儿眺望远方，欣赏花草树木或聚焦远处目标，从而达到放松眼部肌肉的目的；合理安排幼儿的作息时间，保证充足的睡眠，防止因休息不足、过于疲劳造成的近视。

3. 创设适宜环境

根据不同年龄阶段幼儿的身体发育状况，适时调节桌椅高度，调整光线亮度与角度；幼儿观看的电子屏幕应该相对柔和，避免对比度过强；同时保证幼儿的图书、画纸的质量，图画颜色鲜明、大小适宜，纸张细密洁白、反光不强。有关报道显示："如果要有效保护视力，最好每天进行2小时以上的户外运动，并保障10 000勒克斯及以上的光照强度。"[3]因此，家长还应鼓励幼儿参加户外活动和体育锻炼，阳光、植物等外界环境带来的独特感受，也可促进眼部的健康发育。

1　苗延华．幼儿弱视、近视的成因［J］．幼儿教育，1998（3）：28.

2　王文强．保护视力从小做起［J］．山东教育，2010（Z3）：115.

3　施旖．改善视力助儿成长——对幼儿园发生近视的分析及对策探析［J］．好家长，2021（8）：25-26.

4. 保证营养均衡

家长应留意家庭的饮食结构，及时调整，满足幼儿体内维生素A、B和钙、锌、铬等微量元素的需求，如：适当增加瘦肉、蛋、奶、鱼、虾等富含蛋白质和钙的食物，平日多食用糙米、芝麻等富含维生素B的食物，以及动物肝脏、胡萝卜、蛋黄、新鲜蔬菜、瓜果和豆制品等富含维生素A的食物等。均衡饮食有助于幼儿视力的健康发育。[1]

眼睛是心灵的窗户，更是认识世界的大门。家长应根据造成近视的多种因素，对照分析，及时防治，帮助幼儿有效预防近视。

◆ 问题三：如何预防幼儿龋齿？[2]

龋齿，又称“蛀牙”“虫牙”，是幼儿常见的牙齿疾病。幼儿龋齿的危害甚于成人，既影响局部也影响全身，特别是乳牙龋造成的不良后果，有时比恒牙龋更广泛、更严重。我国第四次“全国口腔健康流行病学调查”显示，5岁幼儿龋病患病率为71.9%，其进展迅速且累及面令人心惊。[3][4]家长们对此深感忧虑和疑惑：为什么幼儿天天刷牙还会得“虫牙”呢？“虫牙”需要处理吗？又该如何预防“虫牙”呢？

【问题分析】

1. 幼儿龋齿的影响因素

（1）乳牙的形态组织结构

乳牙表面的窝沟点隙深而复杂，牙齿之间存在生理间隙等，容易

1 施旖．改善视力助儿成长——对幼儿园发生近视的分析及对策探析［J］．好家长，2021（8）：25-26.

2 本小节由幼儿家长徐飞执笔。

3 Du MP, Li z T, Jiang H, et al. Dental caries status and its associated factors among 3 to 5-year-old Children in China a national survey[J]. Chin J Dent Res, 2018, 21(3): 167-179.

4 刘晓丹，孙嘉曦，许卫星．上海市黄浦区3—6岁幼儿乳牙涂氟防龋效果评价［J］．上海预防医学，2020，32（10）：793-796.

出现菌斑集聚、食物残留，不容易清洁干净。而且乳牙的牙釉质、牙本质厚度薄，矿化程度低，抗酸能力弱，容易患龋，并且龋坏进展迅速。

（2）饮食习惯

幼儿的日常食物大多质地软、黏稠，而且含糖量高。这类食物一旦没有及时清理，极易发酵产酸，产生腐蚀作用，对牙釉质不利。

（3）生活习惯

幼儿的睡眠时间相对较长，睡眠过程中唾液分泌减少，口腔自洁能力差，使得细菌大量滋生与繁殖。而部分家长对幼儿口腔卫生重视不足，清洁不力，使得食物残渣、菌斑软垢积存在牙面上，成为龋齿的重要发病因素。

2. 幼儿龋齿的危害

（1）影响生长发育

乳牙龋坏最直接的影响就是疼痛。剧烈持续的牙痛严重影响到幼儿的咀嚼，进而影响幼儿进食、消化和吸收功能，阻碍患儿的营养摄入，从而影响生长发育，最终引发其他健康问题。

（2）影响恒牙萌出

乳牙蛀牙若不及时治疗会逐渐影响牙根，导致牙根病变、腐烂。而牙根的下面就是恒牙胚，也就是后面会长出来代替乳牙的继替恒牙。如果恒牙胚的发育受到影响，可能会造成恒牙的形态、颜色和位置异常，影响幼儿日后的口腔健康与美观。

（3）影响乳牙与恒牙的交替

所有的乳牙都会在一定时期按一定顺序脱落，被恒牙替换。如果乳牙因龋坏提前脱落，可能会导致替代的恒牙在错误的位置萌出，对牙齿的咬合和排列造成负面影响。

（4）影响心理健康

乳牙龋坏，牙齿不美观，使得幼儿面对别人时逃避羞怯，不愿意咧嘴大方地笑。因此，可能会给幼儿带来不必要的心理负担和压力，不利于幼儿身心健康发展。

【问题建议】

1. 及时清洁，养成良好习惯

首先，坚持饭后漱口、早晚刷牙的清洁习惯，每次刷牙时间不少于三分钟。其次，牙刷可选用软毛、小头、幼儿易握持的，并且每三个月左右更换。再次，牙膏选用含少量氟、低泡沫、口味是幼儿喜欢的，每次用量控制在豌豆粒大小，刷牙后立即漱口。最后，由于幼儿年纪小，注意力集中时间短，家长应教会和帮助幼儿刷牙：上牙由上往下刷，下牙由下往上刷，咬合面要来回刷，里里外外都要刷。幼儿刷牙后，家长务必检查。

2. 营养均衡，科学合理饮食

保证营养均衡，也是预防龋齿的重要途径。多吃五谷杂粮，保证鱼、肉、蛋、奶、豆类、蔬菜和水果的摄入，适当咬韧物，少吃甜食、零食等黏性大、不易清除、容易产酸的食物，少喝甜味饮料。

3. 及时涂氟，健康持久保护

氟是人体正常代谢和促进牙与骨正常生长发育必需的微量元素。大量研究表明，每年两次局部涂氟能有效降低乳牙龋齿发病率。另外，在不同年龄段，可给幼儿的不同牙齿做窝沟封闭。3—4岁可封闭乳磨牙，6—7岁可封闭第一恒磨牙，11—13岁可封闭第二恒磨牙。窝沟封闭后，牙齿容易清洁，食物不容易嵌塞，从而降低患龋概率。

4. 定期检查，严密监控牙齿

3—6岁是幼儿龋病的高发期。建议每年检查口腔1—2次，如发现龋齿、多生牙、乳牙滞留等，应及时治疗。在日常生活中，当幼儿反映牙疼，或家长观察到幼儿牙齿病变，也要及时就医治疗。

在幼儿的口腔卫生保健中，家长起着至关重要的作用，希望每位家长都能形成正确的护牙意识，希望每个宝宝都有一副健康的牙齿！

◆ 问题四：如何引导幼儿科学使用电子产品？

电子产品，是以电能为工作基础的相关产品，主要包括智能手机、电视机、电脑、游戏机等。[1]各种各样的电子产品早已渗透在人们生活的各个角落，信息化深深影响着当今社会的发展进步，也深刻影响着学前幼儿的发展。当前，幼儿使用电子产品的情况十分普遍，[2]而一系列的问题也接踵而来：视力下降、社交能力和学习能力减弱、户外运动量减少、体质下降等。[3]家长对此也存在困惑：电子产品对幼儿的身心健康发展有哪些影响？究竟该不该让幼儿接触电子产品？应该从哪些方面科学引导幼儿合理使用电子产品？

【问题分析】

1. 电子产品的积极影响

（1）实现教育功能

电子产品可以成为教育的辅助工具，合理地使用可以让幼儿获得生动的学习体验。首先，新奇有趣、画面丰富的优质教育软件能吸引幼儿的学习兴趣。其次，教育软件采用的较高的科技手段能实现视觉、听觉、触觉等感知觉的综合参与，让幼儿获得丰富的体验。再次，互联网“足不出户尽知天下事”的特性，能让幼儿短时间内领略世界各地的奇闻美景，既可丰富知识经验，还可培养幼儿搜集与处理信息、主动探索和独立解决问题的能力。同时，合理使用电子产品还有利于培养幼儿的自控力和自觉性等意志品质。

---

1 百度百科．电子产品词条解释［EB/OL］．https://baike. baidu. com/item/电子产品/10573839?fr=aladdin.

2 何晓洁．学龄前幼儿电子产品使用现状调查与影响因素分析［J］．中国乡村医药，2019，26（24）：48–49.

3 池欣芯．电子保姆背后家长教育问题缺失问题分析［N］．企业导报，2015–01–12（7）.

（2）增进亲子交流

电子产品同时也是联系亲子感情的重要桥梁。家长因种种原因不能时刻陪伴在幼儿身边，电子产品可有效弥合时间与空间上的鸿沟，促进亲子交流，增进亲子感情。如：在外工作的父母可通过定期打视频电话了解幼儿近况，沟通亲子感情；功能齐全的电子手表，可帮助家长实时监控幼儿的健康状况、所在位置等，方便随时联系。

（3）促生积极体验

电子产品种类多，功能齐。运动类电子产品支持幼儿与家长一起运动，手机下载运动App打卡、手环监测运动量和效果，让运动不再枯燥，更加有效；学习类电子产品支持幼儿和家长按时学习、快乐学习，及时得到学习的反馈。电子产品为幼儿认识世界开辟了一条全新通道，在多元化的学习与体验过程中，幼儿能获得新鲜感、愉悦感，体验成功感。

2. 电子产品的消极影响[1]

（1）不利于幼儿的身体健康

首先，电子产品损害幼儿的视力健康。幼儿在使用手机、平板电脑等电子产品时，眼睛紧盯屏幕，且许久不愿放下。年龄过早、时间过长地使用电子产品，对眼睛伤害非常大，尤其对于正处视觉发育关键期的幼儿来说，危害更甚于成人。0—6岁是视觉发育关键期，这一期间电子产品使用时间过长或使用方式不当，就会导致幼儿错过视觉发展关键期，甚至出现近视问题。其次，损害幼儿的身体健康。3—6岁是幼儿身体发育的重要阶段，需要足够的户外活动让身体得到充分的锻炼。而电子产品的出现，让很多幼儿小小年纪就“宅”在家里，不愿出门，极易导致肥胖和超重，运动能力降低。同时，一些幼儿在使用电子产品时，习惯性趴、躺在沙发和床上，这些姿势不利于脊柱和颈椎的发育。

（2）不利于幼儿的认知发展

首先，电子产品不利于幼儿独立思考能力的发展。电子产品中的

---

1 贾楠. 电子产品对幼儿发展的危害分析［J］. 中国校外教育，2017（6）：68-69.

游戏和影片，是多个场景和图片快速切换的过程，幼儿来不及对画面进行思考与分析。如果长期接受电子产品的影响，幼儿将会沉浸于被动接收信息的过程中，大脑缺乏主动思考的意识与能力，思维的自主性与积极性也会受到抑制。其次，电子产品中的世界是虚拟的，而幼儿主要依靠直接感知和体验来进行经验建构与学习，因此，电子产品所提供的间接性经验无法带给幼儿全面的认知经验与体验。再次，目前的电子产品大多是单向传输工具，无法实现良性互动。所以，依靠电子产品学习是一种不全面的学习方式，如果幼儿过分依赖电子产品，将不利于独立思考，限制主动感知、认知能力的发展。

（3）不利于幼儿语言能力的发展

面对直观形象、色彩鲜明、丰富有趣的电子屏幕画面，幼儿会被深深吸引。他们忙于接收电子信息和发现乐趣，而没有时间张嘴说话，也顾不上与人交流。因此，长期沉溺于电子产品的幼儿，只是通过眼睛和耳朵来看画面、听声音，语言表达与发展机会减少，必然会影响语言能力的正常发展。

（4）不利于幼儿注意力的集中

电子产品以其丰富的画面，良好的视听体验吸引幼儿。从心理学的角度来说，过多的感官刺激会不断改变正常的感知反应能力。在不断地滑屏和点击中，感官刺激的快速变化使得幼儿在每一个兴趣点上停留的时间都很短，每一次兴趣点的转移都让大脑不断转换思考方式去适应画面变化，使得幼儿的注意力长时间处于分散状态，难以集中，更难以作出系统连贯的思考。

（5）不利于幼儿交往能力的发展

许多家长因忙于自己的事而无暇陪伴幼儿，因此把电子产品当成“免费保姆”，替代自己陪幼儿游戏。时间一长，幼儿会对电子产品产生心理依赖，反而不喜欢与家长和同伴相处，沉浸于电子产品带来的感官享受中。缺少人际互动，影响着幼儿的亲子关系、同伴关系与师幼关系，导致幼儿的人际关系不良，不利于幼儿人际交往能力的发展。

【问题建议】

1. 更新观念，理解接纳

面对幼儿使用电子产品的情况，家长首先要做的是树立正确的教育观念，深刻理解电子产品的两面性，对幼儿喜欢使用电子产品怀着理解和接纳的情感态度，采用科学适宜的手段引导幼儿的使用行为。家长可以寻找适当的时机，如散步、聊天、家庭聚餐时，与幼儿一同探讨使用电子产品给生活带来的利与弊，如：电子产品可用来学习、娱乐、购物等，但过度使用会影响健康、人际交往甚至导致沉迷等。通过交流讨论、答疑解惑，使幼儿树立对电子产品的正确认识，最大限度地帮助幼儿获得使用电子产品带来的积极影响。

2. 协商规则，共同约定

对于幼儿接触和使用电子产品，不能强行禁止，也不能放任自流，而是重在“适度”。怎样才算是适度呢？美国儿科学会（the American Academy of Pediatrics）最新发布的指导方针指出，当代家长不仅需要注意幼儿使用电子产品的时长，还应当注意使用的时间、地点和方式。家长可和幼儿协商、制定家庭成员电子产品使用规则，如什么时候用、用来做什么、一次玩多久、超时怎样罚、遵守怎么奖等。还可通过读绘本、故事等形式让幼儿认识到长时间使用电子产品的危害，并让其知道适时、适度、适宜的重要性。

3. 替代活动，充实生活

当幼儿出现过度依赖电子产品的现象时，家长可与幼儿一起寻找更有益身心健康的活动来代替电子产品，转移幼儿对电子产品的需求和依赖。家长首先应关注幼儿的喜好，遵循幼儿的兴趣，提供充分体验的机会，让幼儿选择更多能带给他们成就感的事情，如手工活动、绘本阅读、建构游戏等。周末或假期家长可和幼儿一起运动旅行、野餐郊游，还可开展家务劳动，如擦桌子、叠衣物、洗菜、倒垃圾等。用健康有益的活动充实幼儿生活，既可降低幼儿想要使用电子产品的意愿，又可促进亲子感情。

4. 以身作则，榜样示范

首先，家长要减少自身对电子产品的依赖。“己所不欲勿施于人”，有的家长在家不让幼儿使用电子产品，自己却埋头刷手机，无法树立良好榜样。其次，不把电子产品作为“交易筹码”，如不对幼儿说“好好吃饭就给你玩”等。这样的“奖励交易”会让幼儿曲解电子产品的性质，误认为电子产品是值得努力追求的目标。再次，家长应多陪伴幼儿，通过丰富的亲子活动，如：与幼儿一起阅读、一起运动散步、一起做饭等，转移幼儿的注意力，增加现实生活中的真实感知与实际操作对幼儿的吸引力。

电子产品是一把双刃剑，家长应正确看待电子产品，充分利用它的优点，规避它的不利之处。只要在恰当的时机运用电子产品，不过于依赖，不无度使用，幼儿就可以在与电子产品的互动中获得教育体验和知识。

◆ 问题五：幼儿咀嚼能力差，喜欢含饭怎么办?

含饭，是幼儿把饭菜含在口中，不嚼也不吞咽，是幼儿不良进餐行为的一种。含饭会影响幼儿的营养摄入，阻碍良好生活习惯的养成，长此以往，会导致幼儿发育迟缓，不长个。进餐过程中，有的幼儿一口饭含在嘴里，不嚼、不咽也不吐，一顿饭要吃一两个小时；还有的幼儿吃东西嚼一嚼就吐了，不会吞咽，蔬菜、水果、肉都咬不动。[1]各种方式的哄吃让不少家长愁白了头：幼儿究竟为什么喜欢含饭？幼儿咀嚼能力差，总是含饭应该怎么办呢?

1 王璐 . 幼儿咀嚼要趁早［N］. 保健时报，2007-10-18（9）.

【问题分析】

1．生理因素

（1）咀嚼、吞咽能力不强

在很多家长看来，咀嚼、吞咽是与生俱来的能力。其实，幼儿不是天生就会咀嚼、吞咽的，习惯了吸吮的幼儿要学会咀嚼和吞咽需要一个过程。如果幼儿3岁以后仍然含饭，很有可能与幼儿长期吃流质、细软食物使咀嚼功能没有得到充分训练有关。

（2）身体不适，食欲不佳

当幼儿感冒或胃肠功能紊乱时，可能会含饭。此外，有蛀牙或口腔溃疡时，为避免疼痛，幼儿也会选择含饭。因为身体状况不佳而含饭的幼儿往往食欲差，饭量小，甚至会出现厌食、呕吐现象。

（3）已经吃饱，不喜欢吃

当幼儿吃饱或不喜欢吃某种食物，而家长仍要求幼儿继续进食时，幼儿可能会用含饭这一行为告诉家长：我已经吃饱了，我不想吃了。

2．心理因素

（1）引起关注

幼儿含饭往往会得到家长更多关爱以及持续关注，幼儿一旦发现含饭与被关注之间存在联系，含饭行为就会被强化。

（2）表示抗议

当幼儿进餐时被家长不断催促、呵斥，或与家长爆发矛盾，在紧张、惊恐的心理状态下，情绪受到影响，食欲降低，幼儿会将饭含在嘴里不肯下咽，用含饭来表示抗议。

3．环境因素

（1）食物口味

有的家长在烹饪食物时，一味追求营养，忽视了色香味美，忽略了种类花样，轻视了幼儿口味，也会导致幼儿含饭，食欲不佳，不愿进食。

（2）就餐氛围

如果就餐环境装饰过于严肃或过于活跃，色彩过于昏暗或过于艳丽，幼儿的注意力被分散，也会出现含饭的情况。如果就餐的规矩太严苛，气氛紧张，即使饭菜色香味俱全，幼儿也会视吃饭为一件无趣的事。

4. 教育因素

（1）喂养观念有误

许多家长缺乏科学带养的常识，总担心幼儿吃得少，营养摄入不足，影响生长发育，可是如果幼儿没有饥饿感，是不会有好食欲的。如果幼儿不饿却强迫其进食，那也势必会出现含饭的情况。

（2）喂养方式有误

首先，有的家长担心幼儿嚼不烂，把膳食制作得过于精细，导致幼儿错过咀嚼敏感期，出现咀嚼肌无力、咀嚼障碍等问题。等幼儿建立自主意识后，就会拒绝吃需要费力嚼的食物，通常就表现为含饭。[1]其次，有的家长担心幼儿把饭菜弄得到处都是，为图省事，干脆喂饭，这无意中剥夺了幼儿自主进餐的机会，导致幼儿失去吃饭的热情。再次，有的家长担心幼儿吃得太慢，不停地催促，结果影响了幼儿的情绪，降低了食欲，将饭含在嘴里不肯下咽。最后，还有的家长担心幼儿吃饭乱跑，于是让幼儿玩玩具或看电视，边玩边吃，反而导致幼儿只顾玩，一口饭含在嘴里忘记吃。

【问题建议】

1. 激发进食兴趣

首先，让幼儿尽可能地品尝不同口感、不同味道的食物，借此激发进食兴趣；其次，根据幼儿年龄阶段进行针对性的教育，如：读绘本、讲故事《一园青菜成了精》《弗朗西丝和面包抹果酱》《真好吃呀真好吃》等；也可以观看小动物进食的图片或视频，增强幼儿的进食兴趣。[2]

1 杨仲华 . 用爱等待幼儿成长［J］. 河北教育：德育版，2018，56（11）：79.
2 陈玉文 . 不要包办幼儿的一切——让幼儿学会咀嚼食物［J］. 山东教育，1999（Z6）：79.

2. 鼓励进餐行为

进餐时，家长应以鼓励和引导为主，带给幼儿咀嚼和吞咽的愉快体验和自信。首先，关注幼儿的饮食习惯，尊重幼儿的意愿，在幼儿身体健康的状态下，让幼儿自主觉察是否吃饱，不要强迫幼儿多吃或少吃。其次，要遵循幼儿咀嚼、吞咽的发展规律，不因幼儿吃饭慢就催促或斥责，也不能放任幼儿吃饭拖拉磨蹭的习惯，密切关注幼儿的进餐情况，进行适宜的鼓励与引导。[1]

3. 营造进餐环境

首先，家长可以与幼儿共同制定就餐规则，如吃饭时把电视关掉，将玩具收起来等。其次，鼓励幼儿自主进餐，自己盛饭、端饭，自己使用餐具。最后，家人统一进餐时间，营造和谐愉快的进餐氛围。柔和、安静的进餐环境可以有效促进幼儿关注进餐过程，享受进餐体验，避免含饭不咽。

4. 改进带养方式

第一，家长应当注重科学烹饪，合理搭配膳食，让幼儿广泛摄入营养；依据幼儿咀嚼能力发展的实际情况，合理调整食物入口的大小与软硬度，为幼儿的口腔肌肉提供充分的咀嚼刺激。第二，科学调整进餐时间，两餐间隔保持在3—4小时，使幼儿的消化系统处于良性运作状态；合理控制幼儿的进餐时间，大约半小时，培养幼儿定时用餐的好习惯。第三，适当进行户外活动，增加热量消耗，让幼儿在正餐前有一定饥饿感。第四，合理估计幼儿的进餐食量，提供适量的食物，观察幼儿的进餐表现，不强迫幼儿进食；若幼儿咀嚼不顺利，家长可在旁边示范咀嚼的动作，引导幼儿积极咀嚼。第五，鼓励幼儿自主进食，对掉饭、漏饭等现象保持宽容和耐心，充分放手让幼儿自己动手动口，做生活的小主人。

咀嚼习惯，养成不易，需要循序渐进的过程。家长应积极训练幼儿的咀嚼能力，帮助幼儿学会咀嚼，及时纠正幼儿含饭的不良饮食习惯，及时鼓励幼儿的每一点进步，用爱等待幼儿成长。

1　阿华．鼓励幼儿多咀嚼［J］．父母必读，1991（4）：43.

◆ 问题六：幼儿总是喜欢乱发脾气怎么办?

发脾气，是指在受到挫折后哭叫吵闹的现象，在各类年龄段均可出现，以幼儿期和学龄前期更为常见。欧洲科学家发现，发脾气可发泄负面情绪，是保持长期健康的关键，但总是乱发脾气，会给身体带来危害，使人际关系变得紧张。幼儿经常在需求未被满足或受到挫折时，大喊大叫，哭闹不止，就地打滚，撕扯扔砸，甚至做出危险的动作。面对这些像“小暴龙”一样的幼儿，许多家长百思不得其解：为什么幼儿动不动就乱发脾气？应该如何让幼儿学会管理自己的情绪呢?

【问题分析】

1．生理因素

（1）疾病影响

研究表明，经常生病的幼儿，大脑控制情绪扁桃体的灰质少，一旦自己的想法未被别人及时理解，或没有顺从自己的心意，就会发脾气。

（2）饮食不当

食物能影响和控制人的性格、情绪、精神和行为。饮食搭配不合理，酸性食物多，碱性食物少，缺乏C、B族维生素，或者含钙量少、含糖量多的饮食，都会造成幼儿情绪不佳，容易乱发脾气。[1]

2．心理因素

（1）宣泄负面情绪

幼儿有着易冲动、自制力较弱、对挫折的承受力低等心理特点。[2]在成长过程中，幼儿会体验到各种负面情绪，如：当愿望遭到拒绝时

1　栗正伟．小幼儿乱发脾气问题的对策及研究［J］．教育论坛，2016（5）：22-23.

2　朱林．脾气从何而来［J］．幼儿教育，2020（10）：26-27.

的愤怒，在游戏失败时的失落，在爱物遗失时的难过，在被责骂时的委屈……对于缺乏生活经验、自我控制能力不足、内心尚不成熟的幼儿来说，他们宣泄负面情绪的途径有限，最常见的就是哭闹、叫嚷、乱发脾气。

（2）表达内在需求

幼儿刚出生时就已经开始学习表达自己的需求，对饥饿、生病、恐惧等感受的表达方式就是哭，家长一听到哭声通常就会马上满足幼儿的需求。因此，在幼儿的认知中，哭闹是最有效的需求表达方式。随着语言能力的发展，幼儿会用简单的字词、语句或肢体语言来表达自己的需求，但目的无法达到时，幼儿会再次利用哭闹来表达情绪和需求。一旦幼儿发现大哭大闹、乱发脾气能使家长作出积极反应，更快满足自己需求时，就会不断使用类似手段，甚至变本加厉，直到家长妥协。

（3）寻求家长关注

家长的关注是2—6岁幼儿共同的心理需求。当幼儿在说话、有生理需求或是想让成人陪伴自己，而家长忙于其他事情无暇顾及时，幼儿会吵闹或啼哭几声来吸引家长注意。但如果小哭小闹仍未能引起家长注意，幼儿就会开始乱发脾气，甚至不断地升级发脾气的行为，直到家长关注为止。

3. 教育因素

（1）放任纵容

很多家庭中，全家人都围着幼儿，对幼儿迁就、溺爱，缺少规则与原则要求。一旦幼儿哭闹就会妥协，想要什么就给什么，对幼儿乱发脾气的行为过分宽容，放任自流。

（2）缺乏沟通

当幼儿产生负面情绪而乱发脾气时，一些家长缺乏耐心，既不理解安抚，也不追问背后的原因，只知道一味地满足幼儿提出的不合理要求，希望赶紧息事宁人；或因幼儿发脾气感到十分烦躁，大声呵斥幼儿。这些做法，不利于幼儿掌握正确的表达和宣泄情绪的方法，还会助长幼儿乱发脾气的行为，加剧幼儿内心的负面感受。

（3）缺乏一致

一方面，是教育者的教养方式不一致。部分家庭中，父辈对幼儿要求严格，而祖辈却呵护备至，生怕幼儿受到一点点委屈。在幼儿乱发脾气时，有的家长立刻妥协，满足需求，而有的家长则坚持原则。另一方面，是教育时间、地点的不一致。有些家长因幼儿在公共场合乱发脾气，碍于面子会违背本来坚持的家庭教育原则而妥协，导致幼儿认为只要在合适的时间、地点发脾气，自己的需求就会得到满足，助长发脾气的不良行为。

（4）不良示范

一方面，家长不合理的情绪表达会影响幼儿。有些家长自身遇到挫折时，不能合理地控制情绪，在幼儿面前乱发脾气，宣泄内心不满。另一方面，家长不理智的应对态度也会影响幼儿。有些家长在幼儿乱发脾气时，试图通过自己"大发雷霆"来压制幼儿，正是这种不良的情绪示范，让幼儿耳濡目染，逐渐把乱发脾气当成解决问题的有效办法。

【问题建议】

1. 适宜抚育，避免幼儿因身体不适引起不良情绪

保持良好的身体健康状态是实现情绪控制的基础。作为家长，首先应密切关注幼儿，观察幼儿是否身体不适，及时发现并缓解、治疗幼儿的不适状况。其次，调节食物结构，根据幼儿的情绪和身体变化进行科学营养搭配，增加钙含量高的食物摄入，减少糖含量高的食物摄入。再次，给予幼儿充足的时间、空间进行户外活动和体育锻炼，增强幼儿体质的同时，让幼儿获得积极的情绪体验。[1]科学的照料方式，能尽可能避免幼儿因为身体不适而乱发脾气的行为。

1 栗正伟．小幼儿乱发脾气问题的对策及研究［J］．教育论坛，2016（5）：22-23.

2．鼓励引导，帮助幼儿学习正确的情感需求表达方式

（1）接纳理解，让幼儿学会合理宣泄

情绪没有对错之分，乱发脾气只是情感宣泄的方式不当。首先，家长要秉持尊重、理解的态度接纳和包容幼儿的各种情绪，向幼儿传达一种信息：我注意到你有情绪，并且接受有情绪的你。其次，家长要引导幼儿学会用合理的方式宣泄自己的不良情绪，一方面通过读绘本、故事如《我为什么不高兴》《不开心的一天》等，帮助幼儿了解消极情绪；另一方面通过绘画、角色游戏等，引导幼儿将某种行为与其产生的后果建立联系，合理排解负面情绪，提高情绪管理能力。[1]

（2）鼓励引导，让幼儿学会恰当表达

引导幼儿学习恰当的表达方式十分必要。首先，家长应鼓励幼儿，用语言表达自己的需求，让幼儿明白语言是最直接有效的表达方式，而不是哭闹。如：告诉幼儿“只要你好好说，要求又是合理的，你的要求是可以满足的”。一旦幼儿发现语言表达比哭闹更有效，他们就会更多地尝试用语言表达需求，乱发脾气的次数将显著降低。

3．科学带养，形成良好的家庭教育氛围

（1）充分合理，关注幼儿需求

对于幼儿身心发展各方面的需求，成人应给予充分、合理的关注与回应。有时实际条件有限，需要延迟满足幼儿时，也一定要及时告诉幼儿，如对幼儿说：“如果你现在同意不买芭比娃娃，那么过生日的时候你不仅可以拥有芭比娃娃，还可以去游乐场玩一次”；“爸爸/妈妈现在需要参加一个重要的会议，结束后就回家陪你”；等等。这样，幼儿就不会因为感到被忽视和冷落而乱发脾气。对于幼儿不合理的要求，家长可尝试采用共同幻想的方式，对幼儿的需求表示理解与认同，然后与幼儿一起大胆想象，让幼儿获得一定的心理安慰。如：出差在外，幼儿一定要家长回家陪他，那么家长可以告诉幼儿，自己是拥有特异功能的超人，可以远隔千里看到他的一举一动，不在家也可以知道他

1　甘小丽．别轻易给幼儿贴“坏脾气”标签［J］．幼儿教育，2020（10）：27.

的表现乖不乖。

（2）坚持原则，保持一致一贯

帮助幼儿改掉乱发脾气的习惯，家长需坚持教育原则的一致性与一贯性。一致性要求所有家庭成员保持统一，一贯性要求不论在何时、何地，家长都要坚持原则。不论幼儿如何升级自己发脾气的行为，在保障幼儿安全的前提下，家长一定要坚持教育原则，不随意满足。让幼儿明白，乱发脾气不仅不能解决问题，还会造成许多别的麻烦。

（3）树立榜样，提供良性示范

家长是幼儿的第一任老师，成人的一举一动都是幼儿模仿的对象。因此，家长要求幼儿不乱发脾气时，自己也要做到且做好，良好的榜样示范远远比说教更有影响力。家长要引导幼儿通过用语言表达需求，用合理的方式宣泄情绪，削弱乱发脾气的负面影响。

情绪情感是人类宝贵的天性。良好的情绪控制能力，是幼儿终身发展的必备品质，更是幸福生活的重要保障。科学认识、正确示范、适宜引导，帮助幼儿认识情绪、了解情绪、控制情绪，是家长送给孩子最好的情绪礼物。

◆ 问题七：幼儿不爱运动怎么办?

俗话说，“生命在于运动”，运动的质量决定生命的质量，特别对于处在生长发育期的幼儿来说，运动显得格外重要。在生活中，我们会发现有的幼儿活泼好动，热衷运动，整天爬上爬下、跑跑跳跳不停歇；而有的幼儿则比较安静，看着同伴跑跳自己从不参与，稍微运动一下，就气喘吁吁，喊累叫停。面对不爱运动的幼儿，家长忧心忡忡：幼儿体质差又不爱运动，身体健康会不会受到影响？幼儿为什么不爱运动呢？怎样才能让“懒洋洋”的幼儿动起来？

【问题分析】

1．生理因素

学龄前幼儿的身体各机能尚在成熟完善的过程中，肢体的灵活性与协调性仍待发展。因此，当引入新的体育运动时，幼儿需要时间和空间进行充分的适应与练习。另外，个别幼儿天生存在身体缺陷、体质较弱或体型较肥胖，都会在一定程度上阻碍其参与运动的主动性与积极性。[1]

2．心理因素

除了身体素质的基础性影响外，心理因素也显著影响着幼儿的运动兴趣与积极性。第一，参与运动的信心不足。由于幼儿身体机能与灵活性尚处在发展中，因此在运动中，较容易出现挑战失败的情况，而此时成人若没有及时关注，给予幼儿安慰和鼓励，那么幼儿可能会因此产生挫败感，甚至怀疑自己，导致之后在相似运动中选择回避。第二，性格使然。个别幼儿性格比较内向，不喜欢运动等剧烈的集体性活动，往往会出现怯场、害羞等表现，最终选择逃避运动。

3．环境因素

适宜的运动环境较少。当前，适合幼儿开展体育锻炼的场所较少，一些体育馆、健身室、小区配套休闲区普遍针对成人，其场地和设施设备不适宜学龄前幼儿使用。

4．教育因素

第一，部分家长倾向于幼儿智力因素的培养，将主要教育精力放在古诗、汉字、数学等文化知识和唱歌、绘画、跳舞等艺术素质的培养上，忽视幼儿运动素质的养成。加上“小学化”倾向的不良影响，幼儿许多空余时间都投入在各类培训班上，参与体育运动的时间减少，使得运动技能发展滞后，运动兴趣低下。[2]再加上当前电子产品的普及进一

---

1 陈宇．学生不爱参加体育运动，怎么办？［J］．班主任，2019（1）：51-55.
2 夏熊飞．现在的幼儿为何普遍不运动［J］．时代邮刊，2021（11）：38.

步侵占了幼儿的时间，使得幼儿更少参与运动项目。

第二，部分家长对于运动技能不熟悉，无法充分调动幼儿的运动兴趣，不懂如何科学引导幼儿进行体育锻炼，运动评价也较为单一，如开展拍球活动时，让幼儿一味地进行“机械式”的拍球，枯燥无味，令幼儿兴趣全无。这些原因导致幼儿逐渐失去对体育运动的兴趣，无法获得积极的运动体验，难以生成持续投入运动的内驱力。

第三，部分家长存在不良的运动与生活习惯，对幼儿的运动兴趣与能力产生负面影响。如部分家长不爱运动，更不陪伴幼儿开展亲子运动。久而久之，幼儿也变得不喜欢运动。[1]

【问题建议】

1．提供适宜的环境支持

（1）适宜的运动场地

幼儿的运动空间不应只是单纯的一块空地，应该是丰富多元的。家长可以寻找一些有沙地、土地、草地、水池、树林等多种元素的环境作为幼儿的运动场所，满足幼儿走、跑、跳、平衡等基本的锻炼需求，充分利用环境引导幼儿开展多种形式的体育运动。如：在平整的地面开展车类运动；在草地上开展球类、肢体接触类运动；在沙地开展攀爬类运动；沿着水池的边缘锻炼平衡能力；在树林里开展钻爬等运动。丰富多元的场地可以充分激发幼儿参与运动的兴趣，锻炼幼儿的多种体育技能。

（2）丰富的运动材料

家长可鼓励幼儿进行多种材料的组合、搭配与创造，挖掘不一样的玩法，让幼儿与材料充分互动。如：矿泉水瓶，幼儿可用来设置奔跑障碍，可用来举重，可用来抛掷，还可用来搬运，其乐无穷。还有其他材料，如球类、垫子、纸片、油桶、绳子等，家长都可与幼儿一起，共

1 范宏博 . 让幼儿喜爱运动，家长有责［N］. 保健时报，2021-01-28（10）.

同探索新玩法。这样既可增强运动兴趣，丰富运动经验，又能激发创造力。

（3）充满活力的运动伙伴

家长参与幼儿的体育运动，不仅仅是提供安全保护，技巧引导，更是一种榜样示范。家长积极健康的运动状态，活力四射的精神面貌，能极好地调动幼儿的运动兴趣。尤其是对于性格内向、胆小羞怯的幼儿来说，在家长活力满满的带动和感染下，幼儿一定会主动参与运动，爱上运动。

2．提供稳定的时间保证

（1）充足的运动时间

幼儿在园时，每天会有不少于1小时的运动时间。因此，家长可以利用晚上带幼儿进行一些舒缓温和的补充性运动，如饭后散步、太极、瑜伽等，避免过量或过于剧烈的运动影响幼儿的睡眠与身体健康。当节假日幼儿不在园时，家长应注意安排幼儿每日不少于1小时的运动时间。同时，应对时间进行合理安排，并明确运动形式，如：是上下午各半小时的体育活动，还是上午或下午1小时的集中运动。可根据家庭成员的时间情况，运动环境的情况酌情安排。

（2）应对特殊天气的运动计划

如果能在户外运动固然好，但遇到一些特殊天气，如下雨、下雪、雾霾等时，就不适宜开展户外运动。为了保持幼儿的运动兴趣，养成幼儿的运动习惯，可开发家庭室内体育活动。如：在家中高处悬挂毛绒玩具，让幼儿摸高；在客厅架设几道绳子，让幼儿从中穿过等。但要注意运动时间和形式，不要打扰左邻右舍。家长还可开动脑筋、查阅资料，开发有限的室内空间，进行多形式的体育运动，这样不仅能有效应对特殊天气，还可充分调动幼儿的运动积极性与热情。

（3）家庭生活运动

除了在时间上保证幼儿在家的运动锻炼以外，家长还应建立运动生活化的教育理念，让运动渗透到家庭生活中。可让幼儿做一些力所能及的家务，如擦桌子、晾衣服、扫地、收纳整理等。同时，还可充分利用过渡时间，如餐前请幼儿帮忙拿碗筷，餐后一起绕着小区花园散步，幼儿睡醒时让其在床上伸伸胳膊、抬抬腿，简单做个儿童瑜伽，等等。让运动在生活中随时发生，让幼儿自然而然地加入运动的行列。

3. 进行科学有效的运动引导

（1）充分放手，让幼儿自主投入运动

在幼儿运动的过程中，家长担心幼儿安全，会忍不住介入，如常会说："跑慢一点，别摔着"；"别爬那么高，会掉下来的"；"别走在那么窄的地方，会崴脚"；等等。这样虽然一定程度上保证了幼儿的安全，但也会限制幼儿的运动能力，扼杀他们的运动热情。因此，家长可以尝试在有效监护幼儿安全的前提下，充分放手，支持幼儿的意愿和冒险挑战。

（2）创设情境，让幼儿参与趣味运动

游戏是幼儿学习的主要方式，创设游戏情境开展运动，既可增强体育活动的趣味性，又能吸引幼儿的参与兴趣，还能促进亲子互动。如：家长可创设小马过河的游戏情境，吸引不敢玩平衡木的幼儿主动参与；创设蚂蚁搬家的游戏情境，让幼儿在帮助搬运轻质物品的同时进行体育锻炼。

（3）共同商讨，让幼儿创新运动规则

家长还可和幼儿一起商讨，创新体育游戏的规则，如：将正向跳绳，改为花式跳绳；将老鹰抓小鸡的追逐游戏，改编为小鸡挑战老鹰的探险游戏；等等。让幼儿在不同的游戏情境中锻炼不同的运动技能。

（4）同伴影响，让幼儿快乐合作运动

除了家长，同伴也是幼儿运动的促进因素之一。家长可经常带幼儿在同伴多的地方进行体育锻炼，让幼儿自主认识运动伙伴，在伙伴的陪伴和带领下开展集体、合作运动项目，既可拓展幼儿的人际交往范围，也可锻炼幼儿的运动能力。

幼儿运动兴趣的提高不是一蹴而就的，需要家长为幼儿营造良好的运动氛围，树立运动榜样。在幼儿进行运动时，家长应顺应幼儿发展规律，提升幼儿运动技能，帮助幼儿选择适合自己的运动项目，激发幼儿参与运动的热情，促进幼儿身心健康发展；多陪伴、多参与、多鼓励，让幼儿心情愉快，更愿意参加运动，提升兴趣。

◆ 问题八：幼儿习惯晚睡怎么办?

睡觉是人类不可缺少的一种生理现象。一个人的一生中，睡眠占了近1/3的时间，睡觉的质量与人体健康有密切关系，尤其对于幼儿来说，其影响关系着终身发展。但随着时代变化，很多家长都习惯晚睡，不知不觉中，越来越多的幼儿也开始晚睡，不到11点、12点坚决不上床睡觉，第二天早晨又赖床起不来。长此以往，身体健康必然受到影响，家长正发愁：该如何调整幼儿的作息，让幼儿摆脱晚睡的不良生活习惯呢?

【问题分析】

1．晚睡的危害

（1）影响身体发育

首先，晚睡会严重影响生长发育。有研究表明，孩子的身高70%取决于父母遗传的内在因素，30%取决于后天的外在因素。在这30%中，睡眠对身高的影响排名第一。人脑中下丘脑会分泌一种促进幼儿发育的生长激素，主要是在夜间10点至凌晨1点分泌的。幼儿在熟睡后60—90分钟内，生长激素的分泌会明显增加，占全天分泌量的1/2—3/4。因此，幼儿晚睡将不利于生长激素的正常分泌，使幼儿出现发育迟缓，身高体重低于健康水平的情况。其次，晚睡会影响幼儿身体各机能的正常运行，出现分泌失调或神经异常等症状，引起免疫功能低下，无法抵御外来病原菌入侵，容易产生肺炎、扁桃体炎、感冒等病症。

（2）影响智力发育

幼儿在清醒状态时，脑细胞持续处于兴奋状态。有相关研究表明，晚睡对于所有年龄段幼儿都有影响，他们的反应能力、空间认知能力会有所降低。晚睡造成的睡眠不足，会使得脑细胞无法及时恢复，从而出现注意力不集中、反应慢、记忆力减退等问题，还会导致幼儿白天活力不足，无法全身心投入游戏和学习中，获得经验与发展的质量将大打折扣。

2. 幼儿晚睡的原因

（1）时间分配不合理

幼儿每天需要10—12小时的睡眠时间。如果白天睡眠时间过长，则会影响夜晚的睡眠质量，造成晚睡。

（2）家庭作息不规律

如果家长习惯晚睡，就会让幼儿感到现在还不是睡觉的时间，即使有困意也会效仿家长，执意玩耍。有研究表明，如果孕妇在怀孕期间有晚睡习惯，幼儿也有可能延续这一习惯。

（3）睡眠环境不适宜

睡眠环境包括物质环境与心理环境。物质环境主要指睡眠场地的声音、光线、温度、湿度以及床具、寝具的舒适度等；心理环境是指幼儿入睡的心理状态。进入睡眠状态前需要一定的入睡时间，少则几分钟，多则十几分钟。在这段时间内，如果外界的环境非常嘈杂，光线过于明亮，温度过高或过低，环境过于潮湿或过于干燥，床具、寝具不适，或者幼儿过于兴奋、紧张恐惧等，都会使幼儿难以进入睡眠的状态，即便睡着了，也无法进入深度睡眠。

【问题建议】

1. 共定时间，养成规律作息

首先，家长可与幼儿共同探讨良好睡眠习惯的重要性，再共同商议作息时间并遵守。科学证明，生长激素在入睡后1—2小时分泌最多。因此，让幼儿在晚上8点半到9点半上床准备入睡，早晨7点左右起床是最佳时间。其次，家长可与幼儿共同梳理并确定睡前小流程，如睡前半小时开始收拾玩具，引导幼儿洗漱等。还可自定义一些陪睡小活动，如睡前亲子悄悄话、睡前故事等，并在两周内每天重复流程，形成行为定式。

2. 以身作则，父母带头早睡

要求幼儿早睡早起，家长要言出必行，先起到表率作用。如果家长要求幼儿早睡早起，而自己却熬夜、睡懒觉，一方面会影响幼儿的正常作息，另一方面更会使幼儿认为早睡是无关紧要的事，自然无法达到养成良好睡眠习惯的目的。因此，家长要以身作则，和幼儿一起养成早睡早起的好习惯。当幼儿要入睡时，家长要先放下手头的工作、放下手机、关掉电视，营造良好的睡眠环境，尽量提前半小时进入睡眠准备模式。

3. 多种策略，营造睡眠环境

（1）物理环境

家长要为幼儿营造一个安静、舒适、惬意的睡眠环境，让幼儿保持安静平稳的情绪入睡，提高睡眠质量。如：睡眠开始时，保持卧室适宜的光线、较低的声音、合适的温度与湿度，为幼儿准备喜欢的、舒适的床具、寝具，可以在床上放置幼儿喜爱的柔软玩具伴睡。

（2）心理环境

睡前，家长应避免幼儿出现较大的情绪波动，让幼儿保持轻松、平静、愉悦的心情入睡。如：睡前1小时停止游戏，家长不在幼儿睡前责备、吼骂幼儿，不当幼儿的面与他人爆发争吵、冲突等，避免幼儿带着愤怒、恐惧、悲伤等不良情绪入睡，强化大脑中的负面记忆。

良好的睡眠习惯有助于幼儿养成健康的生活方式，作为家长一定要正视问题，明白晚睡晚起的危害，找准原因，帮助幼儿养成规律的作息，助力幼儿健康成长。

◆ 问题九：幼儿总是挑食怎么办？

挑食，指饮食过程中对某些食物挑剔，仅吃几种自己喜欢或习惯的食物。俗话说，“聪明的大脑，健康的身体，是吃出来的”，进餐为幼儿身体发育提供了充足的营养，是幼儿生活、学习的物质前提。而现实中，不少幼儿会有这样的表现：不爱吃这个，不爱吃那个；宁可饿着，也不吃不感兴趣的饭菜；不爱吃的菜直接扔到地上；等等。家长百思不得其解：究竟是什么原因导致幼儿挑食的？作为家长该如何帮助幼儿改掉挑食的不良习惯，让他们好好吃饭，健康成长呢？

【问题分析】

1．生理因素

首先，幼儿进食的偏好行为与早期味觉发育有着密切关系。[1]其次，身体存在疾病、微量元素缺乏等也会影响幼儿的进食，如：缺锌的幼儿，吃什么都没滋味；不爱吃肉的幼儿，可能是缺乏分解消化蛋白质的胃酸。再次，幼儿的气质类型与饮食行为也存在显著相关，如：有的幼儿性格内向，对食物缺乏兴趣，通常都不喜欢吃之前没吃过的饭菜；而有的幼儿天生食欲好，喜欢进食。因此，解决挑食问题前，要先了解幼儿的身体情况，有针对性地科学安排餐食。[2]

2．心理因素

（1）自我意识的萌芽

幼儿爱挑食，是自我意识出现的一种表现。挑食成了他宣布发现自我的独立宣言——“吃什么，我说了算”。

（2）焦虑情绪的反应

幼儿情绪紧张、焦虑，也会表现出挑食。如：大约有25%的幼儿在2—5岁的时候，会害怕接触新的东西，食物也在其列。幼儿对新事物都会有陌生感与畏惧感，第一次吃某种食物就会表现出拒绝。[3]

---

1 钱晓霞．设境，移情，激趣，改变幼儿挑食偏食行为——幼儿挑食偏食行为的影响因素及应对策略［J］．家教世界，2020（33）：63-64.

2 谷传玲．幼儿挑食，家长有责［J］．江苏卫生保健，2020（6）：40.

3 周晓琼．宝宝挑食不吃饭——心理因素别忽视［J］．家庭生活指南，2019（10）：237.

3．家庭环境

家庭是幼儿活动的主要场所，家长的饮食行为、观念、教养方式、营养学知识，都会影响幼儿的饮食行为。

（1）家长的饮食习惯

家长不喜欢吃某样东西，往往也不会给幼儿吃，幼儿也会模仿，就间接地造成偏食挑食。如：当家长在幼儿面前表现出对葱的厌恶，幼儿很容易也会对葱避之不及。

（2）家庭的饮食结构

有的父母因为工作很忙，觉得只要不饿着幼儿就好。因此，准备的饭菜较为简单，甚至连续好几天都吃一样的菜肴。而幼儿长期处于饮食单一的状态下，很容易出现营养不良的情况，还会养成挑食、偏食的习惯。

（3）进餐环境与习惯

进餐时看电视、大声聊天、随意走动或吵闹、冲突等，都会影响幼儿进餐，导致幼儿偏食、挑食、厌食。

4．教育方式

（1）缺乏正确引导

家长面对幼儿挑食、偏食的行为，有的迁就纵容，如：幼儿不爱吃米饭就让其多喝点牛奶，不爱吃蔬菜就让其喝果汁补充维生素；总给幼儿“开小灶”，一日三餐都要单独精心搭配，让幼儿独立于餐桌吃饭；等等。有的威逼强迫，如：责备幼儿浪费粮食，威逼幼儿没吃完不许离开饭桌；等等。这些教育行为，缺乏科学性与适宜性，难以达到真正让幼儿养成良好饮食习惯的目的。

（2）缺少科学强化

有的家长将零食作为“奖励”，激励幼儿吃饭，如幼儿听话就给幼儿吃糖，允诺幼儿吃完饭晚上就给幼儿吃巧克力等，这样做只会强化幼儿对零食的期待，导致挑食和不爱吃饭。有的家长将吃饭作为惩罚，用“你再不听话，晚餐只能吃胡萝卜”等语言威胁幼儿，这样做会让幼儿对健康饮食产生抵触与排斥，加剧挑食、偏食的行为。

【问题建议】

1. 适当运动，增强食欲

日常生活中，家长要保证幼儿每日有不少于1小时的体育运动。特别是对于体质较差、胃口不好的幼儿，家长可酌情增加活动时间；或遵循医嘱，服用开胃健脾药品，增强幼儿胃肠消化能力，从而增进幼儿食欲，改善其挑食、偏食的情况。

2. 深度体验，感受乐趣

家长可以全面深入了解幼儿不爱吃的食物，并有针对性地引导幼儿进行感知和体验，让幼儿全面了解该食物，进而消除偏见，喜欢吃该食物。如：许多幼儿不喜欢吃胡萝卜，家长可拿来胡萝卜实物，让幼儿充分感知、观察，然后进行想象与创作；或者家长可以带幼儿一起种植胡萝卜，了解它的生长过程，并让幼儿参与采摘、清洗、烹饪的过程；又或者家长可以查阅相关资料，带领幼儿一起用不同的做法烹饪胡萝卜，再请幼儿品尝、点评等。通过这样有针对性的家庭活动，让幼儿全面了解食物的特征、做法、吃法以及对身体健康的好处，从而减少抵触心理。

3. 充分尊重，理解喜好

家长应尊重与接纳幼儿对食物的偏好，采取科学的方式进行引导，而不是横加指责，甚至强迫进食。如午餐时喝胡萝卜汤，幼儿说自己不喜欢吃胡萝卜，此时家长可以引导幼儿："胡萝卜是小兔子最喜欢吃的食物，今天的胡萝卜就是小兔子送来的。为了不让小兔子难过，我先给你一块，你尝一尝，如果还想吃，再帮你添。"这样做，一方面没有放任、纵容幼儿偏食、挑食的行为，而是通过亲切、友好的方式进行沟通；另一方面，也能在保护幼儿的自主意愿的基础上，引导幼儿养成良好的饮食习惯。

4. 巧用策略，科学引导

家长可以通过巧妙的策略，在自然、轻松、愉快的教育氛围中科学引导幼儿自主改善挑食、偏食的行为。首先，可以通过拉近幼儿与食物的距离，帮助幼儿克服对食物的陌生、恐惧与厌恶，尝试食用。如：幼儿不喜欢吃绿色蔬菜，家长可以和孩子共同阅读绘本《一园蔬菜成了精》，帮助幼儿全面认识蔬菜，同时激发幼儿的想象力与创造力，让吃蔬菜变得富有童趣。其次，可以通过创设有趣味性的游戏情境，用多种感官体验激发幼儿对食物的兴趣，调动食欲。如：幼儿不喜欢吃蘑菇，家长可以将自己装扮成女巫的样子，为幼儿烹饪魔法蘑菇汤，赋予蘑菇汤种种神奇的功效，并与家庭成员配合，争相购买蘑菇汤，有效激发幼儿的好奇心与食欲。

5. 及时鼓励，积极强化

家长要帮助幼儿巩固良好的饮食习惯，克服挑食、偏食的坏习惯，形成积极的自我暗示，获得较强的自信心与成就感。如：幼儿最近几餐把之前不爱吃的胡萝卜全部吃光了，家长要及时进行肯定与表扬。通过积极的暗示，让幼儿感受到自己吃胡萝卜行为的正确性，获得满足感与成就感。

卢梭曾说：教育的核心是怎样看待饮食，懂得餐桌上的食物是怎样来的和怎样做的。通过科学、趣味的教育方式让幼儿在潜移默化中认识到挑食、偏食的危害，了解食物的意义和价值，自觉地做到均衡饮食，不挑食。

◆ 问题十：幼儿做事磨蹭拖延怎么办?

磨蹭拖延，是说幼儿开始或完成一项外显或内隐的活动时，实施有目的的推迟，使目标任务在最后期限内无法完成，或者目标任务在最后期限内才刚刚启动。磨蹭拖延是一种普遍存在的现象，严重的磨蹭拖延会对个体的身心健康带来消极影响。生活中经常出现这样的情景：幼儿做一件事，家长在一旁不停催促，幼儿却置若罔闻，依旧不紧不慢。对此，家长也非常苦恼：为什么幼儿会出现磨蹭拖延的坏习惯呢？该如何帮助幼儿纠正呢？

【问题分析】

1. 时间观念

时间观念是幼儿认识时间、计划活动的重要心理特质，包括认识时间、建立时间概念和自觉执行时间规定等。让幼儿树立时间观念，学会在一定的时间内规划安排自己的任务，提高做事效率，是幼儿重要的入学准备内容，更是未来发展的重要基础。但值得注意的是，时间观念并不是与生俱来的，它是随着幼儿的认知发展而不断建立的。幼儿早期时，对于时间尚未建立明确概念，没有建立什么时间应该做什么事的概念意识。在此时，幼儿出现拖拉磨蹭是正常现象，因为他们无法准确地认知时间、安排计划。

2. 能力水平

做事经常磨蹭还与幼儿的能力水平紧密相关。首先，现代家庭通常是多位家长照顾一个或两个幼儿。出于对幼儿的照顾、保护，以及节约时间、注重结果效率的考虑，很多事情都由成人包办代替，剥夺了幼儿锻炼自主动手能力的机会，导致幼儿自主意识不强，动手能力弱。其次，部分幼儿可能还处于能力的启蒙阶段，对做事的目的、方法不明确，因而在做事时拖拉磨蹭。如：幼儿起床后需要洗脸、刷牙、穿脱衣、整理书包等，而他刚入园时对这些尚不熟悉，内心比较紧张，因此会出现故意拖延，不愿意去做的情况。

3. 心理状态

做事磨蹭拖拉，与幼儿当时的心理状态有着密切关系。首先，幼儿可能对当前要做的事不感兴趣，出于应付家长、敷衍了事的心理，养成了做事磨蹭拖拉的习惯。如：家长不顾幼儿意愿，报了许多兴趣班，幼儿不想去，但又不得不听家长的，通过磨蹭拖延时间。其次，幼儿的注意产生以无意注意为主，幼儿可能因为注意力无法集中而出现磨蹭的现象。如：幼儿在去幼儿园途中，可能随时会被周围的事物吸引，一会儿玩玩这个，一会儿动动那个，因此走得极为缓慢，让家长十分着急。再次，幼儿还可能因为逆反心理而磨蹭拖拉。如：有的家长在幼儿拖拉磨蹭时，以严肃的态度训斥甚至打骂幼儿，这样粗暴的教育让幼儿产生极大的负面情绪，特别是进入执拗敏感期的幼儿，不愿听从家长的教育，而是更加坚持自己内心的想法，甚至升级磨蹭的行为。

4. 不良示范

环境是影响幼儿发展的重要因素，幼儿出生后所处的文化环境，接触到的人群等，都会对他们的学习与发展产生影响。如：家庭成员做事缓慢、拖沓，幼儿耳濡目染，也有可能表现出磨蹭拖拉，对时间的紧迫性与规划性缺乏认识。

【问题建议】

1. 科学看待，尊重理解幼儿

造成幼儿磨蹭拖延的原因多种多样。家长首先应以尊重、理解、耐心的态度，对待幼儿的磨蹭行为，分析磨蹭原因。不能不问青红皂白，动手打骂。其次，要基于幼儿的现有水平，设定合理的教育预期。幼儿正处于各方面能力发展的初始阶段，因能力有限，做事缓慢是正常现象。家长不可忽略幼儿的发展水平，设置过高的教育期望，盲目给幼儿扣上“磨蹭拖延”的帽子。

2. 适宜引导，树立时间观念

幼儿对时间观念的理解是通过在日常生活中的体验、操作和尝试而逐渐发展起来的。

（1）引导幼儿感知时间

当幼儿在做某一件事情时，家长可与幼儿谈心，让他们了解自己现在的任务和完成这个任务的时间，如设置阅读时间半小时，运动时间1小时，让幼儿明确自己对时间的利用。与此同时，家长应将抽象的时间具体化，运用不同的时间计算方法，如时钟、闹钟、沙漏等，让幼儿具有初步的时间观念和时间管理意识。

（2）引导幼儿规划时间

克服拖延的有效办法就是制订计划，并严格按照计划进行。家长可考虑让幼儿列计划，将自己的时间具体化。在纸上写下一天要做的事，分为“必须做”和“可能做”两种，让幼儿对一天的时间和自己要做的事有更直观的概念。而给事情分类是为了让幼儿学会根据具体情况调节做事节奏。如：“亲子阅读”和“充足睡眠”是每天“必须做”的事，“看动画片”是“可能做”的事。如果某件事情花费了太多时间，就可以去掉当日“看动画片”这件事；反之，哪天事情做得快，就可以适当延长“看动画片”的时间，让幼儿树立灵活的时间管理意识。

3．科学培养，提高动手能力

家长应当经常创设锻炼动手能力的情境，为幼儿提供充分的自主动手机会，让幼儿的神经肌肉得到及时协调的发展，如：让幼儿进行力所能及的自我服务和家务劳动；可以与孩子展开竞赛，看谁吃饭吃得又香又快，还能光盘。在幼儿积累了一定的动手经验后，进一步放手，让幼儿自主完成、自主承担，如可开展“小鬼当家”的幼儿自主服务家庭教育活动。

做事速度慢的幼儿不等于能力差，更不是智力落后，只是养成了磨蹭拖延的习惯。家长对此应高度重视，及早发现、及早纠正孩子凡事磨蹭的坏毛病，为幼儿的发展持续助力。

二、语言领域家庭教育问题与指导

语言，是交流和思考的工具。幼儿期是语言发展，特别是口语发展的重要时期。幼儿语言的发展贯穿于各个领域，也对其他领域的学习与发展有着重要的影响：幼儿在运用语言进行交流的同时，也在发展着人际交往能力、理解他人和判断交往情境的能力、整理自己思想的能力。幼儿通过语言获取信息的学习将逐步超越个体的直接感知。

因此，为有效促进幼儿语言能力的发展，成人应为幼儿创设自由、宽松的语言交往环境，鼓励和支持幼儿与成人、同伴交流，让幼儿想说、敢说、喜欢说并能得到积极回应。为幼儿提供丰富、适宜的低幼读物，经常和幼儿一起看图书、讲故事，锻炼其语言表达能力，培养其阅读兴趣和良好的阅读习惯，让幼儿进一步积累学习经验。

◆ 问题十一：如何培养幼儿专注认真的倾听习惯？

倾听，是指凭借听觉器官接收言语信息，进而通过思维活动达到认知、理解的全过程。倾听是信息输出与接收的相互融合、相互交替的过程，是人际交往中必需的技巧。教育过程中我们经常看到：当家长、老师或幼儿同伴在讲话时，有些幼儿吵吵闹闹，有些幼儿在做别的事情，有些幼儿心不在焉、东张西望。因此，家长经常感叹：让幼儿养成良好的倾听习惯真难！那么，幼儿存在倾听习惯问题的原因是什么？家长该如何培养幼儿专注认真的倾听习惯呢？

【问题分析】

1．生理因素

（1）语言能力

倾听是具备语言理解能力的一种表现，倾听能力与语言理解能力密不可分。幼儿的语言理解能力需要一个不断发展的过程，这个过程具有显著的阶段性与个体差异性，如中、大班的幼儿语言理解能力优于小班幼儿，同龄女幼儿的理解能力普遍优于男幼儿等。部分幼儿会因为语言理解能力发展滞后，在倾听中难以捕捉准确的语言信息，导致倾听兴趣随之减弱，倾听习惯也较难养成。

（2）气质性格

倾听习惯的养成要求幼儿可以认真专注地听别人说话，不随意打断、插话，并能从他人的言语中提取有效信息。这一过程也受到幼儿自身的气质性格的影响。部分幼儿性格比较外向，享受被别人包围、注视的感觉，所以善于表达胜于倾听。而部分幼儿性格比较内向，会选择倾听他人说话多于自己表达。因此，倾听习惯的养成也与气质性格有关。

（3）注意力

学龄前幼儿处于无意注意向有意注意发展的阶段，但注意类型仍以无意注意为主。因此，当倾听环境较为嘈杂，无关刺激物较多，或者说话者的内容不能引起幼儿的兴趣时，幼儿的注意力会很快转移，倾听效果自然不理想。

2. 环境因素

（1）物质环境

在早期的家庭环境中，幼儿所处的语言交流环境较为单一，以亲子一对一交流为主，幼儿容易捕捉且能较为专注认真地倾听对方讲话。随着幼儿年龄的增长，活动范围的逐渐扩大，幼儿更多时候处于集体环境中，往往很难意识到自己是一个倾听者，尤其是年龄较小的幼儿，甚至不知道其他人的表达与自己有关。如果倾听时的环境较为嘈杂，则倾听效果更为不佳。

（2）精神环境

倾听氛围是幼儿习惯养成的重要因素。在不同的家庭氛围的影响下，幼儿在倾听方面的表现也有不同。在充满民主氛围的家庭中，幼儿不仅会倾听还会表达；在专制的家庭中，幼儿多默默倾听，但是倾听的效果并不理想；在放任自流的家庭中，幼儿多打断家长的交谈，以自我为中心，以表达自己的想法为主。也就是说，家庭的倾听氛围直接影响到幼儿对倾听的认识，从而影响到幼儿倾听习惯的养成。

3. 教育因素

部分家长不重视幼儿倾听习惯和能力的培养，相对而言，更侧重于对幼儿表达能力的培养，没有施以有针对性的教育引导，更未在生活中持之以恒地予以关注。而关注倾听习惯培养的家长，一般侧重于礼貌层次的倾听，对倾听策略等方面的内容涉及不多。同时，由于教育引导方式缺乏科学性与适宜性，使得幼儿对倾听的兴趣不高，不能深刻理解倾听的意义，造成倾听习惯上的问题。[1]

【问题建议】

1．制定倾听规则，规范倾听要求

对于幼儿而言，倾听是具有一定挑战性的内容。而家长一般只注重倾听行为是否发生，而忽略倾听方法的重要性。将倾听的具体要求或方法表达清楚，引导幼儿真正学会倾听很有必要。[2]如：倾听的时候要看着说话者，专注认真，身体不能来回挪动，不能随意打断别人说话等。对于幼儿而言，倾听习惯的培养内容主要为倾听的专注性和主要信息的收集能力。

2．立足生活实际，激发倾听兴趣

有时候，幼儿不是不愿倾听，而是语言理解能力不足，无法理解说话者表达的内容，或对表达内容不感兴趣而放弃倾听。因此，家长在对幼儿进行倾听习惯的培养时，要遵循幼儿身心发展的规律，联系幼儿的生活实际，从幼儿感兴趣或者熟悉的话题出发，如最喜欢的小动物、我的周末等，既贴近幼儿的生活经验，又能满足幼儿的好奇心与探索欲，这样的表达内容就更能吸引幼儿的注意力，被幼儿所理解。

3．创设良好条件，培养倾听习惯

家长应当为幼儿创设良好的语言环境，运用提问法、观察法、游戏法等进行家庭教育。如：家长可以通过仿编幼儿熟悉的儿歌或者故事内容，将具体内容说错一部分，引导幼儿在倾听中纠正错误。针对倾听习

1　陈奕君．让幼儿拥有良好的倾听习惯和能力［C］．教育部基础教育课程改革研究中心．2020 年“基于核心素养的课堂教学改革”研讨会论文集．教育部基础教育课程改革研究中心：教育部基础教育课程改革研究中心，2020：693-694．

2　顾艳．幼儿良好倾听习惯的培养［J］．家庭百事通，2021（12）：52．

惯不良的幼儿，家长可以制作简单的“倾听习惯观察表”，通过对幼儿日常倾听行为的观察，了解幼儿的倾听状态，以此提高幼儿的注意力，促进幼儿养成认真倾听的习惯。提问的方式关系着幼儿倾听的有效性，家长应该避免向幼儿提“好不好”“对不对”等封闭式的问题，多引导幼儿就“为什么对”“为什么好”等开放式问题进行表达。可以与幼儿一起进行“请你跟我这样做”的游戏，家长先按一定的节奏拍手，再让幼儿根据拍打的次数和频率重复拍一次，以此训练幼儿的倾听能力。同时，每当幼儿认真倾听或回答正确时，家长可以给予幼儿奖励和表扬，通过增强成就感，激发倾听兴趣，培养倾听习惯。

4. 加强家园合作，巩固倾听效果

幼儿良好倾听习惯的养成需要家庭教育的配合。首先，需要家长树立榜样，做到专注认真倾听，尤其对于幼儿的表达，应认真倾听且及时回应，不随意打断幼儿的话，尊重幼儿，用自己的实际行动展示倾听的正确做法。其次，需要与幼儿园及时沟通，了解幼儿的具体表现，与教师进行交流，讨论培养倾听习惯的具体方法，巩固倾听的效果。

学会倾听、专注倾听不仅是一种礼貌，更是一种能力。对于学龄前幼儿而言，培养专注认真的倾听习惯非常重要，要将倾听能力的培养与幼儿的长远发展相结合。家长、幼儿园应共同努力，从激发倾听兴趣入手，制定培养幼儿倾听习惯的策略，帮助幼儿养成倾听习惯，提升倾听效果，促进幼儿发展。

◆ 问题十二：如何引导不爱开口说话的幼儿进行语言表达？

语言是人类最重要的交流工具。幼儿时期是人的一生中掌握语言最为迅速的时期，也是最关键的时期，此时幼儿的语言表达以口头表达为主，因此在幼儿时期培养语言表达能力十分重要。幼儿的语言表达发展存在鲜明的个体差异，有的幼儿无论在家还是在外话都特别多，有的幼儿则是家里话多家外话少，还有的幼儿话一直特别少。家长们对此困惑不已：为什么幼儿不爱开口说话？该如何引导幼儿进行语言表达呢？

【问题分析】

1. 生理因素

幼儿的语言表达发展有一个循序渐进的过程，与先天发育有着密切关系。有的幼儿发声器官生长发育得较晚，语言表达也因此稍显滞后，出现无法开口或者表达不清的情况；有的幼儿语言理解能力发展较慢，面对外界的语言刺激时的反馈也会稍显滞后；还有的幼儿，由于发声器官或脑部语言理解或表达区域发生病理性变化，导致无法正常发声、理解语言。由此可见，身体的生理基础是幼儿开口说话的重要基础。

2. 心理因素

幼儿的语言表达大多指的是口头语言的表达，是将自己的内心想法通过声音、话语表现出来的过程。对于幼儿而言，不爱张口说话存在几种情况：不会说、不想说或者不敢说。其中，不想说和不敢说主要是由于心理因素导致的语言表达不畅问题。不想说，主要是由于幼儿对语言表达兴趣不足，或因性格内向沉静、情绪不佳，导致不想用语言来表达内在想法。不敢说，则是幼儿在语言表达时被焦虑、紧张、恐惧等负面情绪影响，导致抗拒或逃避语言表达。因此，兴趣、性格、情绪等心理因素均会影响幼儿的语言表达。

3. 家庭环境因素

第一，家庭成员沟通情况的影响。如果幼儿所处的家庭成员之间沟通交流较多，那么幼儿受环境熏陶，也会倾向于用语言进行表达。反之，有的家庭成员性格较为内向，或沟通交流较少，那么幼儿则不会热衷于用语言进行表达。

第二，家庭教养方式的影响。有的家长对幼儿缺乏耐心，不愿倾听幼儿说话，表现出敷衍与不耐烦的态度。有的家长忽略幼儿语言发展的内在规律，对幼儿语言表达的期望过高，要求过严。幼儿一旦达不到要求，就随意批评、指责幼儿。有的家长对幼儿过于溺爱，不等幼儿表达需求就事无巨细地提前包办。有的家庭出现成员不和睦、家庭结构突变或家庭环境更换等。以上情况，都会一定程度地削弱幼儿说话的兴趣与欲望，带来消极的语言表达体验，阻碍幼儿语言表达行为的产生与发展。

【问题建议】

1．尊重幼儿，鼓励表达

家长的尊重是引领幼儿表达的重要前提。

（1）接纳幼儿语言表达的成长过程

幼儿拥有自身的发展轨迹，在不断成长的过程中，幼儿的理解能力和表达能力均按照自己的节奏有序进行。但是幼儿的发展存在个体差异性，有的语言表达能力发育较早、较快，在小班时就可以流畅表达，而有的幼儿语言表达能力发展较为缓慢，可能到中班也不能十分连贯流畅地表达。对于发展中的幼儿来说，表达不清楚、语句逻辑混乱、结结巴巴等问题都是非常正常的语言现象，如果家长对幼儿的这些行为表现出不耐烦或者过于严苛，幼儿的语言表达热情就会被削弱，无法建立语言表达信心，将形成“不会说—不敢说—更不会说—更不敢说”的恶性循环。

（2）尊重幼儿语言表达的发展规律

幼儿语言的发展是由单字、简单词汇、电报句逐步发展到连贯语句的。家长在引导幼儿表达的过程中，方法与内容的选择如果违背幼儿语言发展规律，也会影响幼儿的语言表达。如：让还无法说出连贯句子的幼儿背诵古诗、文章等。与此同时，家长要尊重幼儿表达能力的个体差异，给予充分的尊重、倾听与鼓励，为幼儿的语言表达营造轻松、愉快、自然的氛围，激励幼儿自由表达的愿望。[1]不要急于将幼儿与他人进行比较，给予幼儿“我不行”的消极语言表达暗示，挫伤幼儿语言表达的热情与信心。

2. 用心交流，增加机会

幼儿最早的人际关系是与家长的亲子关系，最早的语言交流也发生于亲子之间。平等亲子关系的建立是亲子交流的前提。首先，家长应当创造机会，多与幼儿进行交流。如在每日餐前或睡前的亲子悄悄话环节，或在任何幼儿产生交流表达欲望的时候，家长要保持耐心，尊重倾听。如果因为工作等原因，不能及时倾听或回应，应当真诚地向幼儿解释，并约定下次交流的时间。可对幼儿说：“爸爸现在需要开会，不能听你讲故事了，今晚爸爸回家你再讲给我听好吗？”让幼儿在进行语言表达时获得被尊重、被肯定的积极体验。其次，尝试站在幼儿的角度思考问题，尝试用幼儿的眼光看待幼儿，用幼儿的口气与幼儿交流，多听少说，为幼儿提供更多的语言表达机会，[2]用心感染、鼓励、引导幼儿慢慢表达，缓解幼儿表达时的胆怯心理，而不是以自己的认知去改变幼儿的想法。如幼儿想要表达自己心中的想法，但说话断断续续，十分着急时，家长可以蹲下身子，一个词一个词地耐心倾听，再帮助幼儿连贯总结。

3. 丰富活动，激发兴趣

家长可以在日常生活中渗透多样化的语言表达机会，激发幼儿语言表达的兴趣。首先，可以借助故事与绘本，引导幼儿开口表达。[3]如：亲子共同阅读绘本，采用模仿的方式，分角色念读台词，增加幼儿开口表达的机会；以绘本为背景，进行亲子角色表演，创新言语表达的内容；等等。[4]其次，借助语言游戏，激发幼儿的表达兴趣。如：玩游戏“我说你画”，请幼儿描述家中一个物品的样子，由家长把这个物品画出来，看看是不是幼儿心中想到的物品，亲子游戏的角色还可调换。同时，家长要为幼儿提供语言表达的环境或场地，让幼儿尽情玩耍，在丰富多彩

---

1 胡金梅 . 幼儿语言表达能力的培养刍探［J］. 安徽教育科研，2021（10）：76-78.
2 胡金梅 . 幼儿语言表达能力的培养刍探［J］. 安徽教育科研，2021（10）：76-78.
3 王晓煊 . 基于游戏故事促进大班幼儿语言表达能力发展的研究［D］. 大理：大理大学，2021.
4 庄艺琳 . 基于绘本阅读提高中班幼儿表达能力的策略探究［J］. 读写算，2021（13）：57-58.

的活动中增强感受体验，激发表达兴趣。

语言表达能力是幼儿成长发展的必要条件之一，面对幼儿不愿意开口表达的问题，成人要共同努力，分析幼儿不愿意张口表达的原因，采取有针对性的措施，正确引导幼儿、帮助幼儿，营造利于幼儿语言表达的机会，鼓励幼儿说出自己的想法，准确表达、有效表达，提升语言表达能力。

◆ 问题十三：如何应对幼儿说话“口吃”、吐字不清的问题？

口吃俗称“结巴”“磕巴”，是一种语言障碍，表现为说话与正常流利的人在频率和强度上不同，且非自愿地重复（语音、音节、单词或短语）或中断；它也包括说话前的反常犹豫或停顿（被口吃者称为“语塞”）和某些语音的拖长（通常为元音）。[1]“口吃”多发生于学龄前3—5岁时，少数发生于学龄后期。当同龄幼儿能清晰连贯地表达时，自家孩子却“口吃”、吐字不清，许多家长为此心急如焚：为什么幼儿会出现“口吃”？又该如何进行矫正呢？

【问题分析】

1. 生理因素

（1）器质性发育不全

少数幼儿的口齿不清是由于发音器官即声音输入与输出器官出现了问题，如听觉系统缺陷或唇腭裂、舌系带过短、声带受损、呼吸系统缺陷等器质性发育问题。[2]

---

1 李晓东. 幼儿口吃是可以矫正的［J］. 中国教育学刊，2015（4）：108.

2 林焘，王理嘉. 语音学教程［M］. 北京：北京大学出版社，1992：16.

（2）功能性发音技巧不足

幼儿的发音器官发育完全，但仍出现“口吃”、吐字不清的情况，这可能是幼儿未掌握正确的唇舌控制技巧，导致发音不全，进而出现错误的语言习惯。[1]功能性发音技巧不足，与幼儿的生活习惯和父母的教育引导密切相关：一方面可能是饮食过于软烂，导致幼儿的咀嚼能力不足，口腔肌肉力量较差，影响发音；另一方面可能是家长较少与幼儿进行对话或发音练习，使得幼儿难有机会观察模仿成人的发音方法，形成错误的发音习惯。

2. 心理因素

（1）不完善的语言思维

学前期的幼儿正处于语言发展的关键期，具有极强的表达欲。但是，幼儿的语言思维发展尚未完善，语言与词汇积累有限，无法充分满足其表达愿望，使得幼儿急于说话却说不出来，因此常会出现语言断断续续、停顿、重复的现象。

（2）紧张的语言心理

感到不安全或压力的心理状态也会引发幼儿“口吃”。有的幼儿在家中表达顺畅，遇到陌生人或到陌生环境就会出现说话结巴、吐字不清的情况；有的幼儿发育正常，但吐字不清，家长倍感焦虑，会强迫幼儿重复表达甚至批评恐吓，这也会加剧幼儿“口吃”。此外，受到惊吓、遭遇虐待、亲人死亡、环境转换、受到严厉惩罚等使幼儿感到紧张、压力的突发情况都有可能引发幼儿口吃。

3. 环境因素

模仿是幼儿学习语言的主要方式之一，与环境接触互动是幼儿学习的重要途径，环境中的语言现象是幼儿语言发展的重要支持。在此过程中，幼儿可以掌握发音技巧、积累词汇、学会表达，但同时幼儿也会模仿他人不正确的发音技巧、语音语调和停顿方式，养成不良的语言习惯。环境中的成人或其他同伴偶然间不正确的语音语调，或者口吃、吐

1 黄伯荣，廖序东．现代汉语：上册［M］．增订四版．北京：高等教育出版社，2008：18.

字不清的行为，都会引起幼儿的注意，继而引发幼儿不恰当的模仿性“口吃”行为。

【问题建议】

1．找准原因，对症施策

当幼儿出现非正常性的“口吃”与吐字不清时，家长须及时考察原因。首先，应带幼儿到医院，对发音器官进行检查，确认是否是由于器质发育不全或病变导致的“口吃”，以免错过最佳治疗时机；其次，判断幼儿是由于发音技巧不足还是受到环境影响。这样才能有针对性地对症施策。[1]

2．练习技巧，发展筑基

学前期是幼儿学习和掌握发音与表达的关键时期，科学适宜、轻松愉快的发音技巧练习是为幼儿语言发展筑基的重要途径。首先，家长应注意锻炼幼儿的口腔肌肉，在日常生活中适当让幼儿咀嚼和啃咬不同质地的食物，或通过吹泡泡、吹气球、鼓嘴漱口等活动锻炼幼儿的口腔肌肉力量。[2]其次，家长应注重引导幼儿掌握正确的发音技巧。一方面家长应坚持与幼儿交流，并使用普通话，规范正确的发音，完整清晰的表达，为幼儿树立模仿榜样；另一方面选择生动有趣的儿歌、故事激发幼儿的学习兴趣，也可以进行一些有趣味性的绕口令、三句半等语言游戏，让幼儿在轻松愉快的氛围里练习发音技巧。[3]再次，当幼儿发音不正确、表达不完整时，家长要做到“充耳不闻”，不要强烈否定幼儿，拼命纠正错误，而是要尊重幼儿，认真倾听、态度平和，同时及时而温和地纠正幼儿的语病，鼓励幼儿进一步表达。

---

1 邹文娟．基于实践经验谈幼儿发音不准问题的纠正方法［C］．基础教育论坛，2012（2）：91–92.
2 小笠原惠，矶崎乐绘．我家幼儿为什么这样做［M］．北京：群言出版社，2020：81.
3 倪爱莲．幼儿心理口吃解惑［J］．家庭教育：幼儿家长，2010（3）：16–17.

3. 创设环境，心理支持

心理上的紧张感是造成幼儿“口吃”的一大原因，这种紧张感通常源于外部环境的压力。家长需要创设安全舒适的语言环境，给予幼儿语言发展上的心理支持。有国外研究证明，安全舒适的心理环境包括耐心的倾听对象、赞赏、鼓励、微笑、舒适的姿势、熟悉且没有危险的环境等。[1]因此，家长应注重建立和谐健康的家庭氛围，同时注意以平等、尊重、耐心、温和的态度对待幼儿，认真倾听幼儿的表达，给予幼儿赞赏与鼓励，使其建立对语言环境的安全感和语言表达的自信心，为幼儿的语言发展提供强大的心理支持。

“口吃”并不可怕，更不是缺陷，只要家长及时发现，找准原因，科学施策，用爱包容，幼儿就会渐渐摆脱不良的语言习惯，变成说话自信、大方的表达小能手。

◆ 问题十四：如何培养幼儿清晰、有序、连贯的语言表达能力？

语言是个体交流与思考的重要工具，幼儿在交流中了解世界，向世界表达自我，同时发展自身其他各方面的能力。[2]学前期是幼儿语言表达能力发展的关键期，幼儿语言发展迅速但存在表达单词化、欠完整和逻辑不清等问题。有的幼儿说话表意不清，让人不明所以；有的幼儿语言逻辑不连贯，表达艰涩；有的幼儿词汇匮乏，话难出口，家长对此也颇为担心。那么，该如何培养幼儿良好的语言表达能力呢？

1 倪爱莲 . 幼儿心理口吃解惑［J］. 家庭教育：幼儿家长，2010（3）：16–17.

2 中华人民共和国教育部 . 3—6 岁儿童学习与发展指南［M］. 北京：首都师范大学出版社，2012：17–27.

【问题分析】

1. 语言表达能力的价值

语言表达作为重要的学习手段和交流工具，是幼儿与外部环境交流不可缺少的重要途径，是日后学习和生活的重要基础。卡耐基曾在其著作《语言的突破》中提出，一个人事业的成功，只有15%取决于他本人的智力技巧，而另外85%则取决于沟通能力、讲话技巧，以及说服他人的能力。[1]由此可见语言表达能力对幼儿发展的重要意义。放眼未来，人类社会必然将朝着更加开放、竞争性更强、合作性更高的趋势发展，对个人的语言表达能力也将提出更高的要求。因此，语言表达能力不仅是个体学习与发展的核心内容，更是在未来社会中获得良好发展的重要基础。

2. 语言表达能力的影响因素

（1）生理因素

影响幼儿语言表达能力的生理因素主要有：身体发音系统（包括口腔、声带、气管和肺等），肌肉动作系统，大脑神经系统，感知觉系统（包括视觉、听觉、触觉、嗅觉、味觉等）。先天生理发育为幼儿语言表达能力的发展提供了一定的可能性与规定性。[2]

（2）心理因素

一方面，幼儿语言表达能力的发展与认知能力息息相关，当幼儿不理解词语的含义时，是不会表达该词语的。因此，当幼儿的认知能力发展滞后时，很容易产生语言表达障碍。另一方面，幼儿的语言表达能力与其个性品质也存在联系。如个性外向、喜欢与人交往的幼儿语言表达能力发展相对较好；反之，个性内向、孤僻的幼儿语言表达能力发展通常相对较慢。

---

1 ［美］戴尔·卡耐基.语言的突破：卡耐基口才课堂［M］.李志敏，译.北京：机械工业出版社，2004：1-10.

2 宋苗境.学前幼儿语言教育与活动指导［M］.南京：南京大学出版社，2019：6-7.

（3）环境因素

幼儿语言表达能力发展与其生活的外部环境直接相关，具体包括其所处的语言环境、幼儿的生活经验和成人的教养方式。首先，良好的语言环境包括家长与教师语言表达的标准化、规范化程度，词汇和句式的丰富程度以及周围同伴的语言表达水平等，这些因素均会直接影响幼儿语言表达能力的发展。其次，丰富的生活经验让幼儿在多元多彩、轻松愉快、充满教育价值的环境中成长，这样的幼儿必然性格更加开朗、思维活跃，愿意与他人交往，能积极主动地模仿学习他人的语言并进行内化，善于表达自己的感情与想法，会促进自身语言表达能力的不断发展。

【问题建议】

1. 保障全面、健康的身体发育，让幼儿能表达

生理的健康是幼儿发展语言表达能力的重要基础。家长应当注意观察与保护幼儿的身体健康，定期带幼儿进行身体发育检查，提供丰富的膳食营养，帮助幼儿养成良好的生活习惯，避免意外事故对幼儿的伤害，从而保障幼儿全面、健康的身体发育，为幼儿语言表达能力的发展奠定良好的生理基础。

2. 营造平等、宽松的家庭氛围，让幼儿敢表达

学前期幼儿处于自我意识发展初期，对于自身的评价往往有赖于成人的评价，因此，家长应当创设平等、宽松的家庭氛围，给予幼儿充分的表达机会。在幼儿进行表达时认真倾听、微笑面对、耐心解答、真诚鼓励；在幼儿表达遇到障碍时不急于纠正、否定和打断，以和蔼可亲的态度、鼓励的语言引导幼儿完成表达，让幼儿感受到表达的自信、快乐与轻松；在幼儿表达完毕后，可以进行适当评价，如先表扬幼儿表达的优点，再委婉地提出改进的地方，并进行正确示范。

3. 创设科学、丰富的语言环境，让幼儿会表达

学前期幼儿仍以形象思维为主要思维方式，其语言表达离不开具体形象认知的支持。家长应尽可能为幼儿创造真实而丰富的语言环境，让幼儿充分体验语言表达的乐趣，积累语言表达经验，促进幼儿语言表达能力的提升。

（1）充实物质资源，促进表达

家长可在家庭环境中增设多元趣味的语言材料，发掘原有材料的语言教育价值，为幼儿创设语言表达的机会。如：可为幼儿添置绘本、挂画等纸质材料，手偶、头饰等表演材料；在家中开辟属于幼儿的玩具角、读书角等区域，让幼儿自由玩耍、体验；时常与幼儿分享玩耍的内容与收获。

（2）优化心理情境，鼓励表达

家长可有意识地创设轻松愉快的语言交流情境，鼓励幼儿进行表达。如：每天抽出时间，请幼儿讲述在幼儿园的趣事，复述或创编故事、诗歌等文学作品；家里来客人时可请幼儿当小主人，招待客人、与客人聊天、为客人讲故事、朗诵诗歌等。让幼儿在情境中体验、练习，在轻松快乐中发展。

4. 创造丰富、生动的活动机会，让幼儿乐于表达

（1）家庭活动，促进表达

家长可利用各种类型的亲子游戏、阅读等活动，与幼儿共同体验语言表达的乐趣。如：家长可与幼儿共同表演近期阅读的绘本、故事，鼓励幼儿创设角色与台词，以趣味游戏的方式为幼儿提供表达机会；还可与幼儿再现生活中的社交情景，如超市购物、医院就医、饭店就餐等，帮助幼儿积累语言表达经验，增强幼儿的语言表达体验。

（2）拓宽经验，丰富表达

家长可多带幼儿外出玩耍、游览、参观，帮助幼儿开阔眼界、结交新朋友，在充分感受生活、体验生活的基础上快乐表达。

倾听与表达是幼儿语言发展中最重要的能力，在幼儿的语言发展过程中有着举足轻重的作用。家长应充分认识到语言表达能力培养的重要性，按照幼儿语言发展的基本规律，有针对性地进行培养。这既需要家长以深厚的语言知识作铺垫，还需要以适宜的教育方式做推手，更需要以广阔的文化视野作支撑。希望家长朋友们能主动学习、科学认识、针对施策，与幼儿共同成长进步。

◆ 问题十五：如何培养幼儿文明的语言习惯？

著名作家高尔基曾说："语言是一切事物和思想的衣裳。" 幼儿从呱呱坠地开始，就像一块海绵，源源不断地从周围的环境中汲取"语言"，父母、亲戚、邻居，甚至路人，每个人的话语都被他认真倾听并加以吸收。在牙牙学语时，幼儿又将此作为素材，不断地模仿、练习。"你好""谢谢""对不起"……每一句话都是幼儿语言学习的见证。作为家长，我们都希望幼儿成长为一个懂礼貌、有教养、举止文雅的人，那么我们该如何增强幼儿的语言修养，培养幼儿文明的语言习惯呢？

【问题分析】

文明语言习惯的意义与价值

（1）文明礼仪的养成

礼仪是人类社会约定俗成的行为规范。我国是拥有上下五千年历史的文明古国、礼仪之邦，"人无礼则不生，事无礼则不成，国无礼则不宁"，文明的语言习惯是礼仪的重要内容，是我们建立人际关系的重要基石，更是人生的必修课。学前期幼儿处于认知能力快速发展的关键期，具有极强的可塑性和良好的模仿学习能力。因此，学前期是培养幼儿文明语言习惯，塑造个体精神文明素养的最佳时期。

（2）社会性的发展

良好的习惯、健全的人格、高尚的道德都是极其重要的社会性品质，文明的语言习惯是实现幼儿社会性发展的关键一步。一方面，具备了文明语言习惯的幼儿在社会交往中更受欢迎，从而为其获得良好的人际交往能力与人际关系奠定基础；另一方面，文明的语言习惯促进幼儿健全人格的形成，幼儿能正确地认识自己，友善地对待他人，从而养成适应社会生活的能力。[1]

（3）综合素质的提升

当今教育界重视个体核心素养的发展，要培养面向未来社会发展的高质量人才。在此背景下，幼儿综合素质的发展已成为教育的首要目标，而德育更是其中的重中之重。因此，培养幼儿文明的语言习惯，不仅能让幼儿养成良好的文明礼仪，更能让幼儿获得全面发展，提升综合素质，适应未来社会的变革与人才要求。

【问题建议】

1. 营造文明礼貌的家庭环境

家庭环境是潜移默化影响幼儿文明语言习惯的重要场所，幼儿置身其中，耳濡目染，受到良性环境的感染、教育，就会形成文明的语言习惯。首先，营造文明的家庭精神空间。家长应营造融洽、和谐、健康的家庭关系和氛围，家人之间形成包容、理解、耐心、亲密的成员关系，构建安全的心理环境，幼儿置身其中，能感受到安全、信任与被关爱。其次，创设文明的家庭物质环境。依据幼儿的年龄特点和发展水平精心布置和丰富幼儿生活的环境，添置适合幼儿阅读的文明教育类绘本，在墙壁上悬挂文明用语的图片等，逐步培养幼儿文明的语言习惯。

2. 成为文明礼貌的成人榜样

观察与模仿是学前期幼儿学习的主要方式。家庭是幼儿的第一所学校，父母是幼儿的第一任老师，[2]家长在幼儿心中高大、权威、正确的形象让他们对家长产生了依恋与崇拜的心理，幼儿在生活中喜欢模仿和学习家长的各种行为表现。然而，有的家长会让幼儿尊重别人，但自己的语言却表现出对长辈不尊敬或是对他人很苛刻，当幼儿看到父母的语言不文明，这时再跟幼儿讲要文明说话也是无济于事的。因此，家庭成

1　张艳梅. 如何培养幼儿的社会适应能力［J］. 亚太教育，2021（4）：117-118.
2　朱诗琦. 中班幼儿文明语言行为习惯培养策略的研究［J］. 成功：中下，2018（9）：40.

员应成为幼儿文明语言习惯的良好榜样，让幼儿在潜移默化之中模仿学习，逐步养成文明的语言习惯。

3. 开展文明礼貌的教育引导

学前期幼儿的思维具有直觉行动性和具体形象性的特点，容易受到外界的影响与支配，极易受到感染与暗示。因此，有目的、有意识的文明礼貌教育引导尤为重要。

首先，家长可运用一些方式技巧，让教育事半功倍。一是及时肯定赞扬。当幼儿出现文明的语言行为时，家长一定要及时、有针对性地进行表扬，不能视而不见或只是泛泛地说"你真是个好孩子"，而应当结合情境，具体、详细地指出幼儿的优点，但也要注意不能过度表扬，给予幼儿正面强化即可。二是当幼儿出现不文明的语言时，家长应以坚决的态度让幼儿意识到自身行为的不正确。特别是幼儿的行为严重影响他人时，应当立刻制止，并告知幼儿其行为对他人造成的伤害，而不应认为幼儿还小，成人应当宽容原谅。三是家庭成员对幼儿的文明语言习惯要求应做到一致和一贯，不能有时严格要求，有时过度放纵而让幼儿无所适从。

其次，开展多形式的文明语言习惯教育。家长可通过亲子游戏活动进行文明语言的教育，在趣味游戏中培养幼儿的文明习惯。如：阅读关于文明礼仪的绘本，通过故事培养幼儿使用文明用语的意识；开展亲子角色游戏，与幼儿再现社会交往中的场景，以此引导幼儿正确使用文明用语；开展亲子表演游戏，表现动画片、绘本中的故事，或创编文明小故事；让幼儿担任家庭文明小卫士，请幼儿监督家长的文明言行；等等。

再次，利用生活中的文明语言教育契机。家长可以将生活中的各种小事作为切入点，引导幼儿使用文明语言，并结合自身的经验和鲜活的实际案例引导教育幼儿，丰富幼儿文明语言积累。如："爷爷是家里的长辈，你不应该那么大声地对爷爷说话。""今天小伙伴把自己最心爱的玩具借给了你，你应该对他说谢谢。""刚刚你弄坏了朋友的图书，你应该和他说对不起，并和他一起修补好。""这位叔叔插了别人的队却不道歉是不对的。"

心理学家威廉·詹姆斯说过："播种一个理念，你将收获一种行动；播下一个行动，你将收获一种习惯；播下一种习惯，你将收获一种性格；播下一种性格，你将收获一种命运。”文明的语言习惯对幼儿发展乃至社会和谐都有着重要意义。只要我们时时刻刻将对幼儿的文明语言行为习惯的培养放在心上，相信每位幼儿都将成为合格、有礼貌的社会小公民！

◆ 问题十六：是否有必要让幼儿在学前阶段学习英语？

英语习得是幼儿通过外部语言环境与特定的学习活动，掌握英语听、说、读、写的过程。有种观念认为，“幼儿接触英语的年龄越小，语感就越好”。很多家长也把掌握英语口语的熟练程度和单词的多少作为评价幼儿是否优秀的标准之一。曾经的教育培训市场中，各类少儿、幼儿甚至婴儿英语培训层出不穷，以“全英文教学”“知名外教授课”“× × 天让幼儿流利说英语”等作为口号的线下和网络课程牢牢吸引着家长的眼球。但部分专家对此表示异议，提出“英语学习与年龄无关”“过早接触反而阻碍母语学习”等观点。家长对此疑惑不解：幼儿阶段究竟有没有必要学习英语？如果有，又该如何科学学习呢？

【问题分析】

1. 英语习得的意义

（1）语言方面

研究表明，幼儿在学习第二语言时，大脑将其储存在“布罗卡斯区”（母语也储存在这一部位），而成年人在学习第二语言时大脑已无法将第二语言储存在该区。[1]因此，较早地进行两种语言的学习，大脑对

1 K. H. S. Kim, N. R. Relkin, K-M. Lee, and J. Hirsch, Distinct Cortical Areas Associated with Native and Second Languages[J]. Nature Vo1. 388. 1997, 388(6638): 171-174.

于第二语言的加工机制就越接近第一语言。[1]另有一些研究证明，在学前阶段开始学习第二语言的幼儿，在发音、听力等方面具有不可逆转的优势。同时学习两种语言的幼儿不仅更容易学会，而且也更容易达到熟练和自信地利用两种语言的程度。[2]

（2）认知方面

有研究证明，双语学习更有助于激发幼儿的潜力，对幼儿的智力启蒙及认知发展都能起到正向的推动作用，并且学习双语的幼儿对元认知技能的掌握比单语幼儿要好，其中包括完成复杂的选择性技能、注意技能等。[3]

大量研究均证明了早期阶段两种语言的学习可以多方面地促进幼儿的发展。因此，学前阶段的英语习得确实有利于幼儿语言及认知等方面的启蒙。但不容忽视的是，实现这些优势需要科学而适宜的英语教育方式与内容，过分忽视第一语言习得而强调第二语言，一味地强求幼儿学习英语、背记单词、纠正发音，采取填鸭式的课堂教学，缺乏自然的语言环境等不当做法，不仅不会发挥英语习得的积极作用，反而会对幼儿的发展造成不良影响。

2. 英语习得的年龄问题

既不能过早，又不能太晚，那什么时候是引入英语教育的好时机呢？从幼儿的生理和心理发展阶段来看，0—6岁阶段的幼儿听觉敏锐，模仿力强，求知欲旺盛，是语言和智力发展的关键期。因此，学前阶段幼儿在生理和心理方面具有语言学习的明显优势。[4]但这种优势是相对的。有心理语言学家的实验表明，幼儿与成人相比，在第二语言的语音掌握上有一定优势，但是其他方面的掌握则显得比较缓慢。[5]

有语言学家指出，第二语言的习得没有最佳时期，第二语言习得的

---

1 杨静，王立新，彭聃龄．第二语言获得的年龄和熟练程度对双语表征的影响［J］．当代语言学，2004（4）：321-327+379-380.

2 孙丽华，王嘉毅．第二语言习得与双语教育最佳时机研究述评［J］．当代教育与文化，2014，6（3）：29-33.

3 谢婧怡．“混合语”是双语教学未来的方向［N］．中国社会科学报，2013-06-24（A01）.

4 陶玉凤．双语教育在幼儿园［J］．教育探索，2010（11）：148-149.

5 徐兴祥．论幼儿第二语言习得［J］．重庆大学学报：社会科学版，2004，10（6）：127-129.

质量与学习方法、个人差异、语言环境、精力投入等有关。[1]因此，学前期幼儿的英语习得应更注重语言的启蒙，学习目标应确立为激发语言学习兴趣、开发多元文化体验、进行语言的理解与运用，而非掌握多少单词、语法或答题等功利性目标。

【问题建议】

1. 充分重视母语的学习与发展

当前幼儿英语学习“重英语，轻母语”的现象仍不在少数。母语汉语是幼儿的第一语言，更是传承与发扬中华文化的重要载体，一个连母语都使用不好的人又将如何进行英语学习呢？从英语习得的角度看，有研究证明，母语未发展好的低龄幼儿，低强度或一般强度的短时外语语音输入对该语言的获得无明显促进。而对于母语已经发展较好的大年龄幼儿，他们的语言学习更主动，在语言习得中有更多和更深入的语言认知加工加入。[2]因此，在幼儿的语言习得中，应当充分重视母语的学习与发展。基于扎实母语基础的英语习得将更加有力有效。

2. 不可忽视人际的互动与交流

大量研究证明，人际互动与交流对语言习得来说是十分必要的。[3]当前，幼儿英语习得的语言输入途径呈现多元化趋势，电子产品的音视频输入无疑占据着主要地位。家长的英语交流能力、时间或机会不足，造成最为核心的人际互动交流的语言输入方式被渐渐忽视，从而导致幼儿英语输入的有效性大打折扣。因此，家长应当重视幼儿英语习得中人际互动与交流的必要性，尽可能地创造人际交流的机会。

首先，不要刻意用简化的语言与幼儿进行英语交流。在成人的认知中，幼儿无法理解和应对复杂的语句结构。然而，科学研究已经证明，幼儿在两岁时，大脑神经细胞的连接网络密度就已经达到了顶峰水平。

---

1 徐兴祥．论幼儿第二语言习得［J］．重庆大学学报：社会科学版，2004，10（6）：127-129.
2 许政援．三岁前幼儿语言发展的研究和有关的理论问题［J］．心理发展与教育，1996，3（1）：11-13.
3 靳洪刚．有效输出在第二语言习得与教学中的作用［J］．世界汉语教学，2017（4）：510-541.

因此，幼儿完全有能力处理复杂的语言结构。依据维果茨基的“最近发展区”理论，为幼儿提供难度适宜的教育内容将更能调动幼儿学习的积极性，发挥其潜能。因此，为幼儿提供能够理解的，略高于现有水平的语言，习得就会自然产生。

其次，不要采用翻译法引导幼儿习得英语。在成人的英语习得中，翻译法一直被频繁使用，即将想表达的话用中文构思出来，再将其转化为英语。而根据幼儿的认知发展规律，幼儿处理语言的过程是将新输入的语言与实际图像进行联系，搭建起语言思维。因此，不应当采用母语去解释、翻译第二语言的方式进行第二语言习得，这种方法会妨碍幼儿第二语言思维的形成，使得语言无法自然顺畅地表达。家长应当通过借助事物、图像、肢体语言、感官感受等方式，帮助幼儿建立第二语言思维。

3. 更加注重环境的教育与影响

蒙台梭利、乔姆斯基以及我国的刘晓东教授等学前教育专家对此已有共识：“幼儿的语言习得是在语言环境和语言文化中自然地生发出来的。”[1]因此，语言环境对于幼儿的语言习得来说至关重要。家长想要幼儿获得良好的第二语言习得，家庭语言环境的建设必不可少。

首先，建立和谐轻松的语言氛围。英语习得不是任务，更不是枷锁，它不应当成为幼儿的负担。因此，家长不能使用强迫甚至打骂的方式让幼儿学习，或一味让幼儿记单词、背句型，而应通过多种方式激发幼儿的学习兴趣，鼓励幼儿进行语言交流与练习。如：在家中播放好听的英文儿歌，亲子共同欣赏、哼唱；选取耳熟能详的英语小故事、绘本等，以听、读、演的方式和幼儿一起充分感受；在适宜的时间、场合用英语与幼儿进行互动交流，鼓励幼儿能说、敢说等。以此来营造和谐轻松的语言氛围，让幼儿感受到英语学习的快乐。

其次，家长要以身作则，重拾英语学习。部分家长自己对英语望而生畏，把英语学习的希望寄托在幼儿身上。年龄并不影响英语学习，因此，与其日日催促幼儿学习，不如以自己为示范带动幼儿学习。如：和幼儿一起听

---

1 刘晓东. 幼儿学外语问题之我见［J］. 教育研究，2000（11）：61-63.

英文故事，唱英文儿歌；提升自己的口语水平与幼儿进行英语交流等。

英语与汉语的习得并不是非此即彼的拉锯战，作为家长应当理性看待双语学习对于幼儿发展的双重影响，采取适宜的教育策略尽可能地扬长避短，让幼儿快乐学习语言，健康全面发展。

◆ 问题十七：怎样为幼儿选择适宜的绘本，开展亲子阅读？

绘本即图画书，顾名思义就是画出来的书，是一类以绘画为主，并附有少量文字或无文字的书，它借助图画叙述故事，并通过故事传达相应的主题，它强调情绪和主题的连续性以及画面的形象性和连贯性。[1] 随着教育观念的更新，家长们越来越重视幼儿早期阅读能力的培养，对如何选择适合幼儿阅读的书籍表现出较大的差异性：有的家长是只要幼儿喜欢、朋友推荐或是网络上热门推荐的，几乎全部买回家；有的家长则注重实惠，遇到打折的书籍就赶紧囤积；还有的家长觉得绘本华而不实，专门挑选文字、拼音多的图书，以期幼儿能早认字、多认字……优质绘本能助力幼儿阅读兴趣、习惯的培养，面对琳琅满目的书籍，家长该如何为幼儿选择适宜的绘本呢？

【问题分析】

1. 绘本的突出特点[2]

（1）图画的叙事性

绘本的主体是画，图画本身就可以表达完整的故事，只要是合适年龄阶段的幼儿光看图也可以明白故事的内容。

---

1 汪闻婕. 幼儿文学作品在舞台上的改编与实践［J］. 戏剧之家，2019（7）：21-23.

2 孙洲. 绘本在小学低段心理活动课中的初步运用与思考［J］. 中小学心理健康教育，2013（9）：9.

（2）图文的结合性

绘本是一种图文并茂的书籍形式，图画和文字并不是简单的说明与被说明的关系，而是有机的、巧妙的结合。优秀的绘本文字都考虑了情节、场景、人物的变化，图画也具有动态感和流畅性，整个画面看起来形象、和谐、完整。

（3）内容的趣味性

许多绘本不仅幼儿喜欢读，成人也喜欢读，这其中很重要的原因就是绘本特有的趣味性，画面直观生动、幽默风趣，文字优美流畅，让人感同身受，幼儿和成人都可以在其中找到乐趣。

（4）主题的教育性

虽然绘本的图画直观形象、文字简洁明快，但其主题通常都富含深刻的教育意义。优秀的绘本并不是逗幼儿开心的画册，而是以简单的画面、文字向读者传达深刻的内涵。

2. 绘本的阅读方法

我们通常说绘本阅读，那必定有“阅”和“读”，那具体“阅”什么、“读”什么呢？

（1）“阅”画面信息

一般来说，图画书都有一个精心设计的版式，从封面、扉页到正文以及封底，构成了一个完整的整体，左右两页的文字与图画相互依存，依靠翻页推进剧情。绘本的阅读顺序为：

封面——可以猜故事，有的可以和封底连起来看。

环衬（蝴蝶页）——大多仅仅是白纸或彩纸，但在选择上都是有讲究的，它们的颜色往往与讲述的故事氛围相吻合。环衬不仅起装饰作用，其中也有许多秘密，阅读初期最容易漏看这一页。

扉页——告诉你谁是主人公，扉页能带给我们第二次阅读的乐趣。[1]

正文——图画书的主体。

封底——故事结尾的延伸。[2]

1 陈晖：论绘本的性质与特征［J］. 海南师范学院学报，2006（1）：40-42.

2 李晓华 . 绘本的特征与家庭阅读指导建议［J］. 教育导刊，2018（1）：1005-3476.

（2）“读”图画内容

对于不识字的幼儿而言，文字是无意义的符号，所以幼儿翻开图画书时，会直接关注图画，通过图画来了解故事，并以此来设法了解图画里的含义或找出故事的主角。在翻阅中，他们会知道主角是谁，其他人物有哪些，以及事情发生的时间、地点等，他们在一幅一幅的图画里了解其含义，思考与下一幅画面的关联……他们不会放过图画里的任何细节，可以说每个幼儿都是“读”图画的高手。

【问题建议】

1．考虑年龄特点

幼儿期各阶段发展规律与特点均不同，幼儿在阅读兴趣、水平等方面存在显著的个体差异，因此，选择绘本时须顺应幼儿自身的年龄特点和审美经验。幼儿的阅读是循序渐进的过程：最初阅读时，画面要简单，情节要单一；有了一定阅读经验后，画面可逐渐丰富，情节可愈见复杂，留有猜测、转折、意外的情节。[1]

2．随兴趣共选择

首先，家长应尊重幼儿自己的意愿，鼓励幼儿自行选择能够引起他们共鸣、唤起热情和兴趣的书；而后家长可以追寻幼儿的兴趣点进行引导，尽可能全面地涉及文学、科普、漫画等多个绘本类型，而非单一地指向益智或是识字，应遵循“有趣”“全面”“实用”的原则来支持幼儿的绘本阅读。

其次，网络科技的发达致使很多年轻父母喜欢在网上购书，容易忽视幼儿的参与性与自主性，建议周末亲子活动可以共同逛逛图书馆和实体书市，给予幼儿自主选择的机会，同时能让幼儿多维度地接触与阅读绘本。

3．注重图画形象

绘本中的图画于幼儿而言是一种直观的书面语言信息，幼儿读图的

1　祝士媛．我国早期阅读的现状与对策［J］．教育科学论坛，2007（6）：65-67.

过程也是其发现探索的过程。首先，图画一定要有形象的、能充分表达故事情节的相关信息，能让幼儿一看就懂。其次，在色彩方面，通常鲜艳的色彩能吸引幼儿的注意力，但有许多好的图画书色彩并不鲜艳甚至是黑白的，但它们同样可以创立一个丰富多彩的故事世界。

4. 重视内在价值

要重视绘本带来的内在价值。在挑选绘本时除了考虑纸张质量、出版社、精美的外表，家长更应该关注绘本本身的故事情节内容是否富有内涵，是否有助于幼儿语言能力的发展，是否能给幼儿美的熏陶，是否能激发幼儿丰富的想象力，是否能培养幼儿的观察力与思考能力。

5. 懂得择精而购

“多多益善”在绘本阅读方面并不适宜，家长要纠正这种购书态度，充分了解幼儿，挑选适合幼儿年龄特点和心理发展需要，同时幼儿也感兴趣的书，不求多，只求精，就能取得事半功倍的效果。[1]

6. 享受阅读过程

好的绘本画面言有尽意无穷。幼儿在阅读中的专注、投入以及获得的愉悦体验是最宝贵的阅读经验。有的幼儿能感知画面的美与趣，会自己一页一页地翻看，有的幼儿是边看边让家长指读，在自己的心里把整个故事串联起来。亲子共读可以是大人读给幼儿听，也可以是幼儿读给大人听，亦可以是大人读给大人听，当然也可以是幼儿读给幼儿听。在形式上除了读还可以有表演、绘画、手工制作、实验等多种形式，可以充分拓展迁移阅读经验，但最重要的是家长与幼儿共同参与，一起享受愉悦、温馨的阅读过程。

适宜的绘本能打开幼儿眼界，让幼儿在阅读中享受精神的滋养，体验不曾经历过的人生，看到世间更多的美好，拥有美好的情怀……一起挑选适宜的绘本进行亲子共读，让爱的种子生根发芽吧！

---

1 优佳贝国际早教．为宝宝选绘本要小心以下这几个误区［EB/OL］. https://zhuanlan. zhihu. com/p/84215781, 2019-09-26.

◆ 问题十八：如何激发幼儿的阅读兴趣，并养成良好的阅读习惯？

阅读，是通过语言文字或图画来获取信息、认识世界、发展思维，并获得审美体验与知识的活动。阅读可以改变思想、获取知识，从而可能改变命运，是有益幼儿身心发展的活动，阅读习惯更是使幼儿终身受益的重要素养。但是，家庭中早期阅读活动面临诸多干扰：要么是家长没有时间，不能参与共读；要么是幼儿不情愿，只想看电视、玩玩具；要么是对书本的选择不能达成一致，幼儿想读的家长觉得毫无意义，家长想读的幼儿又觉得无趣至极……幼儿提不起阅读兴趣，更别谈养成良好的阅读习惯了。该如何激发幼儿的阅读兴趣，又怎样帮助幼儿养成良好的阅读习惯呢？

【问题分析】

1. 有助于语言能力发展

心理学研究表明，人类获取的信息有83%来自视觉，而图像相较于文字等抽象符号，具有不可比拟的优势，它能优先唤起人们视觉神经的感知并保持长时间的记忆。依据心理学家皮亚杰对幼儿思维发展阶段的划分，2—7岁幼儿的思维以具体形象思维为主。绘本以图为主，直观生动又贴近生活，所传递的信息内容更容易被幼儿理解；同时，绘本的画面内容、故事发展线索等都能有效地提高幼儿描述性表达、想象讲述、连贯讲述等语言能力。[1]

2. 有助于培养想象力

作为一种特殊的图书形式，绘本特别强调文字与图画的内在关系，

---

1 李双双 . 亲子绘本阅读对幼儿成长的重要性［J］. 幸福家庭，2001（6）：7-8.

二者共同担当讲故事的重要角色。绘本是静态的，画面存在不连贯或空白的情况，阅读时为保证故事的连续性、完整性，在中断处就需要幼儿依靠自己的想象将画面连贯起来。整个故事除了依靠亲子阅读帮助幼儿在头脑中形成图画的形象，帮助幼儿在头脑中产生语言的描述，也少不了家长引导幼儿将自己的情感体验以及想象作填补，这很大程度上锻炼了幼儿的想象能力与发散思维能力，让其体验到比绘本故事本身更为奇妙的感受。[1]

3. 有助于培养审美能力

审美观是在不断地接受美的事物中形成的，一本好书能改变人的内心世界。幼儿读物肩负着陶冶情操、教育幼儿的使命，优秀的幼儿绘本有着其他书籍无法表现的趣味和美感，是幼儿最早接触的艺术作品。在形式上，幼儿绘本画面精美，富有内涵，能给幼儿带来艺术审美的熏陶，帮助他们从一幅幅优美的插图中感受到色彩、形状、空间以及光影的奥妙；在内容上，幼儿文学作家使用幼儿可以解读的词汇、熟悉的语句结构，将主题巧妙地涵盖进去，汇聚成结构完整、内容丰富的故事，以传达真、善、美等积极向上的情感，其所体现出的文化精神对幼儿品德素质的培养无疑具有潜移默化的影响。

4. 有助于培养观察与思维能力[2]

优秀的绘本中处处是细节，有助于培养幼儿敏锐的观察能力和缜密的逻辑思维能力。在阅读过程中，幼儿通过认真观察图画与文字的关系来获得故事信息，更能在成人的引导下，学会按照一定的规律观察画面、思考画面，从而逐步提高观察能力和逻辑思维能力。

【问题建议】

1. 树立科学的阅读观

亲子阅读重在让幼儿感受到阅读的快乐，形成对阅读的渴望，培养

---

1 卢佳 . 绘本阅读对幼儿审美能力与创造能力的发展研究［J］. 当代家庭教育，2001（18）：49–50.
2 陈帼眉 . 学前儿童发展与教育评价手册［M］. 北京：北京师范大学出版社，1994：20–27.

阅读的兴趣。让幼儿爱上阅读是至关重要的第一步。

（1）确立阅读意义

亲子绘本阅读的实质是通过亲子共同阅读来激发幼儿对绘本及其内容的兴趣，使幼儿主动亲近绘本、主动阅读，获得积极的阅读体验和经验，而不是为了识字而阅读，更不是为了阅读而阅读。

（2）制订阅读目标

家长应充分认识到幼儿时期的亲子阅读旨在强调乐趣、幸福感，而不是单方面的知识获得。[1]除了提高认知、发展技能外，还应注重社会情感的培养。绘本生动地体现了亲情、友情，给幼儿带来了潜移默化的影响。此外，亲子阅读也是拉近亲子关系、增进亲子感情的重要渠道。

2．约定固定的阅读时间

家长要尊重幼儿，发挥幼儿的主动性，共同约定阅读时间。一是约定相对固定的时段，如睡前、散步后，让幼儿逐渐养成按时、按计划阅读的习惯；二是约定每次的阅读时长，学龄前的幼儿以30分钟以内的“短阅读”为主，时间不可过长，以避免视觉疲劳，损伤视力，家长可每日晚餐后抽30分钟陪伴幼儿至少阅读一本书。

3．布置适宜的阅读环境

幼儿需要良好的阅读环境，其中主要包括阅读场所、阅读氛围、阅读材料等方面。家长应和幼儿共同选购绘本书籍，一起在光线适宜、人员流动相对较少的位置打造温馨的“小书窝”，摆放适合幼儿使用的桌椅、小沙发、取放方便的图书架等，让优美、舒适的阅读环境吸引幼儿，让阅读充满吸引力和愉悦感。除了专门的阅读区，家长还应在家中触手可及的地方都摆上适量的书籍，让幼儿随处可见书、随手可拿书、随时可读书，让阅读成为习惯，并在阅读中获得良好的体验。

4．选择合适的绘本读物

幼儿绘本涉及亲情类、认知类、生活技能类、习惯养成类、生命教育类、科普类等主题，家长要以幼儿为主体，根据其身心特点理性选择

1　游曼．亲子绘本阅读对幼儿成长的影响研究［J］．重庆第二师范学院学报，2010，29（6）：126-130.

绘本，满足幼儿的需要。具体把握以下三点原则：

（1）尊重个性，以幼儿为主

家长应以幼儿年龄特点、兴趣喜好、认知水平等为出发点选择绘本，不能根据自身的经验选择绘本。

（2）交流借鉴，勿盲目跟风

关于绘本的选择，家长可咨询专家意见，可借鉴其他父母的经验，可参考导购推荐，或从育儿书籍、网络论坛上了解相关信息等；但要有自己的选择标准和判断力，避免盲目跟风。幼儿的阅读兴趣与能力具有鲜明的个体差异性，适合其他幼儿的绘本不一定适合自己的孩子，家长一定要理性选择。

（3）立足科学，理性选择

幼儿有意注意时间为15分钟左右，其中低龄幼儿注意力一般在5—10分钟，并且幼儿以直觉思维和形象思维为主，凭借事物的具体形象和表象来进行思考。[1]因此，选择的绘本要遵循幼儿的认知规律，具备以下特点：一是篇幅简短。如果绘本篇幅太长会使幼儿失去阅读的耐心。二是图多文少。幼儿阶段的阅读主要是读图，根据图画进行思考，文字太多会造成幼儿的阅读障碍，降低阅读兴趣。三是内容贴切。应以幼儿日常生活中熟悉的事物或场景为主，这样更容易吸引他们的注意。四是画面美观。色彩丰富的图画可以刺激幼儿的视觉神经，带来愉悦的感官享受。[2]

5. 丰富优化阅读方法

阅读方式直接影响亲子绘本阅读的效果。成人和幼儿应在一种轻松、愉快的亲密氛围中，以类似游戏一样的互动式的分享方式阅读，而不是以学习为目的共同阅读一本书。[3]亲子阅读的关键在于互动，互动式的分享阅读是亲子阅读的最佳方式。具体可运用以下几种方法：

---

1 阴国恩，陈德立．中国儿童注意的发展［J］．天津师大学报，1989（5）：26-33+18.

2 游曼．亲子绘本阅读对幼儿成长的影响研究［J］．重庆第二师范学院学报，2010，29（6）：126-130.

3 陈思．早期阅读活动目标的制定策略［J］．幼儿教育，2010（9）：12-13.

（1）生活体验法

幼儿的兴趣源于生活中熟悉的事物和感觉，家长可以有意识地将故事中的内容与幼儿的直接经验结合起来，唤起幼儿的记忆，从而引发他们的阅读兴趣。如：鹏鹏在小区的小树上发现一只甲壳虫，观察了许久不愿离开，鹏鹏爸爸说："哦！我想起来了啦！我在《昆虫百科》里见过它。"鹏鹏顿时眼前一亮，跟着爸爸回家主动阅读这本书。同样，在亲子阅读时，家长可以利用书中的情节或事物让幼儿回忆生活中的场景，亦能促进幼儿阅读兴趣的提升。如：在阅读绘本《鳄鱼怕怕，牙医怕怕》时，家长可以让幼儿回忆自己看牙医的场景，帮助幼儿克服看牙医的恐惧，同时学会爱护牙齿。

（2）人名代入法

当幼儿熟悉的名字与故事角色发生联系时，故事就会吸引他们的注意力。如：在阅读《迟到的理由》时，家长可以与幼儿一同回忆之前幼儿上学迟到的经历，将故事中的主角姓名换成幼儿的姓名，之后将幼儿的情感关注点引入图书内容中，这样可以达到激发幼儿阅读兴趣的效果。

（3）声情朗读法

阅读习惯的养成要从用心倾听开始。在进行亲子阅读时，家长可以运用音色、音调的变化，有感情地给幼儿朗读，把故事变得丰富多彩起来，增加故事的趣味性，使幼儿在专注的边听边读中，养成良好的倾听与表达习惯。

（4）有意错误法

有意错误在亲子阅读中是极好的互动方式，家长可以假装遗忘或者讲错，让幼儿发现问题，引发幼儿纠正的欲望，进而激发他们的阅读兴趣，同时培养幼儿的倾听能力与习惯。有意错误法的运用需要建构互动的阅读情境，巧妙设置遗漏错误。[1]

---

1 徐雪珍，施为萍，马福生．让幼儿在阅读的海洋中遨游——亲子阅读指导的研究［J］．上海教育科研，2005（3）：86-87.

（5）延展想象法

很多绘本故事都留给幼儿巨大的想象空间，在实际的亲子阅读中，家长可以引导幼儿展开故事情节和结尾的想象。如：家长可以鼓励幼儿想象故事发生的场景，让幼儿通过画画或者角色扮演来还原故事人物形象；家长还可以引导幼儿通过演讲的方式对故事的后续情节进行想象。通过这些方法，家长和幼儿可以将故事丰满化、趣味化，对幼儿想象力和创作力的提高以及阅读兴趣的提升有着积极的影响。

（6）由大转小法

周兢教授的研究表明“图画比例大的图书可以引导幼儿较早地进入理解故事情节的阶段，能够较好地引发和保持幼儿的阅读兴趣”。[1]培养幼儿的阅读兴趣是一个循序渐进的过程，家长可以先选择图多文少的绘本故事激发幼儿的阅读兴趣，随着幼儿年龄的增长、语言能力的发展及阅读习惯的建立，可以逐步增加绘本中文字的比例，进一步培养幼儿的阅读能力，发展早期识字认知。

6. 进行积极正面的评价

来自家长的鼓励能够极大地调动幼儿的阅读积极性，家长应拓展多维的评价内容，促进幼儿的全面发展。首先，用积极的面部表情、肢体语言肯定和鼓励幼儿的阅读行为；其次，引导幼儿进行故事表演或绘画表征，以游戏的形式引导幼儿对绘本内容、知识经验进行巩固和迁移，从社会、情感、认知、运动以及幼儿个体性等多领域的发展角度进行评价。[2]

7. 用心陪伴与等候

培养幼儿的阅读兴趣不可能一蹴而就，好的阅读习惯也非一朝一夕养成的。家长要有足够的耐心与恒心，全身心投入，在亲子共读的过程中与幼儿多沟通、多引导，建立合理期望，耐心等待幼儿的成长。

阅读里藏着过去的故事和明天的秘密。让我们用心、用情、用时间陪伴引导，让幼儿爱上阅读、养成良好的阅读习惯，长大后成为一个爱

---

1 周兢．早期阅读发展与教育研究［M］．北京：教育科学出版社，2007：28.

2 党爱娣，王丽娟．中班幼儿早期阅读教学策略探究［J］．现代妇女，2012（3）：46-48.

读书、会读书、读好书的阅读者。

◆ 问题十九：学前阶段是否有必要引导幼儿识字？

识字，指把具象化的事物在脑中与抽象化的文字联系起来。早期识字教育是以幼儿身心发展水平和认知规律为基础的教育，重在激发幼儿对汉字的兴趣及对汉字的敏感性，初步了解文字的功能，并把文字与口语中的词相对应。近年来，在“去小学化”的背景下幼儿识字教育问题也再次成为热点话题。在幼儿阶段是否有必要引导幼儿识字？应怎样科学适宜地引导幼儿识字，避免“小学化”倾向呢？

【问题分析】

1．早期识字教育的必要性

开展早期识字是有必要的。首先，从活动性质来看，早期识字属于模式识别和语言理解活动，而幼儿期正是模式识别和语言理解的敏感期，是最适合开展早期教育的时期。其次，从认知过程来看，识字主要是依靠对视觉表象的认知进行的。著名幼教专家陈鹤琴先生也说过：“字不是一种神秘的东西，是可以当作图画看的。”[1]区别于成人先理解后记忆，先局部后整体，幼儿的识字是从图形直觉开始的，幼儿在识字过程中会把汉字当成完整的、由线条组成的图形来看，是“图形识记”过程。[2]再次，中国的汉字具有表意性特点，汉字是象形文字，而幼儿记忆是以形象记忆为主，因此象形汉字更易于幼儿理解与掌握。

---

1 李铁萌，苏力博，等．基于增强现实的学前儿童识字教育系统及实验研究［J］．软件，2015（4）：44–49.

2 罗维军．幼儿识字教育的探索［J］．辽宁师专学报，2010（5）：101–102.

2. 早期识字教育的重要性

（1）促进智力发展

我国教育心理学家潘菽指出："汉字是音、形、义三个因素构成的方块形符号，幼儿掌握它既要认识字形本身结构关系，又要建立与音、义之间的统一联系。因此识字的过程不仅要感知字形，而且要进行复杂的思维活动，识字必然引起幼儿认知结构的某些变化和改组。"[1]

（2）利于大脑发育

最新的大脑生理学研究揭示：人的智力水平主要与大脑细胞结构有关。每个脑细胞上的树突越多，特别是超出50个树突的细胞越多，人就越聪明。而促进树突增长的三个条件是营养、刺激和刺激的时间。0—6岁为大脑树突生长最快的时间，而0—3岁期间生长的速度又比3—6岁期间生长的速度快。文字符号作为一种有益刺激，音、形、义共同作用于幼儿大脑，可以使幼儿在掌握汉字的同时刺激大脑发育。

（3）为终身发展奠基

识字为阅读创造了更有利的条件。积累了一定的识字经验后，幼儿在看到不认识的字时就会产生好奇心与求知欲，随即开始主动的探索与学习，养成主动学习的习惯，而主动学习获得的经验更容易转化成智力，使幼儿终身受益。因此，对幼儿实施早期识字教育可以促进幼儿认识汉字，培养幼儿自主学习、自主探索的能力。同时，有了识字经验的积累，幼儿的阅读兴趣更容易被激发，有利于养成阅读的好习惯，从而促进阅读能力的进一步发展，为幼儿的一生奠定良好的基础。

【问题建议】

1. 了解幼儿的识字规律[2]

（1）注意力短暂

一般来说，3—4岁幼儿注意力集中的时间，即有效学习时间为10

---

1 陈金明．识字教学与儿童认知发展［J］．河北师范大学学报，2001（4）：63-68.

2 魏霞．幼儿早期识字教育研究［J］．太原大学教育学院学报，2012，30（3）：21-26.

分钟；4—5岁幼儿的有效学习时间为15分钟；5—6岁幼儿的有效学习时间为20分钟。因此，幼儿识字、学习的注意力有限。

（2）具直观形象性和整体性

幼儿识字区别于成人识字，是从图形知觉开始的。幼儿在识字过程中会把汉字与生活中的实际经验相结合，如：幼儿在认识“串”字的时候，会将字形与生活中的糖葫芦、羊肉串等穿成一串的事物联系在一起，进行直观的理解，形成认知记忆。同时，幼儿会将汉字当成完整的、由线条组成的图形来看，而不是分解的笔画。因此，幼儿的识字过程实际上是形象、整体的“图形识记”过程。

（3）无前摄抑制性

安德伍德曾做了相关实验，实验表明：对学习字表有过大量练习的人新学习一个字表，24小时后只记住了字表的25%，而以前从来没有过这种练习的人却记住了字表的70%，即前摄抑制对记忆的干扰。[1]而实验表明：幼儿在识字过程中具有无前摄抑制的优势，即幼儿能够进行大量识字。幼儿的记忆库几乎为空白，为幼儿大量识字而不受干扰提供了可能性。

（4）具选择性

幼儿识字会选择与日常生活相关联的和生活中经常出现的内容，同时倾向于生动、有趣、与实际结合紧密的活动与学习方式。因此，识字活动应该在幼儿精神饱满、情绪愉快的时候进行，要积极引导幼儿情绪，在愉快的环境中培养幼儿的识字兴趣。

2. 创设有益环境

创设有益的识字环境是指让幼儿置身于文字环境中，潜移默化地学习汉字。首先，家长可充分利用家中环境让幼儿欣赏文字作品，让其感觉到汉字和其他物品一样是生活中的一部分，并逐渐像认识周围环境和物品一样认识汉字。其次，在生活中家长可有意识、有计划地给幼儿呈现汉字，使其处于汉字和语言相互融合与作用的环境中，如：在幼儿常用的水杯、床、桌椅上写上幼儿的名字和物体的名称，

---

1 魏霞．幼儿早期识字教育研究［J］．太原大学教育学院学报，2012，30（3）：21-26.

在周围物体上贴上与物体相对应的文字标签等，尽可能地将生活中常见的物品与汉字建立联系，让幼儿在见到物体的同时就能见到与之相对应的汉字。

3. 在生活情境中识字

幼儿的心理特点决定了只有与其生活情境紧密相连的事物才能促进其认知发展。幼儿认识汉字不必有固定的教材，日常生活中的汉字很多，这些文字都可以作为幼儿学习的内容。因此家长要充分利用自然的、生活中的情境进行识字教育，要有意识地引导幼儿观看和使用生活中经常出现的汉字，提高幼儿对文字的敏感性。如：家长带幼儿外出时，可以有意识地为幼儿朗读街头广告、商家店名等汉字；在进行绘本阅读时，家长可以对文字内容进行指读与解释。

4. 在趣味游戏中识字[1]

游戏是幼儿学习的主要方式。“听”和“说”是获取信息占比最高的交流方式和记忆保持率较高的学习方式，同时也是多种方式相结合的有效学习方法。据此应运而生的“听说游戏识字法”就是以听读和游戏的方式认识汉字，适用于3—6岁的幼儿。它建立在听读游戏的基础上，其基本模式是：听，是指给幼儿听标准的录音或者音频，配以悦耳的音乐，每天坚持听15分钟左右。如果家长普通话标准，可以由家长读；如果同时配以形象的实物、夸张的动作和新颖的形式，效果会更佳。说，是建立在听的基础上，由家长引导幼儿跟读和复述，配合巩固听说效果的游戏，在反复强化的过程中对应汉字的字音与字形，从而达到从不认识到模糊认识，再到清晰记忆的效果。如《三只小猪》的故事，家长可播放故事录音或朗读故事，幼儿可以进行跟读或复述。家长以故事中的“房”字为重点，引导幼儿学习，可以开展“故事寻宝”（找出故事中的“房”字）、“故事再现”（回忆三只小猪分别盖出了什么样的“房”子并尝试用绘画等形式表现）、“汉字解读”（幼儿为家长解释为什么“房”字代表了“房子”的意思）等汉字游戏。

---

1 王宁．汉字教学原理与各类教学方法的科学运用［J］．课程・教材・教法，2003（10）：1-5.

识字是幼儿生理、心理发展到一定阶段的必然需求，是通向知识宝库的必经之路。识字教育并不意味着超前、机械和枯燥，它应是幼儿在趣味化、生活化、情境化的生活与游戏中的自然习得。让我们引导和帮助幼儿进一步丰富词汇、拓宽视野、发展语言能力、养成良好的阅读习惯，为顺利进入书面语言阅读阶段做好准备，为今后学习书面语言打下坚实的基础！

◆ 问题二十：如何引导幼儿进行前书写准备？

"前书写"是指幼儿以笔墨纸张以及其他书写替代物为工具，通过画图和涂写，运用图画、图形、文字及符号，表达和传递信息，与同伴和成人分享、交流其思想、情感和经验的游戏和学习活动，它是幼儿顺利进入正式书写活动前的必要准备。[1]入学后，熟练、规范的书写是幼儿的必备技能。但初入小学，幼儿写的字通常歪歪扭扭，小小的田字格装不下太大的字，笔顺也总是"不按常理"……为避免此种情况，许多家长未雨绸缪，如：给幼儿买来字帖，要求每天写上几页；报名参加书法班，每日打卡、每周上课；等等。枯燥的训练，虽有成效，但幼儿对于书写的兴趣却有所下降，甚至产生厌倦和畏惧之心。家长对此也颇为困惑：应该什么时候开始进行前书写准备？又该如何准备呢？

【问题分析】

1."前书写"活动的特点

（1）游戏性

游戏是幼儿主要的活动形式，在前书写领域自然也不例外，幼儿依

1　王纬虹，申毅，庞青.幼儿前书写活动的研究与实践［J］.学前教育研究，2004（5）：40-42.

托前书写游戏活动来积累书写经验、培养书写技能。大多数幼儿在15—20个月时就开始出现无规则、无目的地乱涂乱画。先后经历乱涂阶段、组合阶段、集合阶段和图画阶段，最终成为幼儿书写技能发展的前奏。[1]因此，趣味多样的前书写游戏，激励着幼儿的兴趣，潜移默化地培养幼儿的前书写技能。

（2）图画性

前书写发生在幼儿接受正式的书写教育之前，并没有具体而规范的格式与书写要求，主要依靠幼儿自身原有的语言经验，通过涂鸦、图画、符号以及文字雏形等形式，传递信息，表达思想情感，因此，呈现出图画性的特点。

（3）过程性

幼儿前书写活动的主要目的和意义是引发幼儿的书写兴趣，培养幼儿的早期书写技能。因此，幼儿的书写兴趣、书写体验等过程性因素是其中的关键，至于书写结果的好坏并不重要。

2. 前书写活动与书写活动的区别

前书写活动与书写活动有何区别呢？下表从活动类型、方式、目的、时长、评价等方面对两者进行了比较。

表 2-1　前书写活动与书写活动的区别

项　　目	前书写活动	书 写 活 动
活动类型	游戏为主	学习为主
活动方式	图画、涂写等 无具体规范要求	正式书写 有具体规范要求
活动目的	表达、传递信息 情感、经验交流 引发幼儿书写兴趣 培养幼儿书写技能	知识技能的输入与输出 表达、传递信息 情感、经验交流

1　崔同花．幼儿全语言教学理论与实践［M］．北京：科学出版社，2002：45.

（续表）

项　　目	前书写活动	书 写 活 动
活动时长	短时间	中、长时间
活动评价	注重过程体验	注重结果质量

3．前书写活动的发展规律

（1）前书写姿态

已有研究表明：幼儿抓握笔的动作是从“手掌向上抓握”合理化到“手掌向下抓握”的；幼儿对笔的调控是由手臂和肘部的运动精细化到手指的活动；握笔的部位是由笔杆逐渐适宜化到向笔尖靠拢的。从前书写的发力到具体操作，呈现出逐渐合理化、精细化、适宜化的趋势。[1]但由于学前期幼儿自我控制能力、精细动作等的发展尚不完善，其坐姿、视距、控笔大都难以达到标准化水平。

（2）前书写技能

幼儿的前书写技能与其精细动作能力发展有密切的关系。[2]幼儿的前书写活动呈现出图画性的特点，以图画与符号来锻炼书写技能。具体表现在，幼儿的绘画技能水平要比书写技能水平高。研究表明，2岁左右的幼儿写字和涂鸦活动是区分不开的，即使5岁的幼儿也常常是将写字与画图画或画符号结合在一起的。[3]因此，学前期的幼儿受其认知能力与精细动作发展水平的限制，其前书写技能存在以下两个问题：第一，文字、笔画感知和分辨能力差，笔顺概念模糊；第二，小肌肉发展缓慢，手眼欠协调，运笔能力差。

幼儿在前书写活动中存在的姿态与技能方面的问题，是幼儿在前书写发展过程中出现的正常现象，作为家长我们应当科学认识，理性看待，切忌急于求成。

1　王纬虹，申毅，庞青．幼儿前书写活动的研究与实践［J］．学前教育研究，2004（5）：40–42.
2　王纬虹，申毅，庞青．幼儿前书写活动的研究与实践［J］．学前教育研究，2004（5）：40–42.
3　林泳海，李琳，崔同花，沈毅敏．幼儿早期书写与书写教育：思考与倡导［J］．学前教育研究，2004（3）：8–10.

4. 前书写活动的意义价值[1]

《3—6岁儿童学习与发展指南》提出了“具有书面表达的愿望和初步技能”的发展目标，前书写对幼儿发展具有重要的意义和价值。

（1）语言发展

前书写的经验与技能能够帮助幼儿初步了解书面语言的功能、特点和初步的语言读写规则，是幼儿从前书写向书写，从学前期到小学期语言领域的重要过渡，对幼儿入学后语言能力的发展有着积极作用。同时，良好的前书写准备，有助于初步建立幼儿的读写自信心，更有助于养成早期良好的书写习惯，强化了幼儿对语言的兴趣，为日后有效的书面语言学习与应用夯实基础。

（2）社会化发展

前书写拓展了幼儿与他人的交流形式，在兴趣的指引下、在经验的奠基下，幼儿以书写的形式与周围人进行交流，在一定程度上拓宽了幼儿生活和学习的范围，拓展了思想交流和情感表达的途径，更增加了幼儿与他人和社会的接触面，从而促进了幼儿的社会化进程。

（3）动作发展

前书写与幼儿的精细动作发展密不可分。幼儿在早期书写时由于精细动作发展有限，较多以肘部发力，前书写作品也以涂鸦、绘画为主，图案精细程度不足。经过前书写经验与技能的积累，幼儿的手臂、手腕、手指力量逐渐增加，手部动作的精细程度逐步提高，手眼协调能力逐步发展，手指对笔的运用能力显著提高。因此，前书写不仅有利于书写能力的准备与提升，更对幼儿的手部力量与精细动作发展有益。

【问题建议】

1. 创趣味环境激发兴趣

（1）适当改造家庭书写环境，让幼儿随意写

在家中合适的区域增设材料，如：家长可在厨房、冰箱附近增添

1　周光艳 . 促进幼儿前书写经验形成的家庭教育指导策略［J］. 全视界，2020（11）：83-86.

纸、笔等材料，幼儿可以对本周家里的食谱进行规划，也可表达自己今天想吃的食物和烹饪方法；家长可在书架旁边投放书写材料，幼儿阅读绘本时可以随时记录自己的感想和发现；家长还可在自己的卧室增设书写材料，幼儿有什么想对爸爸妈妈说的话，可以随时记录下来。要特别注意的是，应以游戏的形式为幼儿提供多样的书写机会。如：家长可以在家中开展“爱的邮递”游戏，家长与幼儿之间写信沟通，分享彼此的小秘密等；可以发动全家人，开展纸质版家庭“朋友圈”，在固定的位置，幼儿和家长每天分享自己当日的见闻和心情，还可以开发点赞、评论等功能；家长可以鼓励幼儿加入家庭生活计划（财务计划、劳动计划、饮食计划、娱乐计划、外出计划等）的制订，还可让幼儿邀请自己的小伙伴共同商定游戏计划、出游计划等，由幼儿负责记录；家中可以张贴幼儿亲手书写的“勤洗手”“节约用水”“节约用电”“不要大声喧哗”等公益标语。[1]

（2）充分利用自然书写环境，让幼儿随处写

前书写的场地并不局限于室内、书桌上，奇妙的自然界中也有天然的前书写环境与材料。如：家长可以带幼儿到沙滩上，以沙为纸，描绘心中所想；可以到石堆旁，用石块拼接图案、符号、文字，代笔作书；可以到树林中，以树枝为笔，以泥土为纸，书写自然之歌；等等。此外，家长还可以将自然元素迁移至家庭书写环境中，进一步丰富书写材料。于自然之中的前书写，不仅丰富了幼儿的书写经验，锻炼了书写技能，还启发了幼儿的创造性思维，更让幼儿贴近自然、感受自然，让书写变成了充满想象和趣味的事，能最大限度地激发幼儿的书写兴趣。

2. 拓多元形式丰富经验

（1）充分利用绘本阅读

家长应充分利用绘本阅读，有意识地引导幼儿理解并应用书本中多元形式的书写，丰富幼儿的前书写经验。如：在亲子共读时，家长

---

1 叶望市 . 搭建居家有效游戏支架　提高大班幼儿前书写能力［J］. 教育界，2020（50）：79–80.

可以适时就画面中的信息提问，引导幼儿。“这个漂亮的房子是谁的家?”“你从哪里发现的?”“这个箭头表示什么呢?”“这个标语是什么意思呢?”……通过这样有针对性的问题引领，提升幼儿观察、理解与内化图画、符号和文字的能力，帮助幼儿进一步熟悉绘本的故事情节与中心大意。同时，家长应鼓励幼儿在读完绘本后用自己的话语进行创编并记录，以幼儿为主，家长从旁协助，巩固幼儿对于图画、符号、文字的认识与运用。

（2）充分利用日常生活

家长应充分利用日常生活，巧妙地引导幼儿认识并实践生活中多元形式的书写，拓展幼儿的前书写经验。我们生活在一个充满图画、符号和文字的世界中，爸爸妈妈可以有意识地引导幼儿观察生活中的标志，如地点标志、交通标志、警示标志、公益标志等，帮助幼儿认识标志并理解标志的含义。回到家中还可鼓励幼儿自己设计并张贴标志，如：在洗手间门口悬挂洗手间与使用者的标志；在水龙头附近设计张贴“节约用水”“勤洗手”等标志；在餐桌附近设计张贴“节约粮食不浪费”等标志。除了有意识地认识标志，记录生活点滴也是发展前书写经验的好途径。家长可以鼓励幼儿“写”日记，记录自己一天的心情和所做的事情；可以与幼儿一起记录天气、温度、植物生长情况，甚至是家门口经过了哪些汽车。让幼儿在记录中感受前书写的乐趣，建构书写经验。[1]

3. 优书写评价提升技能

（1）关注幼儿的书写体验，增强书写兴趣

幼儿前书写的目的是为了交流想法、表达感情，相较于规范性、整洁性，家长更应关注前书写时幼儿的思想感情。因此，与幼儿进行有效的互动交流十分必要，家长应当鼓励幼儿将自己的想法和感情表达出来，并给予一定的回应，以充分满足幼儿的情感需要与表达愿望，激发幼儿继续书写的兴趣。

1　王敏幼．“三渗透”策略助推幼儿前书写核心经验的发展［J］．好家长，2019（58）：4–5.

（2）激发幼儿的创造思维，鼓励创意书写

在前书写中，家长应当更注重幼儿创造性思维的培养，鼓励幼儿大胆、有创意地表达；对于幼儿的创意，家长要耐心听幼儿讲解，并及时肯定鼓励，以增强幼儿的自信心。

（3）重视幼儿的书写习惯，培养良好习惯

在前书写过程中，良好书写习惯的养成尤为重要，其中包括坐姿、握笔姿势、用眼卫生、纸笔互动、收纳整理等。[1]第一，注意幼儿的书写坐姿，在书写时做到"三个一"，即"握笔一寸""离桌一拳""离书一尺"，还要做到"头平、肩平、身直、足安"；第二，引导幼儿正确握笔，即手离笔尖两指宽，食指、中指、拇指抓握笔杆，均匀发力；第三，幼儿前书写区域的光线必须充足，书写一段时间后，应当注意眼部放松等；第四，前书写开始前后，让幼儿自己铺设和收纳书写用具，保持书写场地的整齐等。

前书写准备对幼儿的发展至关重要，家长的重视和科学培养对幼儿前书写准备影响重大。家长要以温馨有趣的书写环境激发幼儿书写兴趣，以丰富多样的书写形式拓展幼儿书写经验，以科学合理的书写评价提升幼儿书写技能，让幼儿在游戏化、趣味化、生活化、科学化的引领中进行前书写准备，为日后的书写发展奠定扎实的基础。

附：湖南省军区幼儿园幼儿前书写作品展

1　叶望市．搭建居家有效游戏支架　提高大班幼儿前书写能力［J］．教育界，2020（50）：79-80.

三、社会领域家庭教育问题与指导

社会，是幼儿主要的生活场所与学习环境。社会领域的学习与发展过程是幼儿社会性不断完善并奠定健全人格基础的过程。人际交往和社会适应是幼儿社会学习的主要内容，也是其社会性发展的基本途径。幼儿在与成人和同伴交往的过程中，不仅要学习如何与人友好相处，也要学习如何看待自己、对待他人，不断发展适应社会生活的能力。良好的社会性发展对幼儿身心健康和其他各方面的发展都具有重要影响。

因此，为有效促进幼儿社会领域的发展，家庭、幼儿园和社会应共同努力，为幼儿创设温暖、有爱、平等的家庭和集体生活氛围，建立良好的亲子关系、师生关系和同伴关系，让幼儿在积极健康的人际关系中获得安全感和信任感，发展自信心和自尊心，在良好的社会环境及文化的熏陶中学会遵守规则，形成基本的认同感和归属感。

◆ 问题二十一：幼儿发生攻击性行为怎么办？

幼儿攻击性行为，是指当需求得不到满足，或者自己的权利受到损害时，幼儿出现的身体上和言语上的攻击等侵犯性行为。攻击性行为容易造成幼儿间的人际冲突，不利于良好人际关系的形成，更会阻碍幼儿个性品质的养成和社会性发展。日常生活中，幼儿经常出现打、踢、咬、抢夺、大声叫嚷、骂人等攻击性行为。家长也常为之烦恼：幼儿为什么会有攻击性行为？该如何面对并处理幼儿的攻击性行为呢？

【问题分析】

1．生理因素

首先，攻击性行为可能是由于某些微小的基因缺陷而导致的。心理学家研究证明：在幼儿攻击性行为的影响因素中，遗传大约占50%，其余因素中有一部分是家长与幼儿相互作用所致。而所谓遗传并不是父母把打人、骂人等一些具体的行为遗传给幼儿，他们遗传的只是神经活动类型，如情绪容易激动、兴奋性强、反应速度快等自然特征。[1]其次，幼儿的某些生理特征，如荷尔蒙的分泌、外貌特征、气质、体质等，对攻击性行为的发生也有一定的影响。如“难养”型幼儿，天生爱哭闹、爱发脾气，长大后较容易发生攻击性行为。这些具体的生理特征遇到合适的土壤，就会滋生出攻击性行为。从本质上讲，幼儿攻击性行为虽有一定的生物学基础，但后天环境与教育也是攻击性行为的产生及其强度的重要影响因素。

2. 心理因素

（1）性格特点

有攻击性行为的幼儿对自身行为具有某种程度的认同感和自信，并伴随脾气急躁、易被激怒、自尊心较弱、缺乏自信、内向退缩、过于敏感、情绪化等人格特征。

（2）身心需求

攻击性行为的本质诱发点是挫折，发生于自身需求，包括自我发展、亲密、自由等的需求得不到满足而造成心理挫折时，幼儿通常会以不受他人欢迎的方式寻求关注。

（3）自我意识

自我认知水平和自我评价水平较低的幼儿常出现攻击性行为，如常被忽略或常被负面评价包围的幼儿容易产生攻击性行为。

（4）安全依恋

长期处于依恋缺失或内心缺乏安全感，有分离焦虑的幼儿容易产生攻击性行为。

3. 家庭环境

（1）教养方式

有的家长在家庭教育中存在过分溺爱、过分要求、过分放任的不当

---

1 范少君 . 儿童常见心理行为问题教育对策初探［J］. 科学咨询，2015（3）：37-38.

教养方式。如：对幼儿百依百顺，无原则地满足幼儿的任何需求，导致幼儿以自我为中心，养成独占、独霸的习惯，通过攻击他人达成自我满足的目的；对幼儿限制过多，要求过严，回家只能看书学习，不能玩游戏、聊天，导致幼儿内心压抑，通过攻击别人来交流与宣泄；对幼儿不关心、不重视、不限制，让孩子为所欲为，导致幼儿无规则意识，随意攻击他人。

（2）榜样示范

民主、温和、有礼的父母给予幼儿良好的榜样示范；而粗暴、专制、放纵的家长形象则给幼儿造成不良影响。

4. 社会环境

研究表明，攻击性行为是一种习得的社会行为，造成幼儿攻击性行为习得的通常有以下几种原因。幼儿感知到的消极事件，如：亲身经历或在媒体、现实中观看到的身体攻击、言语威胁、物品剥夺事件的发生等。消极情境的产生，如：玩具所有权的变更、同伴中领导地位的动摇等。行为后果的强化，如：不恰当的惩罚会导致幼儿没有出现对攻击行为的内疚与焦虑，反而增强了幼儿对攻击性行为的认同。不良的榜样示范，如：电影或者电视上的暴力行为，不良的家庭环境与亲属关系，家长或长辈的攻击性行为。

【问题建议】[1]

1. 树立科学的教育观念

家庭对幼儿行为的影响是潜移默化、深远持久的。因此，改善幼儿攻击性行为，需要家庭树立起科学的教育观念。首先，家庭成员之间要形成对攻击性行为教育的一致性。当前多数幼儿的养育均有祖辈的参与，因此家庭内部之间的教育观念必须保持正确性和一致性，不能出现家长“内斗”的情况。如：对幼儿的合理需求进行满足，而不合理的需

1 黄锐．幼儿行为分析与教育对策［M］．北京：中国轻工业出版社，2012：78.

求要及时拒绝并耐心讲明原因，获得幼儿的理解。同时保证家庭成员之间和谐友好的家庭氛围。

2. 创造和谐稳定的教育环境

首先，家长应当为幼儿创设一个安全稳定的教育环境，如温馨安静的阅读环境、欢乐自由的娱乐环境等。同时减少电视、手机等传媒工具中不良内容对幼儿的影响，从而有效地避免幼儿接触到不良内容，特别是有暴力倾向的内容。如：带幼儿看电影、话剧、人偶剧之前，最好先深入地了解相关信息与情节，判断是否适宜幼儿观看。此外，家长须与幼儿保持密切的亲子沟通，及时准确地了解幼儿的内在需要与兴趣爱好，结合幼儿的兴趣为其提供适宜的成长空间，避免幼儿出现由于身心发展无法满足而出现的攻击性行为。如：每天开展亲子谈话，了解到幼儿有想要扮演公主的强烈兴趣和愿望后，可以通过亲子手工，共同制作城堡与公主裙；共同开展公主的角色扮演游戏；亲子共读，读有关公主的故事；等等。充分给予幼儿自主与创造的自由，既满足了幼儿的需要，更增进了亲子感情。

3. 引导幼儿学会正确的宣泄方式

攻击性行为大都由挫折引发的不良情绪而导致。在成长过程中，挫折是幼儿必然会遇到的，家长不可将尽可能避免幼儿遭遇挫折作为解决方式，而应当引导幼儿掌握正确的情绪宣泄办法，通过恰当的方式将自己的负面情绪宣泄出来，从而减少其对幼儿健康成长的消极影响。

当挫折事件发生时，家长要注重观察幼儿的情绪变化，加强与幼儿之间的情感沟通，及时了解幼儿情绪的变化，帮助幼儿去分析事情发展的各种缘由，支持幼儿用正确的方式发泄负面情绪。如：注意转移，去做自己感兴趣的事情；合理宣泄，用音乐、绘画、运动、讲述等方式表达情绪；科学沟通，将自己的不开心告诉对方，寻求合理的补偿与安慰。平时家长可以通过玩游戏、读绘本等方式，引导幼儿学习正确应对挫折、管理情绪的办法，这方面可选择的绘本有《输不起的莎莉》《妈妈的红沙发》《大脚丫跳芭蕾》《五只好老鼠造房子》等。

4. 及时干预和纠正攻击行为

幼儿的攻击性行为，是成长阶段中必然会出现的现象，家长应当站在客观的角度来分析当前幼儿的攻击性行为，了解攻击性行为发生的原因，从而采取更具针对性的干预措施。

首先，在客观分析幼儿的攻击性行为时，应当运用多种方式对幼儿进行评价，准确捕捉幼儿的发展特点和存在的问题，对幼儿的行为进行全面的观察了解和反思，从而更好地了解幼儿身心发展的需求以及他们的心理感受与想法，制定解决幼儿攻击性行为的有效方法。如幼儿因游戏时自己所在的团队没能获胜而与其他团队的幼儿发生冲突，此时，家长应当认识到幼儿的攻击性行为是不能正确面对失败而导致的，其背后的原因是幼儿以游戏的结果为自我评价的依据。因此，家长应当与幼儿共同回顾游戏过程，指出表现得好和仍有不足的地方，同时也分析对方表现得好、值得学习的地方。由此，让幼儿逐渐理解，自己在游戏过程中已经全力以赴，虽然失败但自己仍有发展空间，应向对方学习，而不是嫉妒、怨恨，甚至发生冲突。

其次，家长应当结合幼儿的发展情况，采用科学适宜的教养方式。如：当幼儿由于自己的需求得不到满足，出现哭闹甚至伤人的行为时，家长可以选择无视，直至幼儿情绪稳定后，和幼儿进行面对面的沟通，了解幼儿哭闹的原因，再和幼儿讲解道理，提高幼儿的接受程度。

总而言之，当幼儿出现攻击性行为时，家长必须重视，要正确分析幼儿出现攻击性行为的原因，制定及时、科学、适宜、有效的措施来制止幼儿的不良行为，促进幼儿身心的健康发展。

◆ 问题二十二：幼儿不愿意与他人分享怎么办?

分享是幼儿自愿地将自己的情感、食物、玩具分给同伴和他人的一种亲社会行为，是其心理发育和成长的一种表现。对幼儿来说，懂得分享便会收获更多的朋友和玩伴，建立更加和谐、更加有爱的人际关系；从小乐于分享的幼儿，长大也更容易从他人那里获得信任和帮助，从而获得更加良好的人际关系。但相信有很多家长曾遇到这样的尴尬情况：幼儿不愿意将自己的玩具、零食等与他人分享，有时甚至还会因此出现争抢、打架、大声哭闹的情况。家长们纳闷：明明有那么多玩具，为什么不愿意分享？为什么我反复教育他，还是收效甚微？幼儿到底为什么不愿意与人分享？又该不该让幼儿与人分享呢？

【问题分析】

1. 生理因素

3—6岁的幼儿正处于自我意识萌芽时期，这是确认自我边界、形成物权意识的时期，分享意识较为淡薄是正常现象。[1]此时，幼儿考虑问题的角度仅从自我出发，只在乎自己的感受，因此会对自己喜欢的东西有很强的占有欲。很多家长不理解此阶段幼儿的心理特点，不尊重幼儿支配自己物品的权利，盲目说教却徒劳无功。

2. 教育因素

首先，随着物质生活的极大丰富，长辈的宠爱甚至是溺爱让幼儿无须与他人分享物品，导致幼儿逐渐养成了独享的习惯。其次，面对幼儿不愿分享的行为，家长处理方式不当。如在幼儿不愿意分享自己的物品时，家长通常责怪批评或是自作主张替幼儿分享物品，这种强硬、专制的教育态度容易引发幼儿的消极情绪和逆反心态，导致事与愿违。[2]

3. 环境因素

部分家庭由于生活环境相对封闭，使得幼儿缺乏与他人交往的经验，未形成对他人的亲近与信任感，更没有机会感受与他人交往和分享的快乐。因此，在面对需要分享的场景时，就会手足无措或者习惯性地守护自己的“财产”。

---

1 王亚珺．正确看待幼儿的分享行为［J］．早期教育：家教版，2019（1）：5-7.

2 曹新茹．如何应对幼儿“拒绝分享”［J］．中华家教，2018（3）：40-41.

【问题建议】

1．转变教育观念，尊重幼儿意愿

家长要不断更新自己的教育观念，将幼儿全面健康发展放在首位，站在尊重、理解幼儿的角度上，不断储备自身知识能量。[1]首先，当发现幼儿不愿意分享时，家长不应责怪或强迫，而要仔细倾听幼儿的心声，探究其不愿意分享物品的原因，理解和接纳幼儿内心的想法，如："我怕她会弄坏我的玩具""我怕她不还给我了""我太喜欢了不想给别人"等。这样积极而包容的态度，会让幼儿感受到信任并放松，从而正确看待分享。其次，在引导幼儿分享时也要体现尊重，让幼儿自主选择、决定分享行为，而不是被动执行家长的分享要求。

2．改变教养方式，树立范例榜样

家长是影响幼儿性格与道德发展的重要因素，为幼儿树立学习与模仿的榜样，是父母的首要任务。

首先，家长要主动和幼儿分享自己的物品，帮助幼儿建立初步的分享概念、学习分享的方法、感受分享的乐趣，增加分享意愿。例如：当幼儿很喜欢家长的钢笔时，家长可以询问幼儿，"宝贝，你想要玩/看我的钢笔吗？我很乐意和你分享哦！"

其次，家长要有意识地为幼儿创造分享物品的机会。[2]例如：在日常生活中多向幼儿"借东西"，并在短暂的时间内归还，让幼儿建立有借有还的意识，让幼儿明白分享的意义就是物品暂时离开自己的身边，最终还是会回来的。这种潜移默化的效果会帮助幼儿建立起高度的安全感与归还意识，从而不吝啬于分享。

然后，家长应树立与人为善、替他人着想、热心助人的榜样，如在日常生活中，主动关心帮助邻居、朋友，给予物质上适宜的支持，以自身的积极行为潜移默化地影响幼儿。

1　苏翔．如何教幼儿学会分享［J］．母婴世界，2010（3）：80-81.
2　赵忠心．教幼儿学会谦让与分享［J］．中华家教，2017（7）：42-43.

3. 创设安全情境，组织分享游戏

分享的前提是幼儿感觉自己处于物品不会被“剥夺”的安全环境中。家长可以通过分享游戏，增强幼儿与同伴的互动，让幼儿在其中体会分享的快乐。[1]如：可以让每位幼儿带2—3个自己想与参加游戏的小伙伴分享的玩具，在集体游戏中互相交换玩，通过游戏前充分的准备与游戏时公平的规则，消除幼儿的戒备心，站在信任、积极的角度鼓励幼儿，让幼儿体会到合作与分享的乐趣，使幼儿获得更加成熟的分享意识。另外，当幼儿出现良好的分享行为时，家长应给予适当的表扬与鼓励，让幼儿感受到分享带来的快乐和成就感，从而养成分享的习惯。[2]

萌发物权意识是幼儿成长的必经阶段，乐于分享感受快乐是幼儿社会交往的重要技能。让我们尊重、理解幼儿，支持、引导、帮助幼儿逐渐体会到更多的交往和分享的快乐！

◆ 问题二十三：如何对幼儿进行文明礼仪教育？

讲文明懂礼貌，是为人处世的基础，是培养道德品质和情操的起点。幼儿期是人一生中教育的启蒙、奠基之期，是教育“金字塔”的基石，因此，在幼儿期养成良好的文明礼仪习惯，获得积极的社会评价，对幼儿准确认识自己、建构自主意识、形成健康人格具有重要的意义。生活中，有的幼儿待人接物礼貌得体，让人如沐春风；而有的幼儿泼辣蛮横，目中无人，很难让人愿意亲近。家长对此也感到非常困惑：是什么原因导致幼儿出现如此大的品质差别？该如何培养幼儿的文明礼仪习惯呢？

---

1 王亚珺 . 正确看待孩子的分享行为［J］. 早期教育：家教版，2019（1）：5-7.

2 苏翔 . 如何教幼儿学会分享［J］. 母婴世界，2010（3）：80-81.

【问题分析】

1. 传承中华民族美德的必由之路

中华民族素有礼仪之邦的盛名，从古至今，都非常注重个人品德培养。中国古代典故中，常有中华民族美德的代表人物典型故事，如滴水之恩当涌泉相报、卧冰求鲤、孔融让梨等。对幼儿进行文明礼仪教育，是对中华民族传统美德的传承，更是让博大精深的中华文化源远流长的必由之路。

2. 提升社会交往能力的坚实基础

文明礼仪是人际交往的重要桥梁和纽带，是个体实现社会化的重要品质。幼儿只有在懂得礼仪的基础上，才能与长辈及同伴进行更好的交流与沟通。孔子云“不知礼，无以立”，由此可见，礼仪教育意义非凡。家长在育儿过程中，须注重引导幼儿养成文明礼仪习惯，并通过有针对性的文明礼仪养成教育，让幼儿逐渐形成尊重长辈、团结伙伴、礼貌待人、遵守公共秩序、举止恰当、自律自省的品质，积极提升幼儿的社会交往能力。

3. 促进身心健康发展的重要内容

礼仪教育，让幼儿从小学会感恩，同时促使幼儿身心均获得健康发展。大量研究结果表明，一些青少年误入歧途，均与其幼儿时期受到的教育有很大联系。随着年龄增长，恶习没有得以改正，会对身心健康发展产生严重影响。因此，家长必须加强礼仪教育，这样才能促进幼儿身心健康全面发展。

【问题建议】

1. 注重生活中文明礼仪教育渗透

家庭生活中蕴含着大量的文明礼仪教育契机。如：吃饭时要尊敬长辈，长辈落座动筷，晚辈才能进食；在路上见到认识的人要及时打招呼问好；当不小心伤害或妨碍到别人时要及时道歉；等等。家长须抓住每一次文明礼仪教育的契机，将礼仪教育融入幼儿一日生活中去，帮助幼儿逐步养成良好的礼仪习惯。

2. 关注专项的文明礼仪教育活动

家庭须与幼儿园、社会联起手、负起责，形成教育合力，共同开展文明礼仪教育。家长应当积极配合、主动参与幼儿园与社会中的文明礼仪专项活动，如幼儿园里“值日生”“接待员”等活动，社会中“文明志愿者”等活动，既能为幼儿创造接触社会环境的机会，又能促进幼儿文明礼仪习惯的养成。

3. 营造良好的文明礼仪教育环境

文明礼仪教育需要营造良好的教育环境和氛围。首先，家长在生活中保持良好的文明礼仪举止可以使幼儿耳濡目染。其次，当幼儿园或社会其他教育场所中出现文明行为时，家长可及时提醒幼儿关注并向榜样学习。最后，一旦有不文明行为发生，家长应及时引导幼儿自主评价，导入文明礼仪行为。如过马路看到有人闯红灯时，幼儿可能会问：“为什么红灯了还走呢？”家长可反问：“你觉得他做得对吗？”

文明礼仪教育是全社会共同的责任，通过日常教育渗透、专项教育行为和良好的环境影响，可以促进幼儿文明礼仪习惯的形成，为幼儿社会性发展奠定基础，为幼儿身心健康发展走好第一步。

◆ 问题二十四：如何帮助幼儿树立正确的消费观念？

消费，是指利用社会产品来满足人们各种需求的过程。消费观，是指人们对消费水平、消费方式等问题的总体态度和看法。作为一种观念，它会影响人们的消费行为，对社会经济发展、生态环境改善、精神文明建设具有重要意义。随着人们的生活条件越来越好，手中可支配资金越发宽裕，幼儿零用钱、生日礼金、压岁钱等“收入”也随之大为增长，导致出现“乱消费”“高消费”“攀比”等现象。家长常常思考：幼儿的消费观念是怎么形成的？该如何引导幼儿树立正确的消费观念呢？

【问题分析】

1. 生理因素

幼儿由于身心发展尚不完善，缺少对金钱的认知与消费经验，自我控制能力不足，极易受到外界环境影响，因此在对金钱的使用上表现出盲目性、随意性、善变性。幼儿对消费的理解，基于数量概念的发展，而幼儿数量概念的发展涉及比较复杂的认知加工，是一个从具体到抽象、从简单到复杂的循序渐进的发展过程。

2. 环境因素

随着现代社会经济的不断发展，家庭收入持续增长，家长愿意并有能力给予幼儿更为富足的物质条件。与此同时，大量时尚、流行、新奇的消费品涌入生活，琳琅满目的文具、玩具等极易激起幼儿的购买欲。由于年小幼稚，幼儿缺乏应有的消费知识，易受周围环境影响，尤其是电视节目、画报广告等正潜移默化地诱导着他们的消费活动。

3. 经济管理方式

在部分家庭中，全家人围着幼儿转，幼儿在服装、玩具和食品等消费上拥有很大的选择权和决策权。成人以幼儿的喜好与需求为中心，乐于满足幼儿的一切愿望。而部分家庭也存在另一极端现象，即为避免幼儿不合理使用金钱，从不让幼儿参与经济支出。

【问题建议】

1. 引导幼儿理解“钱”的含义

首先，家长准备一些钱币，教幼儿认识上面的国徽和“中国人民银行”的字样，告诉幼儿这是我们国家钱币的主要标志。也可以通过认识上面的面额，让幼儿学会比较大小。当幼儿接触到数的分解与组合的学习以后，还可以让幼儿了解10元人民币等于10个1元人民币，100元人民币等于10个10元人民币等，让幼儿了解我们国家的货币，建立币值概念。

其次，理解“钱”的含义就是让幼儿懂得钱的用途，不再将钱币只理解为一枚金属板或者一张纸片。可告诉幼儿钱的发展历史，从以前的物物交换到以货币为媒介的商品流通过程，告诉幼儿钱币可以购买他喜欢吃的棒棒糖和他喜欢的玩具。在商场购物时，尽可能地在幼儿面前用现金交易，让幼儿自己拿着钱去付钱，甚至让幼儿自己计算找零。家长可以跟幼儿一起做购物游戏：先由家长当售货员，幼儿当顾客，然后再互换角色。在亲子“买卖”的过程中，家长要强调用“货币”换取“物品”的概念，让幼儿进一步了解货币的作用。

2. 帮助幼儿理性消费

相信很多家长朋友在育儿的过程中，都遇到过这样类似的情景：带着幼儿去商场，走到玩具区时，幼儿兴奋得不得了，一次拿着好几样玩具，看到别的同伴有相同的，自己也嚷着要买回家。即便是家里面同类玩具已经不计其数，却依然吵着要买新的。作为家长，我们要理解幼儿的从众心理，不能着急。家长要在幼儿形成初始消费意识的阶段，告诉他哭闹解决不了任何问题，也得不到任何想要的东西。当幼儿情绪平稳后就会愿意沟通，这时再针对幼儿的具体情况告诉他买或不买这个玩具的理由。同时要让幼儿懂得如何支配钱才是合理的，如：同样的东西不重复购买；每次出门买东西前，要制订购买计划，自己需要什么买什么。

3. 引导幼儿制订消费计划

树立科学的消费观念，第一步是要学会制订消费计划。家长可以引导幼儿尝试用自己的方法记录自己每个月需要用的钱，写明用途与数额。在月末时与幼儿共同统计本月支出。有能力的幼儿，可以在家长的引导下进一步对开支进行分类，如区分出食品类、出行类、玩具类等。与幼儿共同反思，哪些是必要的支出，而哪些可以节省。针对反思的情况，家长可与幼儿共同制订下月的支出计划。由幼儿自己写明在哪类支出上需要花多少金额，并制成计划表。一个月后，再对照计划表进行统计，反思本月支出。由此，在潜移默化中帮助幼儿树立金钱意识与规划意识，养成按需消费的良好习惯。

除了短期的消费计划外，家长还可以引导幼儿制订长远的消费目标，并设法达成。如：幼儿想要去迪士尼乐园，家长可以借此机会与幼儿共同计算去迪士尼乐园的路费、住宿费、餐费、入场费等的总金额。同时，共同商讨如何获得足够的钱，如可以通过工作挣钱、每月攒钱等方式。接下来，家长可以与幼儿制订赚钱计划，让幼儿通过劳动赚取梦想基金，帮助幼儿进一步树立金钱观念，知道好的生活来之不易；或通过每月攒钱的方式达成目标，帮助幼儿强化计划意识与节约意识。

4. 给予幼儿储蓄和投资的启蒙

第一，父母不妨为幼儿准备一个可爱的储蓄罐，当幼儿做到家长的一些要求时，家长可以给幼儿一点点奖励，让幼儿将自己所得存入储存罐中，并引导幼儿有意识地用储蓄来的钱去做有意义的事情。这样，幼儿在形同游戏的储蓄过程中，享受到积累带来的乐趣与成就感，而且还在不经意间养成了储蓄的习惯。

第二，带幼儿走进银行，进行投资启蒙。父母可以告诉幼儿银行的作用是什么，将钱放在银行里可以做什么。同时观察取款与存款的过程，让幼儿亲自尝试从取款机中取出钱币，或是把钱币送入存款机，告诉幼儿密码不能外泄。让幼儿对银行有一个初步的认识和了解。

幼儿处于父母庇护之下，无论身体或心智都尚未发育完成，其消费绝大部分是通过家长间接完成的。家庭的合理消费过程，可以使幼儿学到消费的相关知识，了解金钱的重要作用，掌握一些购物的相关技能，这些对幼儿日后的成长和生活都是至关重要的。同时，家庭量入为出、理性成熟的消费行为会使幼儿了解金钱来之不易，有助于幼儿养成健康良好的消费观念。

◆ 问题二十五：如何提升幼儿的抗挫折能力？

抗挫折能力，是个人在遭遇挫折、遇到困难时，能试图用其他办法来试一试，解决困难，保持心理和行为正常、健康的能力。[1]古语云，“宝剑锋从磨砺出，梅花香自苦寒来”，抗挫折能力和精神自古以来是中华民族的优良品质。如今，在父母精心培养和全力保护下，幼儿的生活充满快乐与满足，但成长过程中难免会遇到困难和挫折，此时，有的幼儿会情绪低落或暴躁，有的幼儿会想办法克服，有的幼儿会寻求成人帮助。面对表现不一的幼儿，家长也意见不一：是否有必要培养幼儿的抗挫折能力？该如何提升抗挫折能力呢？

【问题分析】

1. 抗挫折能力的内涵

抗挫折能力，常见的提法有“挫折忍受力”“抗挫折能力”“抗逆力”“挫折承受力”等，其主要含义基本都包括个体忍耐、抵御和化解挫折的能力。主要由四个部分构成：一是对自我有着良好认知，对自己有清晰、完整、客观的认识并在内心认可自我，自尊心和自信心强；二是归属感较强，能从周围社会环境中获得理解和情感支持；三是应对困难和解决问题的能力较强；四是能以乐观的态度对待生活中的问题。[2]

总的来说，抗挫折能力可以说是幼儿在遇到挫折情景时，能经受住挫折打击，积极应对挫折，较少产生不良心理和行为的一种耐受力，有勇敢面对挫折、适应挫折、抵御和应对挫折的能力。

1 朱智贤. 心理学大词典［M］，北京：北京师范大学出版社，1989：142.
2 陆小娅. 挫折承受力从何而来［J］. 中国青年报，2000（7）：4-5.

2. 抗挫折教育的意义

1993年，联合国教科文组织在北京召开的“面向21世纪的教育”国际研讨会上曾指出：21世纪人才规格的突出特征是“高境界的理想信念和责任感、强烈的自立精神、坚强的意志和良好的环境适应能力、心理能力”。当前时代，是一个竞争日益激烈、挑战不断增强的时代，每个人都会不同程度地遇到各种各样的挫折与冲突，具有顽强的抗挫折能力以及敢于迎接挑战的良好素质，已成为时代发展对个人成长提出的必然要求。可见，做好幼儿的抗挫折教育已成为21世纪教育发展的一种趋势和重要内容。

【问题建议】

1. 尊重接纳，建立和谐的亲子关系

研究表明，抗挫折能力的培养至少需要注意以下四个因素：一是能够对自己形成积极的认知，能够认可自己、接纳自己，有较强的自尊心和自信心；二是具有较强的归属感，能够在周围环境中获得情感理解与支持；三是具有较强的问题解决能力；四是能用积极的心态面对生活中遇到的困难。当幼儿遇到困难，表现出焦躁、哭泣、耍赖等行为时，家长首先要接纳幼儿的情绪，理解幼儿出现这类情绪的原因，并给予幼儿情绪表达的机会。当幼儿情绪平复后，尝试站在幼儿的角度，与幼儿一起分析问题，鼓励幼儿重拾信心，解决困难。长此以往，幼儿就能够在互相尊重与平等和谐的亲子关系中，建立起积极的自我认知，形成较强的自尊心、自信心及归属感，从而增强解决困难的勇气，提高挫折承受能力。[1]

2. 舍得放手，给予幼儿处理问题的独立空间

长期在成人帮助下解决学习和生活中的困难，幼儿会养成依赖的习惯，缺乏应对冲突的实践经验，无法提高解决问题的能力，更容易受

---

1 申青慧 . 亲子关系与幼儿抗挫折能力的相关研究［D］. 重庆：西南大学，2014.

挫。而民主型的教养方式最有利于幼儿的健康成长，父母既坚持自己的合理要求，又尊重幼儿的独立性，给予其一定的独立发展空间，能够增强幼儿解决问题的能力，从而增强其抗挫折能力。当幼儿在生活、交往与学习过程中遇到困难时，父母首先应放手让幼儿自己去解决问题，必要时给予适当支持。其次，还应经常渗透“自己的事情自己做”的观念，引导幼儿掌握更多处理问题的方式方法，从而增强幼儿解决问题的能力与自信心，减少挫折感。

3. 以身作则，树立良好的榜样示范

父母的一言一行都会在潜移默化中影响幼儿遭遇挫折时的心态与行为。如果父母以抱怨、咒骂、逃避的消极态度对待挫折，那幼儿在遇到挫折时也会以哭闹、生气、焦躁的态度对待；相反，如果父母以乐观的心态积极应对挫折，幼儿在遇到挫折时也会以乐观的心态积极应对。因此，父母要有不怕困难、越挫越勇的精神，为幼儿树立好榜样。[1]

4. 正面引导，掌握应对的方式方法

当幼儿遇到挫折时，家长应鼓励幼儿积极面对，并教会幼儿基本的应对方式，而非指责幼儿。如：幼儿因为穿不好衣服而发脾气或哭泣时，家长应当引导幼儿共同找到穿不好衣服的原因，然后与幼儿一起学习正确穿衣的方式。家长可以告诉幼儿，当遇到困难时，首先要自己寻找问题出现的原因；接着可以向他人寻求帮助；最后如果还很难过，可以在不影响别人的情况下适当发泄。

挫折的奇妙之处就在于，既可以打击一个人，又可以激励一个人。没有一帆风顺的人生，只有不断战斗的勇士。抗挫折能力对于幼儿的成长发展意义重大，挫折教育也应当从小事开始，从生活中开始，通过挫折教育不断磨炼幼儿强大的内心，帮助幼儿成为自我世界的主人。

1　刘丽萍 . 幼儿挫折教育的研究与探索［J］. 家教世界，2020（30）：45-46.

◆ 问题二十六：如何帮助幼儿建立自信心？

自信心是一种反映个体对自己是否有能力成功地完成某项活动的信任程度的心理特性，是一种积极、有效地表达自我价值、自我尊重、自我理解的意识特征和心理状态。美国哲学家爱默生有句名言，“自信是成功的第一秘诀”，充分体现了自信心的重要意义。生活中，常发现有的幼儿乖巧听话，各方面表现都很优秀，但却经常担心自己做不好事情，班级的活动不敢参加，总是讨好他人，没有自己的主见，遇到问题第一反应是退缩找大人帮助。幼儿遇到问题表现出不自信，家长十分着急：影响自信心的因素有哪些？该如何引导幼儿建立自信心呢？

【问题分析】

1. 行为表现

自信心是自我价值的综合体现，具备下述表现的幼儿都会很有自信。

（1）身心有安全感，免受机体伤害

如果一个幼儿觉得很安全，自认为不会被人瞧不起或不会被讽刺挖苦而受到心灵上的伤害，那他已获得了高度的情感保障，就不会担心受到伤害。

（2）有自我确认感，知道自己是谁

一个了解自我的幼儿能够培养出良好的个性意识，他了解自己，确信自己拥有作为一个人所应有的价值。他相信自己是值得表扬的，而且他在夸奖和称赞别人时也不会感到不安全。

（3）有自我归属感，学会相互依存

一个觉得自己为他人所接纳的幼儿，会有一种被尊重、被欣赏的感觉。他竭力寻找伙伴并与他们友好相处，在维护独立意识的同时，学会与他人相互依存。

（4）有自我认可感，肯定自我能力

幼儿在觉得自己有能力做好一件事以后就想去学做其他事。因为他认为自己有能力，所以在遇到困难时，他会坚持到底而不是放弃。通过努力，他享受到成功的喜悦，因而就有勇气面对下一次新的尝试。[1]

2. 影响因素

（1）生理因素

幼儿自身的发展水平是建立自信心的基础。每个幼儿由于遗传素质与环境、教育交互作用的结果不同，具有的性格、容貌、体质、智力、生活习惯和兴趣特长也不同，有明显的个性差异。当进入幼儿园，面对集体成员的重新考察、比较、评价时，则会引起不同的态度反应。如：有生理缺陷的幼儿，体力、智力较弱的幼儿，独立生活或自制能力较差的幼儿，在集体中容易退缩及受到同伴的轻视和拒绝，自信心偏低。[2]

（2）家庭因素

家庭气氛和父母言行都是影响幼儿自信心建立的主要外部因素。温暖的家庭气氛、父母大方开朗的个性能够促进幼儿身心健康发展及形成大方自信的自我认知；过于严厉或过于溺爱容易造成幼儿不自信和缺乏独立能力。[3]家庭教育中通常存在这样的现象，有些家长喜欢拿自家的幼儿与别人家的幼儿进行比较。这种评价方式对于心理脆弱的幼儿来说非常不利，在比较与否定中，幼儿会觉得自己不如别人聪明、听话、能干等等。[4]还有些家长认为幼儿年纪小、什么都不懂，因此过多包办，导致幼儿对于自己的生活没有选择权，在家庭生活中得不到平等的对待，专断的教育方式必然导致幼儿归属感、安全感与自信心的缺失。[5]

（3）评价因素

幼儿的自信是暂时的、易变的，受制于他人的评价和对自我的认识。幼儿对自身的认识与评价很大程度上取决于周围人对他的评价。当

---

1 王娥蕊．3—9岁幼儿自信心结构发展特点及教育促进的研究［D］．大连：辽宁师范大学，2006.

2 乌兰图雅．关于儿童自信心培养的研究［J］．内蒙古民族大学学报，2007（6）：80-82.

3 王娥蕊．3—9岁幼儿自信心结构发展特点及教育促进的研究［D］．大连：辽宁师范大学，2006.

4 李茹．家庭教育方式、家园合作共育对幼儿自信心、独立性的影响研究［D］．武汉：华中师范大学，2015.

5 李晓红．3—6岁幼儿自信心课程教学方案研究［D］．宁波：宁波大学，2018.

幼儿总是得到他人的积极评价，就容易形成自信心理，反之则容易产生自卑感。对于幼儿而言，如果他们缺乏对自己充分的认识，自我认同偏低，也容易产生自卑、羞怯的心理。

【问题建议】

1．营造良好教养环境，给予适度的爱与自由

幼儿自信心要想更好地发展离不开一个良好的家庭环境。父母要既不专制，也不溺爱或放任不管幼儿，与幼儿建立平等、和谐的亲子关系，把幼儿看作一个独立的个体、完整的个体，有自我选择和决定的权力。在重大的事情上，父母可以为幼儿提供选择，但至少要给其两个选择，培养幼儿独立自主的能力，并对幼儿的进步给予鼓励、肯定。同时，父母要为幼儿创设一个平等、自由、有爱的家庭环境，让幼儿敢于挑战困难，不被困难所击倒，让幼儿明白，只要自己的行为是正确的，无论多么困难，父母都会支持自己。幼儿获得足够的安全感，才能有信心去面对困难。同时，还要给幼儿一定的自由空间，让幼儿能够去独立决断和完成想做的事情。[1]

2．合理赏识幼儿，提升幼儿自我认同感

幼儿由于自我认识发展不完善，对自我评价不够全面，常常会借助成人的判断标准来考量自己、认识自己。这一时期，成人的赏识和积极的评价对幼儿自信心的发展举足轻重，有助于提升幼儿的自我认同，从而增强其自信心。

3．为创造自我挑战机会，增加成功体验

幼儿行为的结果直接影响着他们自信心的建立和发展。成功的经验有助于增强自信，失败的结果则会使幼儿自信心下降甚至丧失。家长应该为幼儿创造体验成功、挑战自我的机会，逐步培养和巩固他们的自信心。

1　徐国玲．父母教养方式与幼儿自信心的关系研究［D］．信阳：信阳师范学院，2020.

4. 给予幼儿恰当的评价，捕捉闪光之处

家长应该给幼儿恰当的评价。每个幼儿的成长方向、速度和进度各不相同，应该根据自己幼儿的特点和能力，作出公正、客观和发展性的评价。家长要善于发现幼儿各方面的能力，切忌片面关注幼儿的知识技能。善于发现幼儿的每一次进步，对其及时给予鼓励与肯定，有助于增强幼儿的自我认识与效能感，从而增强自信心。在幼儿获得成功或遇到挫折时，家长要善于捕捉幼儿的闪光点，从正面积极的角度引导幼儿正视自己的优缺点，放手让幼儿自主尝试、独立承担，鼓励幼儿利用自己的智慧，勇敢地克服困难与挫折，激发幼儿的进取心，逐渐提高独立解决问题的能力，激发潜能与自信。[1]

尊重、赏识、鼓励，愿我们的幼儿自信、勇敢，为未来的生活、学习做好准备！

◆ 问题二十七：如何缓解新生入园焦虑？

新生入园焦虑是指幼儿入园初期，因环境发生巨大转变，对人、事、物极度不适应，从而产生焦急的情绪反应。入园焦虑，多见于小班新生，每年开学，在幼儿园大门前都会听到“哇”声一片，幼儿大哭大闹，抱着爸爸妈妈不愿意放手，整天闷闷不乐，一个人不参加活动……家长们束手无策，同时也十分担心：应如何帮助幼儿缓解入园焦虑，尽快适应幼儿园生活呢？

【问题分析】

1. 心理因素

小班幼儿身心发育尚未成熟，在生活与心理上都依恋着父母、亲

1 张志霞. 如何帮助孩子建立自尊与自信［J］. 学周刊，2015（36）：99.

人，对环境的改变十分敏感。离开熟悉的家庭环境，周围的人、事、物都很陌生，由此产生不安全感，出现紧张、不安、害怕的情绪。

2. 环境因素

第一，家长对幼儿入园感到不舍和担忧，这种情绪会不自觉地影响幼儿，幼儿也会感到焦虑，引起不适。第二，从家庭到幼儿园，幼儿的秩序感被破坏。秩序感是指对物品的摆放位置、生活规律、事物顺序等固定的认识和习惯。入园前，幼儿的起居一般较为灵活，随意性很大；入园后，作息时间相对固定，幼儿在家庭中形成的秩序感被打破，会感到不适。

3. 教育因素

第一，日常生活中，幼儿吃喝拉撒都由家长悉心照料，许多家长习惯包办代替，导致幼儿自理能力较差；入园后，就餐、如厕、饮水等生活事务大多要由幼儿自己完成，幼儿会感觉无助、茫然。第二，日常生活中，因带养环境较为封闭，幼儿缺乏与人交往的经验，胆小怕事、缩手缩脚，这些因素都会引发入园焦虑。

【问题建议】

1. 正向引导，激发入园向往

首先，以积极正向的引导和心理暗示激发幼儿对幼儿园的向往。如可提前告诉幼儿:“幼儿园是个很好玩的地方，有可爱的老师和小朋友，一起做游戏。”“幼儿园可以玩到很多好玩的玩具，老师还会带着你们学本领、玩游戏，上幼儿园是一件很快乐的事情!”等等。

其次，家长要在幼儿面前保持积极向上的情绪态度。如果家长表现出低落情绪，甚至在送幼儿入园时眼泪汪汪、依依不舍，焦虑情绪就会传递给幼儿。离园时，家长可以有意识地与幼儿谈论在幼儿园玩的好玩的游戏、新认识的老师和伙伴，强化“幼儿园真好玩”的积极体验。

2. 实地参观，丰富直观经验

家长可帮助幼儿积累经验，形成对幼儿园的初步认识，消除陌生感。可提前带幼儿参观幼儿园，让幼儿熟悉幼儿园的环境，消除幼儿对幼儿园环境的陌生感；可向幼儿介绍幼儿园玩具，如滑梯、大型玩具等，或是美食，如鸡腿、酸奶、蛋糕、面包等；可以带幼儿在幼儿园进行游玩，让幼儿对幼儿园多一些了解，感知户外玩具的乐趣，给幼儿留下快乐积极的印象。

3. 提前交流，增进师幼情感

教师是幼儿在园生活的重要陪伴者与引领者，家长应当及时与教师进行联系，建立师幼感情，消除陌生感。如：幼儿报名登记后未入园前，家长可以与老师进行线上视频家访，让幼儿提前熟悉老师，增进师幼之间的互动；视频家访时，家长要引导幼儿与老师进行亲切交谈，鼓励幼儿单独与老师进行交流，让幼儿能够与老师之间增进情感，消除幼儿与老师的陌生感。

4. 调整作息，提高自理能力

提早让幼儿体验幼儿园的一日生活，对幼儿尽快适应幼儿园作息安排十分重要。当家长为幼儿报名后，要提前了解幼儿园的一日作息时间安排，并为幼儿安排相应的家庭作息时间，帮助幼儿尽快适应。同时，应注重培养幼儿的独立自主意识和自理能力，让幼儿学会自己吃饭、喝水、穿衣、上厕所等，帮助幼儿顺利过渡。

5. 结伴入园，保持情绪稳定

家长应为幼儿创造良好的交往机会，帮助幼儿建立新的人际关系。如：可让幼儿将家中的玩具带到幼儿园中和小朋友分享；还可以让幼儿跟熟悉的小伙伴一起结伴上幼儿园，有了同伴的陪伴，幼儿会更快适应幼儿园生活。

6. 坚持入园，早日适应环境

首先，家长应当充分信任幼儿园。有些家长送幼儿入园后，因为不放心，工作间隙常跑到幼儿园活动室的窗外看望幼儿，一旦幼儿发现家长后便会纠缠不休，加剧入园焦虑。其次，家长要坚持正面引导的原则，可以和幼儿讨论一下上幼儿园的目的。如家长可向幼儿提问："你上幼儿园了，而邻居家的小弟弟、小妹妹为什么不能上幼儿园？"让幼儿知道因为自己长大了，才可以到幼儿园学本领，从而产生上幼儿园的自豪感。对于哭闹不止的幼儿，家长要保持理智，切不可因幼儿哭闹而中断送幼儿入园；入园初期，家长可适当早点接幼儿离园，随着时间的推移、幼儿情绪的好转，可逐渐延后离园时间。

初入幼儿园对幼儿来说是一次“先痛苦后快乐”的体验。让我们一起陪伴幼儿，让幼儿平稳度过入园焦虑期，尽早爱上幼儿园！

◆ 问题二十八：幼儿不喜欢上幼儿园怎么办？

不喜欢上幼儿园，从心理学角度讲，是幼儿消极对待幼儿园生活的行为反应模式。进入幼儿园，进行游戏、学习与生活，是幼儿社会化发展的必要过程，也是幼儿获得广泛知识经验的有效途径。然而幼儿园门前经常会听到这样的对话：“妈妈！我不要上幼儿园！”“不行！妈妈要上班，你不去幼儿园怎么办？”……每每这个时候，家长都忍不住扶额叹息：为什么幼儿不喜欢上幼儿园？究竟要怎么做，才能让幼儿爱上幼儿园呢？

【问题分析】

1．情感依恋强烈

在家庭生活中，部分家长总认为幼儿年龄小、能力弱，自觉或不自觉地把他当成“温室里的花朵”，事事精心照料。当幼儿入园后，出于集体生活的需要，幼儿要遵循班级规则和老师管理，不能随心所欲、任性妄为，同时许多事情需要独立自主完成，由于幼儿在家习惯于依赖他人，于是格外地“想妈妈”，[1]亲子情感依恋格外强烈，导致对幼儿园产

1　姜红英．父母如何帮助幼儿尽快适应幼儿园生活［J］．今日科苑，2010（2）：178.

生不安与厌恶情绪。

2．环境适应不良

上幼儿园意味着从家庭环境到集体环境的转变。部分幼儿由于性格内向，缺乏人际交往机会与经验技巧，导致面对家长的“消失”感到无比恐惧，或与同伴相处不佳，因此难以适应；部分幼儿个性要强，事事希望得到关注和表扬，但因老师精力有限，难以随时关注到每名幼儿每时每刻的情绪变化，因此幼儿会有失落感，导致无法适应幼儿园的生活，不愿意上幼儿园。[1]

【问题建议】

1．温暖共情，建立良好亲子依恋

首先，家长要理解、尊重幼儿的感受，接纳幼儿的不安心理，如可向幼儿提问：“妈妈不在你害怕对不对？你会想妈妈是不是？”其次，要用温暖的语言消除幼儿的恐惧和担忧，如可对幼儿说：“妈妈也想你，保证下班后马上就来接你好吗？”最后，可采用激将法鼓励幼儿变得勇敢，如可对幼儿说：“妈妈知道宝宝聪明勇敢，一定不会害怕，一定会在幼儿园过得快快乐乐。”家长以尊重、平和的态度建立良好的亲子依恋情感，让幼儿在离开家长时充分感受到爱与温暖，才能让幼儿放心地接触新鲜环境。

2．改变习惯，帮助幼儿适应集体生活

家长在生活中应有意识地帮助幼儿养成良好的生活习惯和独立自主意识。首先，按照幼儿园的作息来安排幼儿的家庭活动，将幼儿的周末生活与幼儿园生活进行融合统一，避免因为生活起居变化造成幼儿适应不良。其次，尽量让家庭生活与幼儿园生活保持教育的一致性，如要求幼儿饭前洗手，整理自己的玩具，自己吃饭、穿衣、上厕所等，尽量避免幼儿在家中随心所欲、任性放纵，要培养其高度的规则意识，以便幼儿快速适应幼儿园的集体生活。[2]

1　唐毛禄．让幼儿喜欢上幼儿园［J］．祖国：教育版，2013（5）：195-196.
2　魏竹青．如何帮助孩子快速融入幼儿园生活［J］．中国校外教育，2014（7）：149.

3. 沟通交流，建立良好师幼同伴关系

家长要用语言和行为引导与暗示幼儿建立起对教师、同伴的关心与信任。如：遇到开心和不开心的事可以引导幼儿与同伴和老师分享；利用空闲时间多与幼儿交流幼儿园中的趣事；邀请同伴来家里做客；等等。这样既形成了良好的人际交往氛围，也能让幼儿逐步建立集体归属感。[1]

温暖陪伴，携手并进，愿幼儿们爱上幼儿园，享受更快乐、丰富的童年生活！

◆ 问题二十九：如何正确对待幼儿的偷窃行为？

偷窃，是指未经他人的准许，私自将他人的东西占为己有的一种行为方式。幼儿时期，偷窃行为的产生严重影响幼儿的心理健康发展。[2]中国有句古话叫“小时偷针，大时偷金”。出于对不良习惯的警惕，家长对于偷窃行为格外关注，一旦发现幼儿拿了别人的东西，就会特别紧张，采取的应对措施也不尽相同：有的家长焦虑不安、暗自担忧，有的家长大声训斥、暴打、吓唬幼儿，还有的家长袒护纵容、隐瞒包庇、放任自流。幼儿为什么会出现偷窃行为？家长的这些反应和举动是否合适？又该如何正确对待呢？

【问题分析】

1. 内因影响

（1）认知发展水平的影响

皮亚杰的幼儿认知发展理论，为我们揭示了幼儿认知发展的阶段性。其研究表明，2—7 岁的幼儿处于前运算阶段，其思维特点是以自我

---

1 俞燕 . 幼儿不肯去幼儿园……［J］. 家教世界，2016（22）：19.
2 戴金梅 . 浅谈幼儿偷窃行为及其防治［J］. 求知导刊，2020（1）：4–5.

为中心。[1]此阶段的幼儿表现为以自我为中心，对“物权”“归属权”的概念比较模糊，分不清“我的”“别人的”“幼儿园的”，认为喜欢的就是自己的，常常无意识地将不属于自己的东西据为己有，但此并非主观意识上的偷窃行为。

（2）道德认知发展的影响

皮亚杰的道德发展理论研究表明，2—7岁幼儿的道德认知发展处于他律道德阶段，这是比较低级的道德发展阶段。[2]此阶段的幼儿没有内在评判是非的标准，不具备真正的道德是非观念，往往以成人对自身行为的评价为标准。认为成人肯定的行为就是对的，而成人否定的行为就是错的。因此，当幼儿出现偷窃行为，而成人未及时关注和教育时，幼儿会误以为这样的行为是对的，从而反复为之。

（3）自我控制能力的影响

幼儿因年龄尚小，自控能力很差，特别是在幼儿初期。[3]常常因为太喜欢、没玩够，控制不住自己，将他人物品偷偷拿走。强烈的占有欲，使其不愿将物品归还。

（4）心理需求的影响

从马斯洛需求层次理论来看，当幼儿某些基本需求没有得到满足时，有可能导致偷窃行为的发生。如：幼儿衣食住行等物质需求得不到满足，却发现别人拥有时；幼儿被关注、被爱的需求得不到满足，发泄心中不满情绪时……[4]

2. 外因影响[5]

（1）养育环境的影响

“家教不严、过分宠爱”和“家教过严、过分限制”是两种极端的家庭教育方式，家长不适当的反应举动，会助长幼儿的偷窃行为。在溺爱的家庭环境中，家长一味满足幼儿需求，幼儿出现私拿别人物品的行

---

1 王振宇．学前儿童心理学［M］．北京：中央广播电视大学出版社，2014：52-55.
2 王振宇．学前儿童心理学［M］．北京：中央广播电视大学出版社，2014：92-93.
3 韩迎春．如何看待幼儿的“偷窃”行为［J］．教育导刊，2004（8）：22-25.
4 戴金梅．浅谈幼儿偷窃行为及其防治［J］．求知导刊，2020（1）：4-5.
5 金光发．浅谈如何正确对待幼儿的偷窃行为［J］．成功（教育），2009（6）：243-245.

为时不进行教育引导，认为幼儿年龄小、不懂事、没关系，导致幼儿心中没有是非对错的标准，使幼儿认为这是被家长允许的行为，久而久之养成顺手牵羊的不良行为习惯。在过分限制的养育环境中，家长对于幼儿的合理需求一概不予满足，导致幼儿在失望中，以偷窃的行为来满足自己对物质的需求。

（2）社会环境的影响

其一，幼儿因年龄偏小，少有主见，当有同伴、大龄幼儿和成人指使他去偷窃时，往往会觉得好玩而照办。其二，幼儿的模仿能力极强，当周围的人有私拿别人物品等类似不良行为时，耳濡目染，模仿跟学。

（3）大众传媒的影响

随着科技的发展，幼儿越来越多地通过电视、电脑、手机等数码电子产品去认识这个世界。受认知发展水平、道德认知发展的局限，加上自控能力差、模仿能力强，在缺乏成人指导的情况下，幼儿很难区分媒体信息的良莠，难免被错误的信息误导，导致偷窃的不良行为。

【问题建议】

1．冷静观察，了解背后的原因

当发现幼儿有偷窃行为时，家长切忌武断地给幼儿贴上“小偷”的标签，主观地判定事情的性质。首先，家长应及时制止幼儿的行为，同时控制情绪，心平气和地与幼儿沟通交流，询问行为发生的原因，听听幼儿自己的说法，从而真正了解偷窃行为产生的原因、动机；然后，通过冷静观察、仔细调查，分析幼儿是否已形成了不良的行为习惯；接下来，家长应针对幼儿作出的解释，反思自己在家庭教育方面存在的缺陷与不足，并“对症下药”“防治结合”。[1]如：幼儿是因“物权”“归属权”概念模糊而产生偷窃行为的，家长就应帮助幼儿分清物品的归属，让幼儿分清“我的”“别人的”“幼儿园的”。

1　金光发．浅谈如何正确对待幼儿的偷窃行为［J］．成功（教育），2009（6）：243-245.

2. 合理教育，树立正确的观念

幼儿出现不良行为时，家长应端正心态，将其视为幼儿成长过程中的正常现象，让问题成为幼儿学习与进步的机会。首先，应明确告诉幼儿“不经别人允许而把物品拿走”是不好的行为；同时，通过“换位思考”的方式帮助幼儿理解“物权”“归属权”的概念，帮助幼儿区分物品的所有权。

3. 用心陪伴，归还拿取的物品

在分析原因、合理教育后，家长应引导幼儿主动归还物品。要注意的是，在归还物品前，家长应先和对方进行沟通，使双方保持一致态度。当幼儿归还物品时，要让幼儿感受到宽容与原谅、尊重与信任，在教育幼儿的同时，又能保护其幼小的心灵不受伤害。家长要用耐心与爱心，帮助幼儿纠正不良行为，以确保幼儿心理健康发展。

4. 以身作则，强化正确的行为

日常生活中，家长要以身作则，通过自身拾金不昧、有借有还等良好行为规范的榜样示范作用来强化幼儿的正确行为。同时，还可以借助传统故事如《渔夫和金鱼》《神奇的钱包》，绘本如《偷鸡蛋的小田鼠》《这不是我的帽子》或身边其他人的实例来进行教育。通过与幼儿共同讨论故事与实例中人们的行为和最后的结局，引导幼儿发表自己的看法，辨清是非，明白不是自己的东西不能拿的道理。

如果尝试以上建议后，幼儿仍未改正，屡教不改，家长就必须引起重视。对于这些幼儿，偷窃行为可能已成为一种习惯，此时可以考虑借助专业的心理治疗和行为矫正治疗来帮助幼儿戒除偷窃之癖。[1]

对待幼儿的偷窃行为，家长应以充分的耐心与爱心来引导，使幼儿从“以自我为中心”、缺乏是非判断的状态自然、顺利地过渡到成熟的、有是非观念的状态。理解与信任，是一剂良药，毫无根据的怀疑和不分是非的指责只会伤害幼儿脆弱的心理。切忌不要过早地给幼儿贴上“小偷”的标签，更不能放任幼儿无边界的拿取行为。

---

1 韩迎春．如何看待幼儿的“偷窃”行为［J］．教育导刊，2004（8）：22-25.

◆ 问题三十：如何培养幼儿热爱祖国的情怀？

爱国作为公民需要终身学习与践行的必要道德意识，是个体对所属国家及自身公民身份的积极认同，是个体对所属国家环境的情感依赖。[1]学前阶段是个体道德意识萌芽与形成的时期，更是培养良好道德品质的关键时期。但在以往的家庭教育中，家长往往认为爱国主义概念较为抽象，幼儿年龄较小，爱国主义应是幼儿园教育的任务，甚至是下一阶段社会教育的内容。因此，爱国主义教育应该引起广大家长的高度重视。那么，家长该如何培养幼儿热爱祖国的情怀呢？

【问题分析】

1．民族精神的传承接续

民族精神是中华文化的重要体系，而爱国主义又是其中的核心。开展爱国主义教育的本质是弘扬民族精神。幼儿的个体意识与精神体系正处于建构初期，学前阶段开展的爱国主义教育将为其日后正确建构民族精神体系奠定重要的意识基础，是中华民族精神弘扬与传承的内在需求。

2．国家社会的高度重视

《教育部关于加强家庭教育工作的指导意见》中明确指出，家长在爱国主义教育中的主体责任，引导各地各校注重家庭、注重家教、注重家风，积极发挥家庭教育在学生爱国意识形成和个体成长过程中的重要作用。习近平总书记在全国教育大会上明确指出："家庭是人生的第一所学校，家长是孩子的第一任老师，要给孩子讲好'人生第一课'，帮助扣好人生第一粒扣子。"由此可见，家庭已然成为培养幼儿爱国情怀的

---

1 吴潜涛，杨峻岭．全面理解爱国主义的科学内涵［J］．高校理论战线，2011（10）：9-14.

前沿阵地。

3. 社会性发展的重要时期

学前阶段的幼儿处于个性倾向和道德观念形成的萌芽时期，是幼儿社会性发展的重要时期，是培养良好品德行为的黄金时期，对学龄前儿童进行爱国主义教育、培养其爱国情怀，是德育工作的一项重要任务，也是新时期爱国主义教育的重要一环。幼儿是祖国的未来，是民族的希望，对幼儿进行社会性教育，尤其是爱国主义教育，不仅关系到每个幼儿未来个体的健康发展，更关系到整个国家和民族的未来发展。[1]

【问题建议】

1. 从具体事物到抽象概念，拓展爱国认知

“国家”是一个极为抽象且复杂的概念，是政治、经济、文化等多维度内涵的统合，而学前阶段的幼儿认知发展则呈现直接性、简单性与形象性的特点，并且需要与已有经验进行连接。因此，幼儿爱国意识的发展会经历从具体到抽象的发展过程。家长可以通过图画、影像材料、实物等事物让幼儿进行直观的感知；借助绘本中的图片或成人朗读来引导幼儿理解故事情节等。如：带幼儿参加升旗仪式和爱国主义活动，引导幼儿直观感受和观察国旗、国歌、国徽等象征国家的事物；亲子共读红色故事绘本，带幼儿生动了解革命英雄事迹；观看红色电影，与幼儿一起直观感受国家发展历程；演唱红色歌曲，引导幼儿进一步理解“国家”概念的内涵外延。

2. 从单向感知到双向共情，萌发爱国情感

爱国情感的形成有其自身的发展轨迹，因此，对幼儿进行爱国主义教育，也必须遵循阶段性与层次性。3岁阶段——通过尊重性引导，发展秩序感；4岁阶段——通过榜样性示范，发展自主感；5岁阶段——通过积极性鼓励，发展探索感；6岁阶段——通过合作性互动，发展认

1 康炜．家庭中如何对幼儿进行爱国主义教育［J］．中华家教，2020（10）：16-17.

同感。爱国主义教育更要把握知情意行机制和幼儿发展需求，让幼儿在爱国主义的情感氛围中，积累对爱国主义情感的感受和体验，从而使爱国主义情感得到内化和升华，进而促进幼儿爱国认知的萌发与爱国行为的产生。[1]如：依托红色故事、红色影片营造爱国主义的情感氛围，让幼儿在阅读、观影、讲述中感受跌宕起伏的情节，加深对“党”和“国家”的理解，丰富对爱国的认识，从而萌发出稚嫩朴素的爱国情感。还可通过节日的仪式感，进一步激发幼儿的爱国热情，引导幼儿抒发爱国情感，在重大节日时潜移默化地升华幼儿的爱国情感。

3. 从表层认知到深度内化，培养爱国意志

意志是自觉地确定目的，根据目的支配、调节行动，从而实现目的的心理过程。爱国意志的发展同样符合意志发展的一般趋势，主要表现在意志品质和言行一致性两个方面。前者包括行为的自觉性、果断性、坚持性和自制力。这些品质是随着年龄的增长逐步发展的，并且存在年龄差异。[2]在爱国意志的培养中，家长要充分认识并考虑到幼儿爱国意志的发展规律，充分利用生活事件与游戏活动全面渗透爱国意志的培养。如：带幼儿观看红色动画片《鸡毛信》《三毛从军记》《最可爱的人》等。在亲子观影中让幼儿感受到英雄前辈不惧生死、奋勇当先、保卫祖国的爱国意志和内心对祖国和人民的无限热爱。鼓励幼儿将英雄角色与自身前期经验相结合，引导幼儿向英雄前辈学习，成长为爱国、乐观、勇敢、坚强的人。

4. 从观察模仿到沉浸体验，引导爱国行为

社会学习理论阐释了个体、行为、环境三者之间的紧密联系和相互作用，[3]揭示了个体通过观察学习、榜样示范和自我效能养成道德行为，从而提升道德品质的过程。[4]幼儿是爱国主义教育过程中的能动个体，以观察为主要学习形式，在不断地模仿性操作中获得与加强自我效

1 朱小蔓，梅仲荪．道德情感教育初论［J］．思想・理论・教育，2001（10）：28-32.

2 赵正新，任红娟．儿童道德行为、意志研究20年的回顾与反思［J］．江苏教育学院学报：社会科学版，2000（2）：16-19.

3 冯文全，徐东．论班杜拉社会学习道德教育思想［J］．湖南师范大学社会科学学报，2006（5）：126-129.

4 徐欢，吴国斌．班杜拉社会学习理论的德育价值探索［J］．人民论坛，2015（2）：208-210.

能感，进而投入到爱国主义实践中。家长培养幼儿爱国行为的关键，即提升其主动性与积极性，从而使其能自觉、主动地投入到爱国实践中。首先，借助多样化的爱国主义活动，提供丰富的模仿性操作环境，引导幼儿实践、体验，提升其游戏与活动中的自我效能感，激发其爱国行为的积极性与主动性。如：带幼儿参加爱国绘画比赛、诗朗诵比赛等。其次，通过聆听与观看，认识图画书、影片中的爱国榜样，这些模范人物的行为在潜移默化中会成为幼儿爱国行为的模仿对象。如：引导幼儿认识小萝卜头、雨来、王二小等小英雄的榜样形象，为幼儿的爱国情感与行为提供示范。再次，通过亲子共读、亲子共讲，为幼儿创设良好的爱国主义家庭氛围，以多种手段强化爱国榜样对幼儿的影响。最后，还可以引导幼儿通过绘画、手工制作等方式深入理解与表现对国家的认识，抒发爱国热情；或通过表演进一步丰富幼儿对爱国主义的感性认识。通过这一系列的活动，家长帮助幼儿从中获得较高的成就感与自我效能感，激发幼儿积极、主动投入爱国行为的实践。

附：湖南省军区幼儿园“红色故事大家讲”音频二维码（可扫码收听）

四、科学领域家庭教育问题与指导

科学，是一个建立在可检验的解释和对客观事物的形式、组织等进行预测的基础上的有序的知识系统。幼儿的科学学习是在探究具体事物和解决实际问题中，尝试发现事物间的异同和联系的过程。幼儿在探究自然事物和运用数学解决实际生活问题的过程中，不仅获得丰富的感性经验，充分发展形象思维，而且初步尝试归类、排序、判断、推理，逐步发展逻辑思维能力，为其他领域的深入学习奠定基础。

因此，为有效促进幼儿科学领域的发展，家长要善于发现和保护幼儿的好奇心，充分利用自然和实际生活中的机会，引导幼儿通过观察、比较、操作、实验等方法，发现问题、分析问题和解决问题；帮助幼儿不断积累经验，并运用于新的学习活动，形成受益终身的学习态度和能力。

◆ 问题三十一：幼儿总喜欢问“为什么”，家长如何应对？

喜欢问“为什么”，是幼儿形成自我意识，特别是语言能力得到迅速提升后，产生了对世界上各种事物的好奇心。幼儿童言无忌，常常兴致勃勃地问这问那：为什么吃饭要吃菜？为什么天空是蓝色不是绿色？为什么小草、大树要长在地上？为什么男孩儿不穿裙子？……刚开始，家长还饶有兴致地一一作答，但天天问重复问，有时还遇见一些不知道如何回答的问题，便也开始耐不住性子搪塞起来：吃饭长高，天空就是蓝色的，你去问老师吧，你长大后就知道了……也会有家长忍不住斥责幼儿：天天问烦死啦！你怎么问题这么多……幼儿为什么这么喜欢发问？我们要如何看待幼儿的提问呢？

【问题分析】

1. 体现幼儿语言思维的发展

语言是思维的外壳，幼儿通过提问，体现并促进了思维的发展。研究表明，幼儿的问话导向是由宽泛到具体的，如：“什么”问句的发展，在早期以“× 是什么”为主要格式，幼儿在问话时只关心事物的名称，只要听话人给一个有关名称的回答，就满足了幼儿的问话需要。但随着幼儿语言及认知的发展，他们的提问逐步具体化，并不满足于简单的回应，随之而来的便是连续的提问以及对“为什么”的追问。因此，中、大班幼儿往往提问会比小班时期多，且更难回答。[1]我们不仅要关注幼儿提出什么问题，更要关注幼儿在提问时使用了什么样的句子，也就是问句结构。从幼儿喜欢问“是什么”到喜欢问“什么是”和“为什么”的转变中，我们可以清晰地看出幼儿对事物追求“了解—解释—理解”的思维发展轨迹。

2. 体现幼儿主动性的发展

3—6岁阶段是幼儿主动性发展最为迅速的时期，在这一阶段他们怀有强烈的好奇心和惊异感，在环境中逐步感受到对自身认知现状的不满，不再想重复简单的被动学习，而是更加主动地去了解自己未知的“新世界”。他们在活动中探索，在活动中发展。在活动中，他们向别人提问，同时也会向游戏对象提问，甚至时常自言自语地提问。幼儿通过提问实现精神成长，提问也是幼儿自主成长的最佳方式，提问在幼儿那里便是对主体性发展的简练表达。[2]陈鹤琴曾说：“好问心乃输入知识之门。”问题越多，说明幼儿对新奇、未知事物的求知欲望越强，获取知识以及主动学习的积极性就越高。[3]

3. 是幼儿认知世界的有效途径

皮亚杰以七岁以下各年龄阶段幼儿为对象进行实验，结果发现七岁以下幼儿的认知方式，都摆脱不了自我中心的倾向。这个实验说明，幼儿的问题总是自我的问题，这是幼儿认识世界的单一视角，也是幼儿认知世界、物我统一的生命体验。[4]幼儿往往在观察、了解、探索生活周围环境、各种事物后，在自身已有经验的基础上，提出自己感兴趣的问题。因此，幼儿的提问内容一般也与自身日常生活、经验、兴趣相关。

1 周慧．3—6岁幼儿语言发展特点、影响因素、策略［J］．重庆第二师范学院学报，2018（6）：84-92.
2 李艳，黄伟．试论提问在儿童生命发展中的意义［J］．教育研究与实验，2020（3）：26-31.
3 张欢．幼儿园中的“为什么”——基于幼儿提问内容的调查研究［D］．沈阳：沈阳师范大学，2014.
4 李艳，黄伟．试问提论在儿童生命发展中的意义［J］．教育研究与实验，2020（3）：26-31.

而著名教育家苏霍姆林斯基也认为："幼儿提出的问题越多，那么他在童年早期认识周围的东西也就越多。"

【问题建议】

1. 科学回应，保护好奇心

幼儿的提问反映其关注的重点，提问内容中包含着多个方面。对于幼儿的提问我们不仅要有科学的答案，更重要的是要拥有一种科学的态度。

（1）态度积极

面对幼儿的提问时，家长应该表现出兴趣和关注，并给予回答，以满足幼儿的求知欲望；但当无法给予幼儿科学、确切的答案时，或者因为忙碌而不能及时回应时要真诚地告知原因，切不可批评或敷衍幼儿，而应安慰幼儿并查阅资料，或者与幼儿一起寻找答案。

（2）答案便于理解

幼儿的知识经验和理解能力是有限的，这是家长首先要意识到的，因此在回答幼儿提问时应依据幼儿的认知发展特点，考虑到幼儿已有的生活经验和知识水平，给予幼儿浅显易懂、深入浅出、便于理解的答案，并在此基础上扩大幼儿的知识面。

（3）方法具有启发性

对于某些简单的问题，家长可以让幼儿自己先动脑想一想，启发和引导他们去思考问题，找出答案，促进幼儿智力的发展。面对复杂的或解答不了的问题，不可信口胡诌、敷衍了事，可以如实地告诉他们："我也不知道，我们可以一起寻找答案。"大家一起寻找答案的过程，不但满足了幼儿的求知欲，还教了他们解决问题的方法。[1]

2. 平等交流，给予鼓励

语言是重要的表达方式，《指南》科学领域中指出："成人要真诚地

1 张欢．幼儿园中的"为什么"——基于幼儿提问内容的调查研究［D］．沈阳：沈阳师范大学，2014.

接纳、多方面地支持和鼓励幼儿的探索，认真对待幼儿的问题。”同时在语言领域中指出：“要多给幼儿提供交谈的机会。”[1]

（1）营造环境

家长要创设宽松、平等的家庭环境，放下权威，蹲下来站在幼儿的视角去倾听、看待问题，认可和鼓励其自身发展，幼儿才能持续地问出更多的“为什么”。[2]

（2）创设时机

家长要有意识地增加与幼儿沟通以及陪伴幼儿的时间，在沟通陪伴中了解幼儿的提问心理，捕捉和制造能刺激幼儿提问的时机，并主动引发幼儿的提问，以培养幼儿提问的意识，鼓励幼儿自主发现问题、分析问题、解决问题。

（3）做好榜样

家长要做好善于提问的榜样。日常生活中，家长在对待和处理问题时，可以多问几个为什么，潜移默化地培养幼儿的好问、敢问和善问之心。长此以往，幼儿会变得越来越爱提问，其提出问题、分析问题和解决问题的能力也随之越来越强。[3]

3. 鼓励自主寻求答案

好奇—满足—求知，是幼儿智力发展的必然规律。幼儿的好奇心，不像成人那样受意志的控制，而是完全受控于自身心理欲望，呈现不稳定状态。为此家长须不断地唤起并鼓励幼儿的好奇心，引导其在好奇心得到满足的同时，产生新的、更高的求知欲，即不满足的心理，以帮助幼儿培养和建立爱提问、喜动脑、找方法、寻答案的良好思维及学习模式，并产生积极、愉悦的自我认同。

4. 创造条件支持探索

大自然隐藏着无尽的奥秘，吸引着幼儿去探索。家长应积极为幼

---

1 中华人民共和国教育部．3—6 岁儿童学习与发展指南［M］．北京：首都师范大学出版社，2012（10）．

2 周慧．3—6 岁幼儿语言发展特点、影响因素、策略［J］．重庆第二师范学院学报，2018（6）：84-92.

3 吴晓叶，龚琴．家长回应 3—6 岁幼儿提问状况的探析——来自长沙市区幼儿园的调查［J］．成都师范学院学报，2020（5）：57-63.

儿创造观察、感知的条件与机会：春天阳光明媚，带幼儿们一起到户外散步寻找、发现春的秘密；夏天在大树下与幼儿谈树叶、昆虫；秋天带幼儿到田野、郊外观察丰收的景色；冬天引导幼儿观察、感受气候的变化……让变幻莫测、奥妙无穷的大自然成为激发幼儿好奇心的最好土壤。

卢梭曾说："好奇心只要有很好的引导，就能成为幼儿寻求知识的动力。"让幼儿愿问、乐问、敢问，让我们愿答、乐答、会答，一起感受成长的快乐！

◆ 问题三十二：幼儿喜欢搞"破坏"，家长如何应对？

幼儿破坏性行为，是指幼儿对事物的有意或无意的情绪发泄行为，造成物品的位置、形态、结构等改变。当幼儿的问题得不到满足时，为了解决心中的疑问，他们就会用自己那双灵巧的小手去"搞破坏"。如：没见过的物品不管是否安全，一定要摸摸、看看；悄悄溜进厨房，拿起鸡蛋就往地上砸，把洗衣粉倒进煮好的稀饭里；经常把物品"大卸八块"，小到一支笔或一个遥控器，大到各种家具；把小金鱼从水里捞出来……令家长头疼不已。家长该如何应对幼儿的这种"破坏"行为呢？

【问题分析】

1. 幼儿破坏性行为的内涵

从心理学的角度来看，幼儿的"破坏性行为"可分为"无意性破坏行为"和"有意性破坏行为"两种类型。无意性破坏行为是指幼儿无意识的行为造成事物损害，造成的原因主要是幼儿大脑发育还不够完善，反应协调机能还很弱，注意力不集中，自我控制能力差等。

有意性破坏行为是指幼儿明知某种行为举动会带来不好的后果，却依然为之。[1]

从幼儿心理发展的过程来看，幼儿喜欢拆一些自己感兴趣的东西，是他们学习与探索的表现。对绝大多数幼儿来说，“搞破坏”是因为强烈的好奇心，因为他们的能力还不足以达到创造与组合新事物，于是往往用一些“破坏性行为”来显示自己的力量，表现自己的存在，展示更新、更强的能力，以此与所处的环境互动，从而积累经验，获得发展。[2]

2. 幼儿破坏性行为的影响因素

（1）受幼儿动作水平发展限制

所谓“无心”破坏，最直接的表现就是幼儿的动作发展得不成熟，他们的骨骼、肌肉、神经系统发育都还不完善，所以，动作的力量性、手脑协调性都不好。因此，常常会出现这样的情况：刚拿到手一件东西，就“啪”的一声摔碎了；拿着书，无意地撕下一张彩页，弄坏了一本精装图画书；等等。这些破坏完全是因为幼儿水平有限，不能够有效控制自己的行为和动作造成的。

（2）幼儿独立自主意识开始萌芽

这个阶段的幼儿在日常生活中，总会想要主动要求为教师帮忙，如主动地要求扫地、收拾玩具柜等，因为他们的独立自主意识开始萌芽，这些“小大人”总认为自己已经长大，可以帮大人做很多事情，但是往往高估了自己的能力，于是扫地扫得“尘土飞扬”，把玩具收拾得“铺天盖地”，等等，这种“好心办坏事”的现象，从心理角度分析是幼儿独立性的一种表现，是以自己的方式，实现自我满足，但也最容易造成无意性破坏。[3]

1　窦婷婷．寻找“破坏王”背后的诱因——基于幼儿搞破坏行为的观察分析［J］．教学方法创新与实践，2021（4）：5.

2　杜威．好奇心［J］．新课程教学：电子版，2021（1）：191-192.

3　窦婷婷．寻找“破坏王”背后的诱因——基于幼儿搞破坏行为的观察分析［J］．教学方法创新与实践，2021（4）：5.

【问题建议】

1．调整心态，正确看待“破坏”行为

家长要正确看待破坏行为。首先，要对因幼儿的“破坏”而造成的生活小插曲做好充分的思想准备，幼儿的“破坏力”正是他旺盛生命力和求知欲的体现，作为家长应该高兴和兴奋。其次，不能简单地把幼儿的“破坏行为”评价为负面事件，而应站在幼儿好奇心的角度来看待、理解，如：把玩具飞机拆开是想知道飞机为什么会飞；把小金鱼从水里捞出来，是想观察小金鱼在离开水时还能不能生存下去；等等。然后，要尊重幼儿探究、学习、发展的权利，在一定范围内为幼儿赋权，让幼儿想自己所想、做自己所做。

2．创设探索环境，提供有力支持

（1）营造安全愉悦的心理环境

有关研究发现，不同父母教养方式下幼儿的好奇心存在较为显著的差异，“权威型”的教养方式容易造成亲子间的隔阂，而温暖、充满理解的民主式家庭教育方式更有利于幼儿好奇心、求知欲、自信心的发展。好奇心强的幼儿常会表现出一些探索行为，在探索的过程中时常会“破坏”物品，家长要学会控制并调节自己的情绪，耐心倾听、了解，对他们的探索欲望和精神进行鼓励、赞赏，让幼儿在安全、愉悦的氛围中探究学习。

（2）创设丰富适宜的物质环境

家长可为幼儿在家中打造科学探索区域，配备相应的小桌椅、操作台、材料柜等，让幼儿享有相对独立、自主的空间。给幼儿购买玩具时，可以多考虑选择适合拼装和拆卸的玩具，如雪花片、子弹头、变形金刚、拼搭积木、拼图等。还可以为幼儿提供种类多样的低结构的玩具材料，如废报纸、废旧纸箱、一次性纸杯等，让他们在真实、有趣的环境中尽情释放好奇心。

3. 转变教育方式，共同学习成长

（1）一起玩

家长应积极了解幼儿兴趣、需要和发展水平，与幼儿组成“学习共同体”，一同协作、探索。如幼儿喜欢玩水，沉迷于“把东西都放进水里”，家长可以提供更多的时间、场地、材料，与幼儿一起尝试更多关于水的玩法，积累更多的直观经验。

（2）重引导

首先，家长可引导幼儿表述自己的行为动机，提供知识经验及物质材料上的帮助。其次，家长应鼓励幼儿提问，并耐心给幼儿讲解，如有需要还可与幼儿一起通过参观调查或搜索资料进一步深入了解，鼓励幼儿继续深入探究，如进一步深入学习和探究“水”的属性和功能等。家长还可记录幼儿的行为过程，共同讨论和协商，寻找既便于观察发现又不会给生活带来较大影响的方法。如当幼儿想看看把洗衣粉放在稀饭里会是什么样的时候，家长可帮助幼儿盛一小碗稀饭而不是在整锅稀饭里进行实验等；当幼儿不知道物品用途及使用注意事项，比如须轻拿轻放或不要靠近触碰的物品时，家长应及时告知。

幼儿的脑海中有无数的小问号，让我们一起保护好他们的好奇心，让“小捣蛋”逐渐成长为有无穷探索欲、探索力的未来公民！

◆ 问题三十三：家长如何发现并利用生活中的科学教育契机？

幼儿科学教育，是以激发和培养幼儿探索周围世界的兴趣和能力为目的的教育活动。幼儿对周围的一切都充满着好奇，日常生活中我们常会看到幼儿趴在地上看昆虫，追着蝴蝶到处跑，拿着树枝挖洞找动物的“家”，遇到水洼会忍不住踩一下，洗澡、洗手时弄得到处是水和泡泡，反反复复撕着纸巾，一定要把不倒翁放倒……面对这些行为，有的家长

会一起参与幼儿的科学探索，有的会在旁边静静观察、等待幼儿，有的可能因各种原因阻止甚至斥责幼儿："不要浪费纸巾""不要踩水，会感冒的""你这不是在给我找麻烦嘛"……面对幼儿日益高涨的探索欲望，家长该如何挖掘和利用生活中的契机对幼儿进行科学启蒙教育呢?

【问题分析】

1．身心发展需要的满足

科学教育活动满足了幼儿身心发展的需要。众所周知，幼儿活泼好动，对一切都感到有趣、新鲜，喜欢交往和提问；幼儿的思维是具体形象思维，喜欢积极了解和尝试，喜欢摸、看、听、闻，但同时兴趣比较容易转移。科学教育就是让幼儿开动脑、眼、口、鼻、耳、手来感知和探索他们周围熟悉的事物和现象，开展观察、描述、对比、分类、排序等探究活动。这些活动是动态的、活性的、自然发展的，既满足了幼儿需求，又不会让幼儿因停留在同一活动中过久而觉得无聊。幼儿通过亲身试验、观察，发现真相，再加上成人的关注和引导，对自己特别好奇的东西进行探究，身心得到了极大的满足。[1]

2．科学探究兴趣的激发

兴趣是幼儿科学探究中的前提性目标。学前期的幼儿以游戏活动为主要学习方式，幼儿的科学学习不能以牺牲兴趣为代价来求取所谓能力的发展和知识的掌握，更重要的是要保护幼儿的好奇心和探究兴趣。基于生活的、自然的、有趣的事物通常都能吸引幼儿的兴趣，并激发幼儿持续的探究行为。[2]

3．科学探究能力的发展

《幼儿园教育指导纲要（试行）》[3]指出，幼儿科学教育的核心是让幼儿对自己熟悉的自然环境、事物、现象抱有兴趣和探索欲望，并进行简单的探索

1　唐会琴．幼儿园科学教育活动的意义与现状思考［J］．天津教育，2021（3）：186-188.

2　李季湄，冯晓霞．《3—6 岁儿童学习与发展指南》解读［M］．北京：人民教育出版社，2013：116.

3　中华人民共和国教育部．幼儿园教育指导纲要（试行）［M］．北京：北京师范大学出版社，2001：98.

活动。幼儿的科学探究能力主要是一种初步的、简单的探究能力，是随着幼儿年龄的增长而深入发展的。幼儿的探究能力是怎样逐步发展的呢？

第一阶段：小班幼儿（3—4岁）的好奇心和求知欲处于顶峰，他们对外在世界的探索更直接，也更加简单，自我意识强烈，探究能力形成受主观兴趣影响大。

第二阶段：中班幼儿（4—5岁）相对而言在探索中有较为明确的方向，其探究过程更有序，也比较完整，探究能力有针对性的发展。

第三阶段：大班幼儿（5—6岁）在探索活动中呈现的探索过程如下。第一，通过质疑、发挥想象力、做小调查、动手操作实验来搞清楚事物变化的起因，尝试进行简单的推理。第二，以多种形式对感兴趣的事物进行记录和交流。第三，能根据自己的需要进行简单的信息采集，并加以简单分析。第四，探索常用的小工具，如刻度尺、温度计、回形针、漏斗、玻璃棒等，并进行大胆的猜测。

从以上内容来看，幼儿的探究能力的形成过程是：对熟悉事物或现象有探索兴趣—感知、观察—仔细观察—比较、分析、分类、排序—提出问题—猜想—实验验证、调查、收集和解释数据记录—运用多种方式分享结论、观察记录。这一过程是幼儿思维能力和探究能力发展的过程，幼儿从感知观察中充分发展形象思维，在反复感知观察后，尝试分类、排序、总结，逐步发展逻辑思维能力。这些技能是幼儿学习所有知识的必备技能，也为幼儿其他领域的学习提供了经验基础，并且为幼儿的终身学习打下了基础。[1]

4. 正确科学经验的建构

3—6岁幼儿处于前运算阶段，缺乏清晰的推理能力，无法注意事物的不同方面，无法理解事物的变换性与因果关系，因而获取的科学经验有其自身的特点，通常是朴素的、不完整的，甚至是错误的，从而形成替代概念。当幼儿通过语言、身体动作、绘画、角色扮演等方式表达自己的科学理解时，他们对同一事物的理解会更加全面、深刻，从而为

---

1 唐会琴．幼儿园科学教育活动的意义与现状思考［J］．天津教育，2021（3）：186-188.

其科学经验的累积提供重要基础。另一方面，幼儿进行科学探究的过程，有助于他们找到其理解的替代概念与正确的科学概念之间的差异，在已有基础上建构新的科学经验。[1]

【问题建议】

1. 发现教育契机

（1）及时了解幼儿的发展情况

每个阶段的幼儿对外界事物的兴趣点是不同的，有其一定的年龄特征。如：0—6岁的幼儿处于感官敏感期，会借助听觉、视觉、触觉等感官来熟悉环境、了解事物；2岁起幼儿开始进入空间敏感期，幼儿开始通过物体的位置、运动探索空间；1.5—4岁的幼儿进入细微事物的敏感期，幼儿会对泥土中的小昆虫或衣服上的细小图案产生兴趣，家长可以多带幼儿走进大自然展开科学教育……[2]因此，家长要做“有心人”，细心捕捉幼儿敏感期，才能及时发现并满足幼儿的内在探索需求。

（2）积极学习常见的科学知识

作为家长，我们在要求幼儿成为一名“科学探索者”的同时，也应该要求自己成为一名“科学人”，如主动阅读科普读物、浏览科普信息、关注最新科学技术研究成果等，以拓宽视野。当我们的知识储备足够充分时，便能发现生活中处处充满着有趣的科学，处处充满着科学教育的契机，也能更有效地给予幼儿正确的科学教育。如：在和幼儿观察彩虹时，如果家长了解彩虹现象的原理，就能将此作为科学教育的契机，带领幼儿利用生活中的矿泉水瓶、镜子等来制造彩虹。

2. 科学引导

（1）创设支持的心理氛围

幼儿的科学探究需要家长提供支持性的心理氛围。一是积极参与。对幼儿来说，家长的参与本身就是对幼儿的一种认可与鼓励。有疑问时积极

1　郑红．学前幼儿家庭科学教育浅谈［J］．学前教育研究，2007（11）：53-56.

2　孙瑞雪．捕捉儿童敏感期［M］．北京：中国妇女出版社，2013：78.

讨论，认真倾听幼儿的表达，适当给予回应，都是对幼儿精神上的鼓励与支持。二是榜样示范。具有好奇心和探索热情的家长能够感染和带动幼儿科学探索的积极性。三是允许犯错。幼儿在投入进行科学探究时难免会弄脏衣服、弄乱或弄坏物品，甚至会出现看似“破坏性”的行为。如：下雨天踩水把衣服鞋子弄湿，把颜料涂在衣服或物品上观察颜色变化，天凉了给植物浇点热水，拔出小草看它的根长什么样子……这些行为都是幼儿积极探究的表现，家长首先要宽容、接纳、尊重，然后进行支持引导。[1]

（2）提供适宜的材料支持

《3—6岁儿童学习与发展指南》中指出：“幼儿思维发展以具体形象思维为主，应注重引导幼儿通过直接感知、亲身体验和实际操作进行科学学习，不应为追求知识和技能的掌握，而对幼儿进行知识灌输和强化训练。”[2]因此材料和工具必不可少。

一是提供探究材料。家长可以依照幼儿的兴趣提供一些小实验、小制作、小游戏以及一些种植、饲养活动的材料，以支持幼儿的自主探究和发现。当幼儿对磁铁有兴趣时，家长可以设计几个小实验、小游戏并提供材料，如隔空取物、“钓鱼”、指南针、跳舞的小人……如果种植、饲养是幼儿很感兴趣的活动，有条件的家长可以在家里开辟一块园地作为种植园地，家长和幼儿在一起，根据不同的季节，在里面种植一些幼儿感兴趣的植物，如凤仙花、青菜、长豇豆……并经常带着幼儿去浇水、施肥和除草。没有条件的家长可以准备一些花盆，在里面种植大蒜、多肉、豆芽等植物，带领幼儿观察并作好种植记录，让幼儿了解一些植物的成长过程。

二是提供探究工具。幼儿在很小的时候就对操作和使用工具感兴趣，提供一些有趣的探究工具（放大镜、小铲子、小容器、胶头滴管等）能够使幼儿了解到：工具可以帮助我们收集到更准确的信息，有助于更精确地观察、测量；工具可以帮助我们制作物品，满足日常生活；每一种工具都有其特殊的用途，我们需要学习如何选择恰当的工具。

---

1 李季湄，冯晓霞.《3—6岁儿童学习与发展指南》解读［M］. 北京：人民教育出版社，2013：127.

2 中华人民共和国教育部. 3—6岁儿童学习与发展指南［M］. 北京：首都师范大学出版社，2012：78.

（3）保证安全的探索环境

家长要选择安全的探索工具并创设安全的探索环境。一是材料和工具的安全，要避免尖锐的、有毒有害的材料和工具。二是幼儿接触的动植物要无毒无害，还要考虑有些幼儿可能会对花粉或动物皮毛过敏；三是要注意考察幼儿户外探究的环境，确保环境条件和接触物质的安全。[1]

童年生活蕴藏着激发科学兴趣、培养科学意识的无限契机。让我们善观察、善发现、善引导，为幼儿的科学启蒙打下良好的基础！

◆ 问题三十四：幼儿数学学习有什么规律和特点？

幼儿数学教育是指幼儿在教师的指导下，与周围环境相互作用，通过自身的操作和建构活动，培养早期数学素质的过程。生活中，我们经常会听到家长担忧地说："我家孩子左右不分""我家孩子总把'7'反着写""我家孩子，知道3加4等于7，却不知道4加3等于几"。但也有家长说："我家孩子2岁不到就能数到50了""我家孩子还没入园，10以内的加减法就会了"……究竟是什么原因，让学前期幼儿的数学能力发展有如此大的差异呢？幼儿的数学学习有何特点呢？在教育过程中要注意些什么呢？

【问题分析】

1．从具体到抽象

幼儿的数学学习是一个从具体的事物中抽象出普遍的数学关系的过程，需要幼儿具备一定的抽象思维能力。而3—6岁幼儿的思维主要以直觉行动思维、具体形象思维为主，在建构抽象数学概念方面较为困难。因此，幼儿必须借助具体的事物和形象在头脑中逐步建构抽象逻辑

1　李季湄，冯晓霞．《3—6岁儿童学习与发展指南》解读［M］．北京：人民教育出版社，2013：129.

体系，然后不断努力摆脱具体事物的影响，从理解个别具体事物到理解抽象符号所代表的一般和普遍意义，依靠符号来进行数学学习，形成具有一定概括意义的数学概念。[1]

2. 从外部语言到内部语言

幼儿在学习数学的过程中，由于对事物的判断还停留在具体动作的水平，思维的自觉程度不高，往往对自己的思维过程缺乏自我意识。因此，我们经常可以发现，幼儿在完成数学任务时，会伴随着外部语言。幼儿的外部语言虽然较为随意，不是思维过程的外显，但是这些语言都在不断提高幼儿对自己认知过程的意识。最后，随着幼儿年龄的增长、认知的发展以及动作的逐渐内化，外部语言也逐步转化为内部语言，幼儿才能更好地发挥思维功能，提高对自身思维的意识程度。

3. 从外部动作到内部动作

幼儿的数学学习，是从“数行动”发展到“数概念”的过程。幼儿获得数学知识的过程是从外部的动作逐渐内化于头脑中的。幼儿在进行数学学习时，常常伴随着外显的动作，而且动作幅度由大变小。如：幼儿在学习数数时，年龄小的幼儿往往要操作实物，一边点数实物，一边要将实物一个个拿到另一边。随着年龄的增长，幼儿只需借助小动作——用手一一点数，就可以完成数数的过程了。经验更丰富的幼儿，会将动作逐步内化，数数时能够在头脑中进行数和物的对应，直接用目测来数出物体的数量。由此可见，幼儿最初依靠外部动作进行数学学习，然后对这些操作的经验进行概括和内化，之后逐渐发展为依赖于头脑中的动作表象进行数学学习。[2]

【问题建议】

1. 引导幼儿在具体生活情境中学习

基于幼儿以具体形象为主的思维特点，幼儿的数学学习往往依赖于

---

1 张慧和，张俊．幼儿园数学教育［M］．北京：人民教育出版社，2004：19.
2 王艳，王敏．幼儿学习数学的心理特点及指导策略［J］．江苏幼儿教育，2015（3）：65-67.

具体的生活情境和具体事物辅助，促进思维从具体逐步向抽象发展。

（1）与日常生活结合

如：餐前摆碗筷学习点数，不仅能让幼儿理解数的真实意义，也能让幼儿理解数与日常生活的联系；在晾衣服时引导幼儿学习大小对应，不仅区别了衣服与衣架的大小，还能按大小将二者匹配……

（2）与社会情境相结合

如：和幼儿逛超市时，可以提供幼儿能看懂的购物清单，让幼儿学习商品分类以及数物对应；走路时，与幼儿一起观察马路上的红绿灯时间、斑马线的黑白排列规律、停车场的标记符号……

（3）与具体操作相结合

如：提供一些串珠，引导幼儿按一定的规律穿珠子；提供各种各样的图形让幼儿看、摸、拼等，让幼儿充分感知图形的特征。

2. 重视幼儿数学语言的表达

《3—6岁儿童学习与发展指南》中关于“数学认知”的目标与教育建议中就明确对幼儿的“数学语言”提出“会用数词描述事物的排列顺序和位置”“尝试用表示形状的词来描述事物”等具体要求。同时，强调在幼儿数学学习中的操作和交流。如：“参观游览后，和幼儿一起谈论所看到的事物的形状，鼓励幼儿产生联想，并用自己的语言进行描述”；“鼓励幼儿通过数数来比较两样东西的多少，如数一数有多少个苹果，多少个梨，判断苹果和梨哪个多，哪个少”。[1]由此可见，数学语言在幼儿的数学学习中有着十分重要的地位。

（1）提供良好的语言环境

帮助幼儿积累日常词汇和数学词汇。如：与幼儿一同学习传统的民间儿歌“一二三四五，上山打老虎……”，学习数学的顺序；学习传统儿歌“一只蛤蟆一张嘴，两只眼睛四条腿”，感知数学运算。

（2）阅读优质的数学绘本

如：绘本《首先有一个苹果》巧妙地将原本枯燥乏味的数学知识融

1　中华人民共和国教育部．3—6岁儿童学习与发展指南［M］．北京：首都师范大学出版社，2012：28.

入了生动的故事中，让幼儿形象地感知数量关系和递进关系。

（3）运用数学语言进行交流

如："谁的头发长"，"今天的晚餐有五个人"，"今天星期五，明天星期几"，"上下楼梯要走右边"，"红色衣服比黄色衣服厚"等。[1]

3．促进幼儿数学动作的发展

幼儿的数学学习是从外部动作发展到内部动作的，成人应努力促进这一转化的实现，而且对于不同发展状态的幼儿应给予更恰当和有针对性的支持和指导。如：对于幼儿在数数时出现的一一点数的行为，家长不要随便制止，应意识到幼儿的数数能力还处于外部动作初阶段，可以通过按群计数（两个两个数、五个五个数）、目测、默数等多种方式促进他们的数数从外部动作向内部动作转化。

成人应当用幼儿看得见、摸得着的方式来促进幼儿的数学学习。将抽象的数学学习转化为形象的情境、语言、动作，鼓励幼儿在具体情境中感悟知识，通过语言、动作理解数学，逐步提高幼儿对数的认识能力，完成知识的迁移和思维发展的转变。

◆ 问题三十五：如何抓住数学敏感期，促进幼儿数学思维能力发展？

敏感期，是幼儿心理发展过程中的某个时期，相对于其他时期更容易学习某种知识和行为，心理过程的某个方面发展最为迅速。意大利幼儿教育家蒙台梭利提出，2—6岁是幼儿一生中最重要的"数学敏感期"。幼儿数学思维能力的培养，就是通过适宜的方法，培养幼儿各方面的数学能力，如数学知识的理解能力、运用能力、逻辑思维能力等。[2]因此，幼儿期的数学教育非常重要。那么，家长该如何抓住数学敏感期，促进

1　唐顺玲．4—6岁幼儿词汇、数学语言与数学能力的关系研究［D］．长沙：湖南师范大学，2020.

2　陈琳．浅谈幼儿数学教学中逻辑思维的培养［J］．宿州教育学院学报，2013（1）：175-176.

幼儿数学思维能力的发展呢?

【问题分析】

1. 数学思维能力对幼儿发展的意义

第一,培养幼儿数学思维能力的过程实际是开发幼儿数学智力的过程。幼儿在不断运用数学知识解决数学问题时,会产生自己的理解,并进行相关想象、创造。同时,提升数学思维能力的作用还体现在对大脑潜能的开发,特别是左脑的开发方面。

第二,幼儿数学思维能力有助于抽象概念的掌握。数学思维能够将抽象的数学知识转化为易于幼儿理解的形象内容,有助于幼儿学习和掌握抽象的数学知识。

第三,让幼儿产生对数学学习的浓厚兴趣。幼儿在数学学习中获得成就感、满足感,在这种兴趣的驱动之下,幼儿会不断地自主探究与运用数学知识。[1]

2. 数学敏感期对幼儿发展的意义

(1)1—2岁是幼儿掌握初级数的概念的敏感期

幼儿从0岁开始,就已经进入到数的概念的萌芽阶段,他们在生活中接触的1双筷子、2个皮球、3颗糖、许多苹果……通过成人的语言进入幼儿的生命。2岁前的幼儿,主要通过感知事物的数、量、形,从而形成自己的数学感性经验,这些经验往往是具体的、表象的。在这个时期,幼儿对数学的认识,基本上是无意识的直接反应行为。

(2)2—4岁是幼儿计数能力发展的敏感期

幼儿进入2岁以后,数的概念开始逐渐萌芽。数的概念对于2岁左右的幼儿,就是最简单而最直接的多与少、大与小的区分。2岁半左右,幼儿步入主动数数的敏感期,该时期是具象数学向抽象数学转化的时期,幼儿通过感知和运动来把握客体的数量,但感知量较小,仅限如1

---

1 王铭萱.培养幼儿数学思维能力的途径研究[J].科教导刊(上旬刊),2014(21):190-191.

个苹果、2个气球，3个桃子这样的数量概念。因此，本阶段是幼儿计数能力发展的关键期，为今后真正进入数学王国做准备。

（3）4—5岁是建立数词和物体数量间联系的阶段

4岁左右，幼儿对数名、数量、数字及书写、数列、数运算产生浓厚兴趣，从只具有对少量物体的模糊数观念走向了可以形成较为大量的数概念阶段。他们对生活中的车牌号、时间、手机号码等各种数字都有兴趣，喜欢问：这是几个？现在是几点？妈妈的手机号是多少？有几个人？几和几合起来是几？几可以分成几和几？此时的幼儿对抽象符号也产生了兴趣，喜欢认识数字、画数字，但是还没有达到完全抽象的状态。

（4）5—6岁是幼儿掌握数学概念，进行抽象运算以及数学综合能力开始形成的敏感期

第一，幼儿进入数运算的初期阶段。5岁左右，幼儿的基数概念、序数概念和计数能力都有了不同程度的拓展，形成了相对稳定的数概念，并具有初步的数字加减运算能力。此时，成人会明显感觉到幼儿数学能力的发展，幼儿园大班的老师们经常说："幼儿突然之间就会算算术了。"

第二，这个年龄段的幼儿对数的序列、数的守恒、概念和概念之间的关系等涉及数学逻辑方面的内容产生兴趣，喜欢数字推理活动。他们关注楼层，关注门牌号码：401、402、403、404、405、406……

第三，在这个时期，幼儿出现一种数学思维，就是能说出逼近无限的序列，从一、十、一百、一千、一万到十万、一百万、一千万、一亿、十亿、一百亿……直到语言不能表达。

第四，幼儿在这个阶段能认识更多的图形，初步了解图形之间的关系；比较准确地测量，通过测量进行准确的比较；识别更多模式，会创造简单模式；有了初步的数量守恒概念。

不仅如此，5—6岁大班的幼儿可以轻松地用各种物品甚至身体动作创造排列模式，如ABBABBABB，ABABAB，ABCABCABC等。把一个粗矮玻璃杯里的牛奶倒入细高玻璃杯中，三四岁的幼儿会说牛奶变

多了，而到了5岁之后，他们则不会犯这样的错误，因为他们建立了初步的守恒概念。

父母一定要及时关注幼儿的数学敏感期，针对他们所处的不同年龄段，对幼儿进行不同的教育，让幼儿尽可能早地具有数学意识。

【问题建议】

1. 树立观念，抓住敏感期

当幼儿处在数学敏感期时，会无条件地爱上数学，对数数、认数字、数量关系、排列顺序、形体特征等突然发生极大的兴趣，对数学的种种变化有着强烈的求知欲。蒙台梭利认为人类的学习过程是由简单到复杂，由具体到抽象的，所以在面对数学这种纯抽象概念的知识时，要从借助具体、简单的实物开始，通过感官认知，让幼儿从获得“量”的实际体验到建立“数”的抽象认识，从少到多，逐渐培养幼儿的数学心智和逻辑概念。

2. 巧选材料，指导操作

数学思维是在活动中与物质材料相互作用产生的。因此，在家庭数学活动中，我们选用材料时要考虑幼儿的兴趣与发展需要。幼儿在家长的启发下以游戏的方式，带着问题操作、学习和探索。如此，幼儿不仅数学能力得到提高，主体性也得到充分地发挥。如长短棒游戏：先给幼儿三根长棒让他帮忙排排队，这是长短排序。幼儿可能会横着排或者竖着排，先别纠正幼儿，幼儿会排列说明他对于长棒的长短序列已经有了比较好的判断能力，只是不知道如何正确地排列。这时，家长可以跟幼儿一起采用不同的方法排列，以拟人化的方式来告知幼儿。接下来可以再加两根，请幼儿自己来排列。再如白板游戏：家长可以先给出错误的版本，放在白板上，拿出1—10的数字磁力贴，让幼儿将磁力贴按顺序排到白板上，幼儿操作几次有了成就感后，再继续累加到20，甚至到100。

使用这些操作材料可以通过调动幼儿的各种感知觉来提升幼儿对数

学的兴趣及认知，同时又在活动中发展了幼儿的数学思维。

3．巧用情境，开展游戏

幼儿内在的学习动机源于幼儿的兴趣和需要。因此，家长应当引导幼儿主动学习，并有意识地创设问题情境引导幼儿进行思考、猜想、讨论、实践等，激发幼儿的内在学习动机，使幼儿对数学学习更加积极。如吃饭前家长可以跟幼儿一起拿碗筷，家长可提问："咱们家有三个人，那宝贝帮帮妈妈想一想要拿出几个碗才够用？有了碗还得有筷子呀，妈妈要两根筷子才能夹菜哦，宝贝帮我想想要拿出多少根筷子才够用呢？"这就是乘法概念。再如家长可以跟幼儿玩抓豆子的游戏，谁一手抓得多就可以指定抓得少的人完成一件事情。幼儿抓好后会很认真地点数豆子，这就锻炼了幼儿数与量的结合能力。还可以两手抓，左边数完加上右边的继续点数，引入加法的概念。再如出去购物时让幼儿买单，给幼儿5元，买了3元的面包，找了2元零钱，这就是减法的概念。当然购物的游戏在家也可以玩。生活中还有很多很多数学游戏，期待爸爸妈妈去发现与思考。

面对幼儿的数学敏感期，作为家长，一定要懂得顺其自然，尊重幼儿的成长规律，培养幼儿良好的数学思维能力，提高幼儿的数学智力，培养幼儿数学学习的兴趣，帮助幼儿更好地掌握数学知识。同时，还要在现实生活或是游戏情景中，逐步引导幼儿学会解决问题，这对培养幼儿的数学概念，进而形成数学意识具有非常重要的意义。

◆ 问题三十六：如何让幼儿在游戏和生活中体验数学的乐趣？

幼儿游戏，是幼儿运用一定的知识和语言，借助各种物品，通过身体和心智的活动，反映并探索周围世界的一种活动。是幼儿自发的、带有一定假想的、非功利的、愉悦的活动。《3—6岁儿童学习与发展指南》中明确指出：幼儿的学习是以直接经验为基础，在游戏和日常生活中进行的，要珍视游戏和生活的独特价值。因此，让幼儿从五彩缤纷、形形色色的生活情境中学习数学显得尤为重要。在平时生活观察中可以发现，部分幼儿对数学的学习不感兴趣或兴趣不高，家长在一旁只能干着急，那么，如何让幼儿在游戏和生活中体验数学的乐趣呢？

【问题分析】

1．遵循密切联系生活的原则

《3—6岁儿童学习与发展指南》中明确指出："引导幼儿感知和体会生活中很多地方都用到数学，关注周围与自己生活密切相关的数的信息。"幼儿园的数学教育只有遵循了密切联系生活、以游戏为基本活动的原则，才是最适宜、最科学的数学教育。数学是研究现实世界中的数量关系和空间形式的一门科学，具有高度的抽象性和逻辑性。3—6岁的幼儿思维发展的特点带有鲜明的具体性和形象性，他们的思维以情境为转移，与直观行动交织在一起。因此，在幼儿数学教育中，要立足幼儿的生活环境和生活经验，重视幼儿熟悉的生活和游戏情境的创设，引导幼儿从实际生活中感知数学，体验数学学习的乐趣。[1]

2．游戏是幼儿最喜欢的学习方式

游戏是幼儿最喜欢的学习方式，而兴趣则是最好的老师。数学是一门相对抽象和枯燥的学科。幼儿的年龄特点决定了他们爱玩、好动，注意力集中的时间短，稳定性差。但游戏可以让幼儿在数学学习中，通过动手摆一摆、动脑想一想、动嘴说一说等多种方式，感受事物的关系，体验数学的重要和乐趣，并会运用数学知识解决实际问题，从而为幼儿以后的生活、学习奠定良好的基础。

1　周萍．小班幼儿生活中学数学的实施策略［J］．新课程（小学），2014（12）：31.

【问题建议】

1. 在游戏中学数学，强化数学认知

（1）利用材料，设计游戏

日常生活场景中蕴藏着巧妙的数学教育契机。作为家长，我们要善于发现、充分利用，寓数学教育于生活中。如：生活中常见的扑克牌，家长可以利用其颜色、花色、数字等属性，设计“比大小”“练习数的组成”等很多数学游戏。以“找相同”为例：准备四种花色的7、8、9、10扑克牌共16张，洗牌后，家长和幼儿每人拿8张扑克牌，背面朝上放在桌上。两人同时翻开一张牌，当桌面上出现三张相同属性（花色或数字）的扑克牌后，立刻抢拍桌子并说出理由。最先拍桌子并答对者可拿走对应的三张牌，当某一方的牌用尽时，游戏结束，得牌多者获胜。幼儿熟悉游戏规则后，可以增加扑克牌的数量，或增加玩家。

（2）满足兴趣，创设情境

学习情境的创设是激发学习兴趣，激励学习行为的重要手段之一。家长要创设幼儿喜闻乐见的数学学习情境，让幼儿主动学习，主动探究。如：幼儿喜欢玩遥控器，喜欢看动画片，家长就可以采用“方位指挥”的方法，让幼儿自己搜索喜欢的电视节目，在“向上、向下、向左、向右、确定”等口令中，幼儿不知不觉地就掌握了方位的概念。再如：小男生喜欢扮警察、玩枪、玩车等，家长可以在家中和幼儿一起玩“警察出动”的游戏，引导幼儿给警察配备帽子、枪支、汽车等，在情境游戏中引导幼儿用一一对应的方式比较数的大小，了解数的意义。可用“有几个警察”“需要几把枪”“够不够”“还需要拿出几把”等引导语。

（3）引入传统游戏，在玩中学

许多传统的民间游戏都蕴藏着数学教育的智慧。家长不妨回忆一下自己小时候玩的传统民间游戏，思考可以经过哪些改良，将游戏变为数学教育的好帮手。如七巧板、跳房子、占四角、跳绳、三联通、老虎吃小孩等游戏，经过适当改编，就能帮助幼儿把抽象的数字概念与实际事物联系起来，建构数学认知，积累感性的数学经验，为以后的数学学习打下良好的基础。同时，这些游戏还需要幼儿不断调整自己的游戏策略，在培养幼儿数字概念的同时，发展了幼儿的多向思维，对幼儿的终身发展都有益处。

2．在生活中学数学，积累数学经验

陶行知先生认为："教育必须是生活的，一切教育必须通过生活才有效。"生活提供真实的问题解决机会，是幼儿数学经验的重要来源。

一是，引导幼儿利用数学知识解决实际问题。如：和幼儿一起进行家庭生活物资的统计，清点家中都有哪些食材、数量分别为多少以及每日消耗的量，通过点数、分类、统计等数学知识的运用，制订合理的采购计划等。在生活中运用数学经验，感知数学价值。如：每天的就餐环节，请幼儿给家庭成员分餐具。"家里有几口人？需要几个碗？几个勺？"引导幼儿边思考边操作，进行点数、一一对应、按数取物等。

二是，在日常生活的具体操作中引导幼儿体验抽象的数学逻辑关系。如：利用身边的自然物品测量身高，制作身高曲线图，通过比较自己的身高，知道身高与年龄的关系，思考测量过程中发现的具体问题。"为什么同样是用游戏牌来测量，竖过来数值就大，横过来数值就小？"这样的思考，有助于幼儿数学思维的发展。

此外，生活中的数学学习机会有很多，如认识日历、认识钟表、整理玩具、整理衣服与鞋子等。我们要善于发现和利用生活中的实际问题，引导幼儿运用数学思维去面对生活，在发现问题和解决问题的过程中，感知数学的价值和趣味。

运用游戏和生活的真实情境，让幼儿在思考、解决实际问题的过程中学习数学，最重要的是培养幼儿广义的数学能力和积极的数学情感，引导幼儿关注数学背后的价值，让幼儿养成人生必备的思考习惯，这些习惯将使幼儿受益终身。[1]

1　李桂云．在游戏和生活中助推幼儿的数学认知［J］．山东教育，2021（21）：34-35.

◆ 问题三十七：家长可以开展哪些亲子数学游戏？

亲子游戏，是家长与幼儿之间，以亲子情感为基础而进行的一种游戏活动，是亲子之间交往的重要形式。亲子数学游戏将数学知识融入游戏中，让幼儿与家庭成员在愉悦的氛围下进行互动，从而促进幼儿数学经验的发展。但是，在幼儿的数学学习中，有些家长容易忽视幼儿的思维特点和学习规律，过高地估计幼儿的能力，以对待小学生的方法对幼儿进行数学教育；还有些家长将幼儿数学学习寄希望于幼儿园，忽视家庭对幼儿数学学习的作用。那么，亲子数学游戏有何价值？家长可以开展哪些亲子数学游戏？游戏时应该注意什么呢？

【问题分析】

1. 亲子数学游戏对幼儿发展具有重要作用

《全国家庭教育状况调查报告（2018）》的调查结果表明，有质量的亲子活动对幼儿的身心发展有着不可忽视的推动作用。科学技术的迅速发展，使得数学在人们的现代日常生活中扮演着愈来愈重要的角色。亲子数学游戏可以结合体育游戏、音乐游戏、表演游戏等多种不同形式开展；在日常生活情境中，为幼儿提供发现、解决问题的契机，可以有效地促进幼儿问题解决能力的提高以及逻辑思维能力的发展；通过与家庭成员的互动能直接有效地拉近亲子关系，也有助于幼儿安全依恋心理的形成，为幼儿独立游戏提供重要支撑。同时，在自己熟悉的放松环境下，与自己独一无二的“伙伴”一起进行游戏、一起思考、一起操作，能够获得轮流、等待、分享和合作等社会性交往技能，促进个性化和社会性能力的发展。综上，有质量的亲子数学游戏，对幼儿数学经验的增长、亲社会行为的养成和亲子关系的增进，都大有裨益。[1]

---

1 曹怡．大班幼儿亲子数学游戏活动设计的行动研究［D］．长沙：湖南师范大学，2020.

2. 家庭环境蕴含着丰富的数学游戏资源

数学虽是一种抽象知识，但其来自生活。幼儿只有在具体的生活情境中学习与运用才能真正理解数学。幼儿数学能力的发展需要借助具体事物。马卡连柯谈道："家庭是社会的一个天然的基层细胞，人类美好的生活在这里实现，人类胜利的力量在这里滋长，儿童在这里生活着，生长着——这是人生主要的快乐。"家庭中蕴含着快乐，也蕴含着丰富的数学游戏活动资源。我们可以利用家庭环境渗透幼儿数学发展的关键经验，与幼儿进行游戏，让幼儿在轻松愉悦的氛围中，得到数学经验的发展。

【问题建议】

1. 开展适宜的亲子数学游戏

基于幼儿认知能力和发展规律，亲子数学游戏主要是围绕数字、图形、方位、时间、分类等展开的。围绕数字展开的亲子数学游戏主要包括"我们一起数一数""谁能排第一"[1]等，帮助幼儿认识量的多少、数字的大小；围绕图形展开的亲子数学游戏有"拼拼乐"[2]等，帮助幼儿根据常见的图形进行拼图，构造出新的图形；围绕方位展开的亲子数学游戏主要包括"我家住哪里""闯关路线图"等，引导幼儿对方位形成初步认识；围绕时间展开的亲子数学游戏主要包括"一起来做项链吧""时间管理大师"等；围绕分类展开的亲子数学游戏主要有"我们家的鞋子"等，幼儿可以对鞋子进行配对，进行有效分类……对家长而言，可开展的亲子数学游戏有很多，只要是和数学有关的都可以，形式也是多种多样的。

2. 遵循亲子数学游戏的原则

亲子数学游戏是培养数学认知的有效途径，应当遵循一定的原则：第一，玩学合一，在玩中学，学中玩。学虽然是目的，但是必须以游戏

---

1 彭子桉．基于核心经验的亲子数学游戏（上）［J］．幼儿教育，2019（Z2）：22-24.

2 彭子桉．基于核心经验的亲子数学游戏（下）［J］．幼儿教育，2019（8）：15-17.

为基本活动才有助于幼儿发展。第二，立足规律，积累经验。如：在幼儿认识十个数字后可以开展以数字为核心的游戏，但切忌揠苗助长，过早灌输太多的抽象数学知识，影响幼儿的思维发展。第三，简单趣味，有玩有学。对于幼儿而言，数学游戏的设置应当简单，易操作，并依据幼儿的活动情况不断调整改造，利于游戏的反复开展；游戏的设置应当有趣，能够激发幼儿的兴趣和热情，让幼儿在反复操作中形成数学意识，培养数学思维。[1]第四，家园合作，共同教育。在亲子数学游戏的实施过程中，家长还应该做好与幼儿园的沟通交流，与幼儿园相互配合，共同设置多样化、持续性的数学游戏，将直觉、感觉和知觉相结合，[2]将数学具体化、表象化、动态化，真正符合幼儿的发展需要。

亲子数学游戏中，数学是核心，游戏是方法，数学和游戏要紧密结合，为幼儿的数学意识、数学思维、数学认知服务。家长在开展亲子数学游戏的过程中要全身心地投入，站在幼儿的角度设计游戏、参与游戏，与幼儿建立平等的关系，设置符合幼儿的理解能力，易被幼儿所接受的游戏规则和游戏要求，在兼顾游戏的趣味性时，着重提高游戏的实效性，为幼儿今后的数学学习奠定知识基础和情感基础，开启数学学习的快乐之旅。

◆ 问题三十八：是否需要让幼儿提前学习小学数学内容？

小学数学，是教师通过教材，传授儿童关于数的认识、四则运算、图形周长和面积的计算公式以及单位转换等一系列的知识，为初中和日常生活的计算打下良好数学基础的教学活动。幼儿从以游戏为基本活动的幼儿园进入以正规课业学习为主导的小学，会面临巨大的挑战，有不

---

1 卞娟娟 . 家庭亲子数学游戏的设计与实施［J］. 福建教育，2018（8）：58–60.

2 周素娟 . 亲子数学游戏：建构隐性驱动的课外学习场域［J］. 基础教育参考，2021（2）：63–64.

少幼儿会出现学习和生活等各方面的不适应，特别是在抽象性与逻辑性较强的数学领域。因此，许多家长出于所谓的“一年级时能跟得上”的想法往往向幼儿教授过多静态、符号化、抽象化的数学内容，如：让幼儿反复抄写阿拉伯数字，做心算加减法，用标准答案进行评价等。那么，我们是否应当让幼儿提前学习小学数学内容呢？又该怎样对幼儿进行数学教育呢？

【问题分析】

1. 影响幼小顺利过渡

首先，“小学化”作为一种错误的幼小衔接观的产物，直接影响幼儿由幼儿园向小学学习的过渡。幼儿对外界事物的好奇心极强，在学习中往往以兴趣为出发点，而小学课堂式的数学学习方法，极易使幼儿产生厌倦情绪，影响数学学习效果[1]。而家长往往认为，数学学习只是在课堂上进行，忽略了在一日生活中渗透教育。过早地学习小学阶段的知识，不仅不符合幼儿身心发展规律，甚至会损害幼儿学习的信心和积极性，从长期看不利于幼儿的发展和成长。

2. 忽视幼儿园教育的重要价值

“小学化”是成人本位的典型表现。成人本位认为幼儿依附于成人，幼儿的发展必须要依照家长的规划和期盼。而这一观念释放出了一种错误的信息，即幼儿园的学习仅限于服务小学。这不仅否定了幼儿园教育的价值，更忽视了幼儿学习的深刻意义，忽视了幼儿多元化的发展。

3. 违背幼儿身心发展规律

“小学化”不符合教育科学的发展规律。人的发展具有顺序性、阶段性与差异性的特点，教育者不能为了让幼儿跑得更快就跳过走的过程。对幼儿而言，认知需要依靠视觉、听觉、触觉、味觉、嗅觉等感官，亲自操作、尝试、摸索获得具体的经验。因此，幼儿数学学习的内

---

1 牟秀玲. 学前儿童数学关键经验的“学”与“教”［M］. 宁波：宁波出版社，2014：11.

容与形式需要充分考虑幼儿身心发展特点。

【问题建议】

1. 树立正确的数学教育观念

在幼儿的数学学习过程中，家庭的作用非常重要，其中家长的数学教育观念和行为对幼儿的数学思维和学习品质的形成起着关键作用。为避免“小学化”，家庭数学教育的目的应当从原来的获得静态的知识技能转变为促进幼儿的数学思维与解决实际问题的能力的发展。如果家长认为数学学习对幼儿很重要，并且相信幼儿有学习数学的能力，这种积极态度将成为幼儿数学能力的重要组成部分。

2. 把握幼儿数学学习的认知规律

只有清楚认识到幼儿数学学习的心理特点，才能在此基础上制定符合幼儿发展特点与实际水平的培养策略与活动。幼儿的数学认知是从动作开始的。幼儿的数学概念学习经历“从个别到一般”的过程，在实物操作的基础上，幼儿数学概念的内化需要借助具体的事物。入学前的数学知识准备阶段，家长要尊重幼儿的身心发展规律，提供多种机会让幼儿感知数学，养成良好的学习习惯，同时采取积极鼓励的态度，帮助幼儿在自信、好奇中把数学学好。

3. 挖掘数学学习的方法策略

让幼儿在生活和游戏中感受事物的数量关系，体验数学的重要性和趣味性，为幼儿顺利进入小学学习数学奠定良好的基础。在一日生活中，我们可以适时、适宜地挖掘数学学习的教育契机，如：进餐时，请幼儿为家人摆放餐具，学会一对一地摆放物体，理解一一对应的关系；带幼儿游览、散步时，引导幼儿观察并数一数有几棵杨树、几棵柳树；让幼儿辨认哪些物体上有数字，这些数字表示什么意思；请幼儿说出平时自己乘坐几路公共汽车以及汽车站上的数字，居住的楼层及房屋的门牌号，书的页码，电话号码是多少等。游戏是幼儿最喜爱的活动，把抽象的数学知识与生动活泼的游戏紧密结合起来，能够使幼儿自发地应用数学，获得有益的经验。还可以开展丰富多样的亲子小游戏，如抢椅子游戏、扑克牌游戏等，可让幼儿比较10以内数的多少、大小，学习数的组成、加减和序数等知识。在愉快的情绪体验中，幼儿能获得关于数、形的经验和知识，初步形成数的概念。

除此之外，家长还可以根据幼儿的年龄特点，多采用一些幼儿喜爱的、丰富多彩的方法策略，如游戏法、操作法、观察法、比较法等，让幼儿主动学习、快乐学习。

◆ 问题三十九：可以使用哪些玩具、物品促进幼儿的数学认知？

数学认知，是幼儿在数学教育中获得的推理能力、抽象概括能力、思维能力和解决实际问题的能力等多种经验。当前，市面上的益智玩具种类繁多、琳琅满目，对于喜欢新鲜的幼儿具有很大的吸引力，家长们也很乐意经常为幼儿购买。而实际情况是：有的幼儿很喜欢这些玩具，也能用它们进行学习，可玩了几天就放在一边了；有的幼儿也很喜欢，但玩法有可能脱离了成人的预设，并不一定是促进认知的玩法；有的幼儿有自己的想法，可能并不喜欢家长送的那些玩具……那么，家长该如何选择玩具来促进幼儿的数学认知呢？

【问题分析】

1．激发幼儿数学求知欲望

《3—6岁儿童学习与发展指南》在科学领域的数学认知部分，将初步感知社会中数学的有趣性作为前提，注重强调将学习数学和实际生活结合起来的价值，注重强化数学知识的重要性。学龄前幼儿身心发展尚未成熟，以具体形象思维为主。益智玩具能让幼儿在玩耍中学习，在学习中感受乐趣，从而不断激发幼儿求知欲望。[1]

2. 丰富幼儿数学经验

益智玩具之中隐藏丰富的数学经验和知识，如数字、排放、形状、排序等。幼儿在玩益智玩具的过程中，通过实际操作和亲身体验获取一些具体的数学经验，此类知识经验为幼儿对数学概念的认知提供了有利条件，促进幼儿发展。

3. 促进幼儿思维发展

数学学习对于幼儿思维开发具有一定价值，要善于将数学和益智玩具结合起来对幼儿进行教学，而益智玩具可以使幼儿通过玩具操作形成基本的数概念、理解数运算、发展形状和空间概念等，发现数学与日常生活的联系。要引导幼儿从简单的益智玩具开始操作，逐渐增加难度，为发展幼儿抽象思维奠定基础。[2]

【问题建议】

既然益智玩具能激发幼儿学习兴趣，丰富幼儿的数学经验，发展幼儿的数学思维，那么家长该如何选择适宜的益智玩具促进幼儿的数学认知呢？

1. 结合数学学习的内容

我们提供的益智玩具究竟要包含哪些教育内容呢？ 3—6岁的幼儿又该进行哪些方面的数学认知呢？

（1）感知生活中的数学

主要涉及比较多少、分享食物和玩具、了解日常计时工具、认识钱币、比较与测量等。如：在分享食物上，幼儿首先要弄清楚食物够不够分给所有人，这里就包含对基数与集合比较的认知；如果不够分，用什么办法来解决食物分配中的公平问题，这里就涉及等分的学习。

---

1 中华人民共和国教育部 . 3—6 岁儿童学习与发展指南［M］. 北京：首都师范大学出版社，2012：78.
2 王惠玲，袁嫄 . 基于幼儿数学思维能力培养的层阶式教玩具运用策略［J］. 考试周刊，2020（29）：67–68.

（2）感知和理解数、数量及数量关系

主要涉及一些重要的数学知识技能和能力，包括量的比较、基数概念、集合比较、序数、加减运算、数的表征等。如：幼儿可以通过积木来学习长度、重量和面积；通过玩沙、玩水学习容量的知识等；通过棉签操作按数取物，掌握基数概念；通过玩具的合并或拿取学习数运算；通过手势动作、画画、口头语言、书面语言呈现对数的理解。

（3）感知形状和空间关系

它涉及对几何形状的名称、特征、类别和简单的组合关系的理解，也涉及对空间概念、方位、运动方向和表征的理解。在形状的学习中家长可以提供积木、黏土、几何拼板、画画工具等来引导幼儿学习和表征几何形状；在空间的学习中可提供特定的玩具材料（车版华容道、俄罗斯套娃、开锁套装等）、手工制作材料、绘本图书等来丰富幼儿的空间相对位置和关系的数学经验。

（4）分类、排序、模式

虽然《指南》没有将分类、排序、模式作为核心内容，但它一直是幼儿数学学习的内容之一。针对这一内容的学习，家长可提供一些分类盒、串珠等供幼儿操作。[1]

2. 考虑幼儿的发展水平

不同年龄段的幼儿发展水平不同，在理解和操作上存在一定的差异。家长在选择益智玩具时要考虑幼儿的年龄特点，使幼儿可以“跳一跳摘果子”，让幼儿在能力范围内去学习和掌握数学知识。如：量的比较对小班幼儿的要求是能用语言描述物体两两比较的量的特征，中班是感知和区分，大班要求能初步理解量的相对性（三个物体比较，幼儿能说出B高于A但矮于C）；2岁幼儿能目测1—3个物体，3岁幼儿的目测范围增加到4个，4—5岁幼儿目测的最大数是5；幼儿在3岁左右已有上下方位的概念，4岁左右知道前后，5岁开始发展左右的概念；幼儿在3—4岁时对平面图形有较好的配对能力，4—5岁可能是幼儿认识形

---

1 李季湄，冯晓霞．《3—6岁儿童学习与发展指南》解读［M］．北京：人民教育出版社，2013：140.

状的重要时期，5岁之后具有辨认基本平面几何图形以及图形组合的能力……[1]因此，根据幼儿发展水平选择适宜的益智玩具才能更好地激发幼儿学习数学的兴趣、建构数学认知经验。

3. 提供多元益智玩具

多元益智玩具在本书中指的是一种益智玩具有多种教育功能。多元益智玩具让幼儿可以结合自身知识经验，调整玩法，掌握不同学习内容，从而达到不同教育效果，有助于幼儿各方面能力的提升。如积木：在学习基数时，家长可以让幼儿数一数“有几块积木”“搭了几层楼”；在学习序数时，可以和幼儿交流“你想住在第几楼”“红色积木排在第几”；在学习形状时，可以引导幼儿观察“这块积木每个面都一样吗”……再如七巧板：在认识图形的特征时，可以让幼儿拿在手上观察、感知；而在学习组合图形时，可使用七巧板图形组合出不同形状的造型，与幼儿相互交流比较。多元益智玩具不局限于某一种玩法、某一类学习内容，幼儿可发挥自身想象力，它是多样的、多变的，能达到不同的学习效果。

4. 鼓励幼儿参与自制

幼儿对周围很多事情都有着浓厚的兴趣，从这一点出发，鼓励和引导幼儿加入玩具的制作中，是一件很有意义的事情。幼儿亲手制作的玩具往往带给他们更多的自豪感和亲切感，使得幼儿在数学学习中能更投入、更专注。如：在学习排列模式玩穿项链时，如果让幼儿自己剪吸管来穿项链则更能吸引幼儿，学习活动也会更持久。[2]

益智玩具将玩与学结合起来，使抽象的数学知识变得具体化、形象化，让幼儿在玩的过程中学到知识，利于幼儿理解和掌握，幼儿可以随心所欲地去操作、去探索。渐渐地幼儿喜欢数学了，而且会让家长和幼儿都感到学起来很轻松、很愉快。

---

1 李季湄，冯晓霞.《3—6岁儿童学习与发展指南》解读［M］. 北京：人民教育出版社，2013：141.

2 王惠玲，袁娜. 基于幼儿数学思维能力培养的层阶式教玩具运用策略［J］. 考试周刊，2020（29）：67-68.

◆ 问题四十：如何培养幼儿的时间观念？

幼儿时间观念是指幼儿对时间的感知觉以及对时间的估计、判断，即在感知、理解时间的基础上，知道时间是动态的且一去不复返的，理解时间的重要性和意义，懂得守时、惜时，养成自觉遵守时间，合理安排时间以及做事不拖拉的良好习惯。而大部分的家长都反映幼儿的时间观念不足，具体表现为对时间缺乏判断与预估，做事容易拖拉磨蹭，缺少时间规划意识，等等。那么，我们该怎样培养幼儿的时间观念呢？

【问题分析】

1．培养幼儿时间观念的价值

（1）养成良好习惯

良好时间观念的培养是幼儿建立时间规则的过程，要让幼儿明白生活中的许多事都需要遵循时间规则。如：早晨7:30—8:30是上幼儿园的时间，超过时间就是“迟到”；绿灯的时间为“30秒”，超过了时间便不能通行等。时间规则的建立能培养幼儿良好的时间习惯，让幼儿做事更有计划性、条理性，有助于形成良好的时间观念。

（2）增强社会适应能力

良好的时间观念能增强幼儿的社会适应能力。幼儿在步入幼儿园后便开始融入集体生活中，而集体生活最重要的就是良好的“时间观念”。缺乏时间观念的幼儿，不仅不能较好地适应集体生活，甚至还会与同伴发生矛盾，难以适应幼儿园生活，在人际关系中处于不利地位，进而影响社会性发展与人格形成。

（3）提升自我管理能力

具备基本的时间观念，一方面有助于幼儿明确正确的时间与行为。另一方面，有助于幼儿逐渐脱离依赖家长提醒与帮助的状态，独立自主地管理时间与行为，并为自己违反时间规则的行为负责。

2. 培养幼儿时间观念的影响因素

（1）家庭带养方式

家庭是幼儿的主要生活场所，幼儿良好的时间观念的形成离不开家庭教育的重要影响。当前，许多家长自身便在时间观念方面存在许多问题，如：作息不规律，要么熬夜刷手机，要么睡懒觉不起床；时间观念不强，带幼儿入园经常迟到，或者迟接；对幼儿的时间承诺不遵守，答应幼儿一小时后回家，但是实际上三四个小时后才回来；对幼儿的时间观念培养意识不足，总在幼儿身边提醒到了什么时间，该做什么事，基本包办代替或完全纵容幼儿做事拖拉磨蹭。

（2）家长对幼儿的教育预期

教育预期是指家长在教育幼儿过程中的预设目标与应然状态，将直接影响家长对幼儿的教育行为和培养方式。[1]有的家长忽略幼儿时间观念发展规律，设定过高的时间要求，幼儿难以完成；还有的家长认为幼儿还小，没有时间观念很正常，长大自然就懂了，因此不对幼儿作任何时间要求。这样忽略发展规律的教育要求均是不合理的。

【问题建议】

1. 促进幼儿时间观念的发展

遵循幼儿发展的客观规律是培养幼儿良好时间观念的基本条件。3岁左右的幼儿处于数字感知阶段，时间对他们而言还是一个非常抽象的事物，时间的流逝和持续让他们不能理解，因此常会有时间的混淆和做事拖拉的现象发生。因此，在本阶段应该注重培养幼儿对时间概念的认知。可以从幼儿最熟悉的或最感兴趣的事物开始，让他在亲身经历中感受时间，如在“听一首歌”“看一集动画片”等活动中感知时间。对于4—6岁的幼儿来说，初步的时间概念已经建立，此时需要将时间概念抽

1 曾世琴．在日常生活中培养幼儿的时间观念［J］．课程教材教学研究（幼教研究），2013（2）：63-64.

象化，并能灵活应对自己的一日生活，进而形成时间管理意识。家长可以通过预设、反思活动中的时间问题和时间游戏，促进幼儿对时间观念的抽象思考与应用。

2. 增强幼儿自我服务能力

良好的自理能力是支持幼儿认知时间、管理时间的重要保障。因此，在培养时间观念的同时，更要注重幼儿独立性、自主性的培养。家长应当正确引导幼儿进行自我服务，并在此过程中与幼儿共同记录完成时间。一是帮助幼儿锻炼自我服务能力，二是在实践过程中渗透时间观念的培养，三是随着用时的逐渐减少，让幼儿逐渐建立良好的自信心与成就感，会更主动地进行自我服务，从而掌握高效率的做事方式。

3. 优化家庭时间教育环境

（1）家长应该建立良好的时间观念

坚持时间要求原则，对时间有良好的掌控，并能自觉遵守时间规定与计划。幼儿看在眼里，无形中就会以家长为模仿对象。

（2）为幼儿创设轻松愉悦的家庭氛围

对幼儿的时间培养，应当以游戏为基本活动，让幼儿在玩中感受与学习。如：家长可以每周开展一次家庭比赛活动，穿衣服、收拾玩具、擦桌子、扫地等，看哪个家庭成员用时少。再如：学期初，让幼儿自主制订一日生活计划，确定几点起床、几点出门、几点回家、几点睡觉等，并与幼儿共同监督对时间规则的遵守情况。通过以上的策略，让幼儿对时间有更深的了解，进而尝试自己安排时间，学做时间的主人。

（3）对培养幼儿时间观念设定合理预期

首先，家长应摆正心态，尊重幼儿发展的规律性与个体差异性，避免“拔苗助长”或“放羊”式的时间教育。其次，家长应制订达成合理教育期望的路径。如：把大的时间认知、管理目标拆分为一个个小目标，一步步实现，让幼儿在科学手段的引导下，沿着自身的发展轨迹逐步形成时间观念。[1]

---

1 刘煜．幼小衔接阶段幼儿时间观念的培养［J］．小学科学（教师版），2017（6）：191.

培养幼儿良好的时间观念是循序渐进，充满生活趣味的。家长主观上要重视，态度要平和，行为要适宜，策略要科学。在点滴教育中，让幼儿逐渐认识时间、理解时间、运用时间、管理时间，并从中获得乐趣与成就感。

五、艺术领域家庭教育问题与指导

艺术，是人类感受美、表现美和创造美的重要形式，也是表达自己对周围世界的认识和情绪态度的独特方式。每个幼儿心里都有一颗美的种子。幼儿艺术领域教育的关键在于充分创造条件和机会，让幼儿在大自然和社会文化生活中萌发对美的感受和体验，丰富其想象力和创造力，引导幼儿学会用心灵去感受和发现美，用自己的方式去表现和创造美。幼儿独特的笔触、动作和语言往往蕴含着丰富的想象和情感。

因此，为有效促进幼儿艺术领域的发展，家长应对幼儿的艺术表现给予充分的理解和尊重，不能用自己的审美标准去评判幼儿，更不能为追求结果的“完美”而对幼儿进行千篇一律的训练，以免扼杀其想象与创造的萌芽。

◆ 问题四十一：如何激发幼儿参与艺术活动的兴趣？

幼儿的内心世界丰富多彩，绘画、歌唱、舞蹈等艺术活动是他们喜爱的表达自我的方式。幼儿常常将艺术活动视为游戏，完全依据自身好恶和感受进行表现，如随心所欲地写、画、唱、跳等。家长期望幼儿在获得乐趣的同时提升自身素养。兴致盎然时幼儿的艺术灵感不断，而当失去兴趣或有其他活动吸引他们的注意时，参与艺术活动的热情就会减退。那么作为家长，如何保障幼儿对艺术活动的参与体验，实现幼儿在艺术表现上的发展呢？

【问题分析】

1. 艺术活动的价值

（1）促进认知发展

不同年龄阶段的幼儿存在个体差异，而艺术活动充满趣味性、创造性，既符合幼儿的认知特点，又能够丰富幼儿的感知体验，形成认知经验。

（2）整合能力发展

艺术活动是鲜活的，在丰富的艺术活动中幼儿不断发现美、创造美，有关美的认知与创造能力逐渐提升。另外，活动中多种材料、多种活动形式的运用，可以充分调动幼儿的主观能动性，激发幼儿的创造能力、探索能力、动手操作能力，从而提升幼儿的综合能力。[1]

（3）获得身心发展

幼儿出于自身的活动兴趣，参与艺术活动，在艺术感知与创造中体验艺术之美，从而获得积极的情绪体验与成就感，成为身心全面和谐发展的个体。[2]

2. 兴趣是最好的老师

兴趣是个体探究事物和从事活动的倾向。一个人对某事物感兴趣时就会对它产生特别的注意，对该事物观察敏锐、记忆牢固、思维活跃。兴趣可以使人沉醉，甚至达到废寝忘食的地步；兴趣可以引导人发掘自身潜力，甚至超越能力极限。日本教育家木村久一说过："如果孩子的兴趣和热情一开始就得到顺利发展的话，大多数孩子将会成为英才或天才。"[3]由于幼儿年龄小，尚未完全建立自我意识，其艺术学习大多受外在因素的影响，长时间的重复练习必然会产生厌烦心理而失去兴趣。因

1 蒋安华．创意艺术活动在幼儿教育中的应用［A］．教育部基础教育课程改革研究中心．2021年"提升课堂教学有效性的途径研究"研讨会论文集［C］．教育部基础教育课程改革研究中心，2021：2.

2 谭兆红．基于动漫的幼儿园艺术教育研究［D］．长沙：湖南师范大学，2012.

3 卢静．关于幼儿在艺术活动中主体性发展的研究［J］．佳木斯教育学院学报，2010（5）：205-206.

此兴趣的培养对幼儿艺术的学习具有十分重要的作用。

【问题分析】

1. 家长提高艺术修养

家长的艺术认知不仅影响其科学的艺术教育观念的形成，更影响对幼儿的艺术教育方式。因此，家长须提高自身的艺术认知，从观念上形成对艺术活动的正确认识。

第一，家长应正确认识幼儿对艺术的认知规律。幼儿尚处于身心发展的初始阶段，其对世界的认识是基于具体感知与实际操作的，艺术活动是其感知与认识世界的一种方式和手段，而并非必须学习的所谓“特长”。

第二，正确认识艺术活动对幼儿身心发展的作用。幼儿参与艺术活动的核心是通过艺术创造感知世界，形成积极的艺术兴趣与基本的艺术表现力，从而获得积极的艺术认知与情感体验，而并非只追求艺术技能。

2. 家庭创设艺术氛围

从环境上熏陶幼儿的审美情趣，激发他们对大自然、对生活的热爱之情。家长应从生活的环境入手，营造相应的艺术氛围，激发幼儿的艺术兴趣。如：各类家居饰品的布置、物品的摆放、植物的养护等都应呈现出一种艺术的美感；在家中为幼儿留出一片属于自己的小天地，可以让幼儿参与设计，让幼儿自由摆放作品、物品等，突出童心童趣。[1]

3. 发现生活艺术之美

艺术并不是那么遥不可及，有生活的地方就有艺术。培养幼儿艺术兴趣时要从幼儿的实际出发，尊重幼儿的感受。如对于声音的感受，家长可提示幼儿：走路或跑步时，脚下发出的是一种声音；用杯子接起哗哗流下的水时，又是一种声音；用脸盆接水的时候，那声音是不是和用

---

1 黄丽平．从优化家教环境入手，培养幼儿综合能力［J］．成才之路，2021（4）：74–75.

杯子接水有些不同呢……因此，家长可以引导幼儿发现生活中处处都是美妙的“交响曲”，带幼儿欣赏生活中、自然界中的各种“音乐”。

4. 鼓励日常艺术创造

偶尔的奇思妙想、稀奇古怪的艺术创作、物品上的图画都是幼儿对世界思考的表现。即使这些在成人眼中是带有破坏性的、滑稽的和难以理解的，但作为幼儿最亲近和依赖的对象，家长应尝试了解、理解幼儿的稚嫩举动，抓住机会，与幼儿沟通交流，表达对幼儿的认可，进行正确的引导，适时地表扬幼儿的创作和思考结果。在有爱的环境中成长可以让幼儿的自信心得到满足与提升，艺术兴趣自然会得到提高。[1]

成功的教育所需的不是强制，而是激发被教育者的兴趣。把火苗递给幼儿，让幼儿点燃创造的火把，发出更明亮的火焰！[2]

◆ 问题四十二：如何引导幼儿欣赏和感受生活中的美？

人们可以欣赏的美的形式是多种多样的，有自然美、生活美、艺术美。[3]而美感是人们在审美过程中所产生的具体感受和体验。[4]雕塑艺术家奥古斯特·罗丹曾说：“生活中从不缺少美，缺少的是发现美的眼睛。”换言之，生活中的美其实无处不在，只是需要去发现、去欣赏、去感受。而大人眼中的美与幼儿眼中的美却是迥然不同的，大人眼中微不足道的事情，往往在幼儿的世界充满了新奇和趣味，如：一只蚂蚁搬家、一片树叶飘落、一颗石头落水泛起的波纹都能引起幼儿的共鸣，激发他们的审美体验。那么我们该如何站在幼儿的视角，去引导幼儿欣赏和感

1 郑婉．浅析幼儿艺术教育的现状及其隐患［J］．轻纺工业与技术，2019，48（8）：177-178.
2 李国华，王豆琴．幼儿园艺术教育中如何培养幼儿的创造力［J］．学周刊，2021（24）：175-176.
3 姚梅林．幼儿教育心理学［M］．北京：高等教育出版社，2005：40-42.
4 幸福新童年编写组．《3—6 岁儿童学习与发展指南》解读［M］．北京：旅游教育出版社，2012.11：20-27.

受生活中的美呢?

【问题分析】

1．幼儿的美感具有直观性

幼儿由于受到自身年龄、知识、经验和思维发展水平的局限，易对具体直观的审美对象产生兴趣并进一步萌生美感，因此，我们可以通过引导幼儿观察具体的美的事物来感染幼儿，触动幼儿的情感以达到教育的目的。[1]

2．幼儿的美感具有表面性

幼儿生活范围相对狭窄，缺乏社会经验，对事物的感知往往都停留在表面上，因而他们更容易感受到事物外在的、简单的形式美，而对内在的、复杂的形式美则难以把握。

3．幼儿的美感具有多样性

幼儿可以用多种形式表达对美的认识，如：通过绘画、手工等作品表现色彩和线条；用唱歌、舞蹈、演奏乐器等方式感受旋律和节奏的美；通过欣赏文学作品、阅读绘本、聆听故事等方式体会文学的魅力，受到美的熏陶。

4．幼儿的美感具有行动性

3—6岁的幼儿思维正处于从直觉行动思维向具体形象思维过渡的阶段，因此，幼儿在认识美的事物时，往往通过肢体动作、表情和语言去实现；用看、听、摸等直接动作去感受和欣赏。

【问题建议】

1．丰富幼儿的情感体验

艺术是美的艺术，也是情感的艺术。拥有丰富的情感体验，能够帮

1　郑东明.浅谈幼儿美育［J］.山东教育科研，1995（4）：74.

助幼儿更好地感知和欣赏美，家长可以和幼儿谈论生活周围的事件，从中汲取情感体验，也可以通过亲子阅读绘本，在各种故事情节和内容中，加强幼儿对画面美、情节美、情感美的关注，让幼儿体验不同故事中蕴含的情感，为幼儿对美的认识和表达打好基础。

2. 带幼儿感受自然界中的美景

大自然中有山川河流，有虫鱼鸟兽，生机勃勃、色彩斑斓。大自然中的万事万物都能激发幼儿的想象和表达。在带领幼儿去感受大自然的同时，家长可以有意识地引导幼儿去想象，如看到河面上飘落的树叶时可以问：是小鱼的伞还是小蚂蚁的船？当幼儿切身观察到自然万物，如四季的变化、巍峨的山峰、蜿蜒的河流、挺拔的树木，就会自然而然地留下对这些自然事物深刻而又美好的记忆，从而在无形中养成了探索世界的原动力以及欣赏和感受生活中的美的能力。

3. 让幼儿接触生活中的美好事物

社会生活是幼儿生活于其中的大环境。社会生活通过各种线索、渠道在影响着幼儿对美的感知。社会生活中充满着美，美的景象、美的人、美的行为都是幼儿审美的对象。如今的社会，现代化进程正在加速，一幢幢高楼拔地而起，一座座桥梁横跨江河，马路上车水马龙，夜幕下彩灯闪烁，这是社会设施的美；在人与人的相互关系中，也蕴含着许多美，尊老爱幼、助人为乐、拾金不昧等都是美的行为。家长可以把社会生活作为审美对象，注重对幼儿审美的引导和审美兴趣的激发。[1]

4. 欣赏幼儿视角下的美

幼儿对事物的感受和理解不同于成人，幼儿稚嫩的笔触、动作和语言往往蕴含着丰富的想象与情感，成人应对幼儿独特的艺术表现给予充分的理解与尊重，不能用自己的审美标准去评判幼儿，更不能将自己的审美标准强加于幼儿。

每个幼儿的心里都有一颗美的种子，家长只要站在幼儿的视角去引导，在不知不觉中，幼儿就能在感受美和欣赏美中陶冶心灵、愉悦心

1　梅俊宇 . 浅析学前幼儿美育培养途径［J］. 青年文学家，2010（16）：75.

情、塑造人格。

◆ 问题四十三：孩子需要上艺术培训班吗？

艺术培训班是指个人或艺术培训机构，利用幼儿在幼儿园外的时间和空间，针对幼儿艺术能力培养的需要，为幼儿提供个别指导或集体指导。随着人才培养多元化观念的盛行，越来越多的幼儿在家长的陪伴下开启了艺术培训之路，绘画、舞蹈、声乐、钢琴……小小的身影穿梭在不同艺术培训班的大门之间，且有着低龄化的趋势。在报名参加艺术培训班的幼儿家长中，有一部分是出于培养幼儿的兴趣，有一部分是想让幼儿学习一门艺术特长以助力今后的应试教育，还有的是看到别人家的孩子都报名了，担心自家的孩子会输在起跑线上……那么，幼儿到底需不需要上艺术兴趣班？家长又该如何帮助幼儿选择合适的兴趣班呢？艺术培训是否那么重要和必须？家长该如何应对越来越“内卷”的艺术培养呢？

【问题分析】

1. 幼儿艺术教育的价值

艺术教育是全民艺术普及的主要渠道之一，[1]也是实施美育的主要途径。《3—6岁儿童学习与发展指南》艺术领域指出：“艺术是人类感受美、表现美和创造美的重要形式，也是表达自己对周围世界认知和情感态度的独特方式。”[2]幼儿艺术教育不仅是美的教育，还能满足幼儿的多种发展需要，能够开发幼儿智力，激发幼儿的创造力和表现力，还能锻炼幼儿的专注力、动手能力，培养意志力和韧性等。由此可见，良好的

1　宾阳．全民艺术普及背景下的幼儿艺术教育［J］．艺术教育，2019（7）：286-287.
2　中华人民共和国教育部．3—6岁儿童学习与发展指南［M］．北京：首都师范大学出版社，2012：78.

艺术启蒙是十分必要的。

2. 专业艺术培训的优势

艺术培训是当下幼儿艺术教育的一种方式。专业的艺术培训机构有良好的环境，能够激发幼儿的兴趣，让幼儿获得初步的审美体验；课程的种类丰富多样，能满足不同家庭的需求；专业的艺术老师，则能指导孩子进行连贯、持续、深度的艺术学习，在单一的艺术领域有着不可替代的专业性。

3. 专业艺术培训的不足

（1）教育目标不一致

社会上的艺术培训机构多以市场需求为导向，教育目标具有一定的功利性，课程安排结构单一，课程内容注重结果，而非过程，不符合幼儿的身心发展规律，容易忽视幼儿的审美感受，扼杀幼儿的创造力。

（2）师资力量良莠不齐

大多数的艺术培训老师均为艺术专业教师，一般缺乏对学龄前儿童年龄特点、发展规律及学习方式的了解与把握，不利于采用针对性的方法和策略开展教学。长此以往，容易给孩子带来身心上的伤害。

（3）忽略幼儿的体验和表达

在艺术培训学习中，教师往往更重视艺术知识和艺术技能的传递，忽视幼儿对艺术教育内容的观察和体验。幼儿虽然掌握了艺术知识和技能，却失去了主动挖掘美、感受美、表达美的能力。[1]

【问题建议】

1. 调整目标，避免功利心态

幼儿期是幼儿感受美、欣赏美的最佳时期，家长首先要建立对艺术教育的合理认知，摒弃学习艺术是为拥有一技之长以适应社会需要的陈旧观念，从仅注重艺术学习的结果，转变为关注幼儿的全面发展需求。

---

1 孙媛 . 幼儿艺术教育存在的问题及对策［J］. 艺术教育，2017（16）：168-169.

其次要保持良好心态和合理期待，为幼儿选择合适的艺术培训机构，保障幼儿身心健康和谐发展；不能为学而学，盲目攀比或跟风参加各种艺术培训班，占用幼儿的生活时间、休息时间，影响幼儿身心正常发育。

2. 尊重幼儿，给予选择权利

子曰："知之者不如好之者，好之者不如乐之者。"对学习内容感兴趣是幼儿在学习过程中最大的推动力，家长应尊重幼儿的主体地位，给予幼儿选择、表达的权利，引导幼儿依据自己的爱好、意愿和特长，进行自主选择，让兴趣班真正成为幼儿的心之所向。应避免仅依据家长的喜好、兴趣或者自身生活经历的过往情结及家长对幼儿参加兴趣班后的成果预判来为幼儿做主。幼儿的兴趣往往是动态的，容易受周围事物的影响而转移或变化，如果幼儿表现出强烈的抵触情绪，家长要与幼儿及时沟通，安抚好幼儿的情绪，循序渐进地引导和处理。

3. 因材施教，注重科学适宜

（1）关注发展关键期

关键期是幼儿发展的黄金期，为了更好地促进幼儿的发展，家长要细心观察幼儿发展过程中出现的崭新迹象，积极创设良好氛围和机会，使幼儿在某段时间的某些能力得到充分发展。而为幼儿选择相应的兴趣班来激发其潜能也是一个很好的选择。如在色彩和造型敏感期，可以为幼儿选择专业的美术机构，提高其艺术感受力和表现力。

（2）关注气质类型

第一，有研究指出，幼儿在原有的气质基础上，可吸收其他气质、类型的积极的一面，消除自身气质中消极的一面，从而呈现出混合气质类型。兴趣班教育作为一种后天的影响力量可以促进气质的良好转型与整合，如绘画使幼儿变得专注，舞蹈使幼儿变得活泼开朗等。

第二，兴趣班的选择与幼儿先天气质类型的关系有正相关和负相关两种模式。正相关是依据幼儿气质中的优势来进行选择，如：为活泼型气质类型幼儿选择舞蹈兴趣班，为敏感型气质类型幼儿选择美术兴趣班等，可以进一步增强幼儿的优越感，提升自信心。负相关则是对幼儿进行补偿教育，对幼儿气质中的弱势领域进行补充，如：为活泼型气质类型幼儿选择美术兴趣班，为专注型气质类型幼儿选择舞蹈，为抑制型气质类型幼儿选择架子鼓，以促进幼儿的全面和谐发展。这两种模式适合混合使用，取长补短，可让幼儿的气质得到更好的发挥和互补。[1]

4. 科学考量，关注整体发展

当前的社会教育理念，重视幼儿德智体美劳等方面的全面发展，提倡培养全面型人才。艺术教育是幼儿全面发展的重要组成部分，家长既要了解幼儿的个性特点及艺术偏好，也要注重幼儿艺术多种发展的可能性；既要重视幼儿在艺术领域的发展，同时也要关注幼儿其他方面的均衡发展。

艺术学习是自发、生动、愉悦的，艺术教育是灵动、多元、全面的。希望幼儿都能行而不辍，收获满满。

◆ 问题四十四：幼儿总是喜欢在家里墙壁上涂鸦，家长该如何引导？

涂鸦，是学前幼儿的感知觉和动作有了一定的发展与协调之后，对周围环境作出的一种新的探索，是一种以上肢精细动作为主的，手、眼、脑的一致性活动。其根本特点是没有明确的表现意图。在大多数时候，幼儿将涂鸦视为一种游戏活动，享受涂鸦动作带来的那种有节奏的、主动掌控的运动快感，以及对纸上、墙上出现的各种线条的视觉感官的满足。[2]相信很多家庭都有过这样的经历，幼儿喜欢在墙上、家具上乱涂乱画，精心布置的环境被弄得乱糟糟。有的家长惊喜不已，有的家长不以为意，还有的家长咆哮愤怒……面对幼儿到处涂鸦的情况，家长该如何面对和引导？如何做到既能保护幼儿的想象力、创造力和表现

1 常利芹．教育理论视角下的幼儿兴趣班选择［J］．学理论，2014（5）．
2 周娜．浅谈幼儿涂鸦对智力的发展［J］．大众文艺，2012（24）：247-248.

力，又让幼儿养成爱护环境的好习惯呢？

【问题分析】

1．幼儿涂鸦的特点

（1）生理结构发展

涂鸦是随着幼儿的动作与手、眼、脑协调的发展而产生的。开始时幼儿动作不受控制，后来逐渐发展到手、眼较协调地重复画线，再到有控制地画圆，最后到手、眼、脑配合地涂鸦。吕卡特对一个法国幼儿从16个月到21个月所做的涂鸦进行了研究，幼儿涂鸦的运笔方向开始是整个手部前后来回运动，后发展到逐渐增加前臂旋转运动，再随着手腕关节运动的发展，幼儿涂鸦画中出现了曲线和圆圈。

（2）认识能力发展

涂鸦是随着学前幼儿认识能力的发展而产生的。幼儿开始涂鸦时，并不知道纸、笔的用途。他们经常把笔含在嘴里，或用来敲敲打打，把纸揉成一团，这是他们在通过动作对纸、笔进行感知。随着涂鸦活动的进行，幼儿开始认识到纸、笔与手的动作之间的关系，认识到可以用笔在纸上画画，进而认识到可以用纸上画出的痕迹来表现自己的生活经验。

（3）条件影响

涂鸦行为的出现受条件的影响。当成人写字或画画时，幼儿在具备纸、笔或其他条件的情况下，便会模仿成人，进行涂鸦活动；而一些没有条件看到成人写字或画画的幼儿，即使到达涂鸦期的年龄，也不一定会开始进行涂鸦活动，即涂鸦滞后。虽然幼儿的涂鸦是对成人的写字或画画的模仿，但就脑的机能来说，它是幼儿用笔在纸上进行表现的一种探究反射活动，是一种积极的学习活动。

（4）兴趣活动

涂鸦是学前幼儿喜欢的游戏活动。对于这一阶段的幼儿来说，画什么并不重要，重要的是使自己的手不断地运动。他们不关心画的结果，而热衷于画的过程。在涂鸦的过程中，幼儿获得动作的动感和线条本身所带来的愉悦感，从而持续促进幼儿涂鸦行为的产生。因此，涂鸦是这一年龄阶段幼儿的自然行为，它是绘画的前驱活动。[1]

2. 幼儿涂鸦的意义

（1）涂鸦是发展想象力的重要方式

保护涂鸦，就是保护想象，赏识涂鸦，就是鼓励想象。幼儿的涂鸦游戏是一种从虚到实、从无到有、从想到做的过程。幼儿涂鸦正是因其没有预设、规则和目的，才更能激发幼儿的参与兴趣、想象力与创造力。

（2）涂鸦训练幼儿的观察力

世界对于幼儿来说是神秘、新鲜的，他们会充满好奇心。涂鸦的过程，实际上也是一个观察的过程，幼儿需要对要画的对象进行观察，加深了解。如：兔子有圆溜溜的眼睛、短短的尾巴，还有长长的耳朵……家长可以有意识地指导幼儿观察和绘画涂鸦，幼儿的观察力会不断提高。

（3）涂鸦可促进感知觉整合

涂鸦可以锻炼幼儿眼、脑、手协调，以及大脑皮层活动。幼儿从记忆、比较、思考，到决定要画的事物，再到实际去画，最后到通过观察来检验自己的画是否恰当，这一系列的感知活动，都是在不断尝试、探索中完成的。因此，涂鸦创作是幼儿感知外在世界综合形象的一种自我的表现，也体现身体动作协调发展的程度。

（4）涂鸦表达需求与情绪

幼儿语言能力有限，不足以支持自身表达，因而需要采用涂鸦这一另类视觉语言形式展现内心情感感知。幼儿的自我意识逐渐发展后，会通过绘画涂鸦来宣泄自己的情绪，表达对身边事物的理解和看法。[2]

1　孔起英 . 幼儿园美术领域教育精要［M］. 北京：教育科学出版社，2015：178.

2　百度 . 为什么对于幼童时期的幼儿来说“涂鸦”是非常重要的？［EB/OL］. https://m. sohu. com/a/384574934_801823.

【问题建议】

1. 了解幼儿涂鸦期的特点

针对幼儿正处于绘画涂鸦期的特点，家长首先应正确认识幼儿的涂鸦行为。幼儿在1岁左右开始进入涂鸦期，此时切忌把幼儿的涂鸦看成是一种破坏性的行为。当发现幼儿在家里面乱写乱画的时候，家长不要严厉责备，更不要禁止幼儿的涂画行为。首先要基于对幼儿全面的观察了解，以及与幼儿良好的沟通，在满足幼儿涂鸦需求的同时，告诉幼儿要爱护家中物品和家长的劳动成果。其次要耐心倾听、欣赏。面对幼儿的涂鸦，家长应耐心倾听他们对涂鸦作品的解释，尊重幼儿的表述，以此了解幼儿的内心世界；在倾听时表情要放松、认真、温和，并适当地鼓励肯定，不要表现出不耐烦和责怪的态度。

2. 构建平等、尊重的心理环境

家长应提供幼儿绘画活动的条件和机会，促进幼儿手的动作灵活、协调发展。首先，家长可以为幼儿提供充分、多样的绘画机会。如开展简单的手指游戏，引导幼儿自理生活或参与家务劳动，提供适宜的手部精细玩具等，以锻炼幼儿手部灵活性，为良好的绘画能力奠定基础。其次，提供充足、适宜、多样的绘画材料，引导幼儿多观察、多体验，支持他们自己动手，表达自己的想法，享受涂鸦的过程。[1]

3. 创设自由、自主的涂鸦环境

家长不但需要在精神上支持幼儿绘画涂鸦，更需要给予幼儿一个更为合适的涂鸦环境。一个理想的涂鸦环境，不仅能让幼儿获得更好的涂鸦体验，更好地发挥自己的能力，还能在一定程度上锻炼幼儿共情、自信等亲社会品质。

（1）为幼儿设定专门的涂鸦区

专门的涂鸦区，一是能够保持洁净的家庭环境，二是能够规范幼儿

---

1 王侠.浅析绘画分析对学生心理的疗愈［J］.文教资料，2013（12）：86.

的行为习惯，三是能让幼儿提升自己的共情心，对于幼儿以后的发展、行为习惯的养成以及个人意识的建立都很有帮助。

（2）给幼儿准备无毒的健康颜料

幼儿涂鸦是一种值得鼓励的行为，但家长要注意幼儿在涂鸦时所使用工具的安全性，为幼儿准备天然无毒的涂鸦材料，保障幼儿身心都得到健康的发展。

（3）做好涂鸦区的安全建设

在为幼儿建立涂鸦区的时候，一定要注意区域的安全问题，因为有时候幼儿沉迷于涂鸦可能会发生跌倒等情况，家长可在涂鸦区垫上软垫，在一些家具边缘装上防撞条，等等。[1]

4. 增进与幼儿的沟通交流

绘画是幼儿无声的语言表达，当幼儿无法用直接的语言表达或压抑自己、不敢说的时候，我们可以通过绘画了解幼儿内心深处真实的想法或看法。作为家长，我们需要学会体会幼儿的真实感受，鼓励幼儿养成正确的表达习惯和积极的思想态度。在幼儿的绘画过程中，不仅要关注结果，更要关注整个自主性创作过程。通过与幼儿的密切交流，了解幼儿的心理感受和创作意图，引导幼儿以积极、健康的情绪去进行自主性创作。[2]

5. 开展游戏化的涂鸦过程

幼儿的认知发展特点决定了幼儿以游戏为基本活动的认知规律。家长在让幼儿充分体验涂鸦乐趣的同时也要适当帮助幼儿掌握一定的绘画技能，但不能过早地灌输高难度的专业技巧知识。家长可以设计一些游戏来丰富幼儿的经验技能，如：画一个圆圈让幼儿每天进行创意绘画，以探索圆圈的多种变化；设置游戏情境，为草地种上花草、为小金鱼画上泡泡等，让他们体会绘画游戏的快乐，并练习手部的绘画动作。

日本著名亲子教育家、画家鸟居昭美说："每个人都拥有与生俱来的绘画能力。"幼儿天生喜欢涂涂画画，了解幼儿、尊重幼儿、助力幼儿的成长，对家长来说是一场修行。用心、耐心、细心地对待幼儿，让

---

1 徐静茹 . 看画识童心［M］. 北京：社会科学文献出版社，2018：25.

2 黄雯婷 . 儿童画内容解读之研究［D］. 上海：上海师范大学，2012.

我们的幼儿享受童年，沐浴在爱的阳光下，快乐成长！[1]

◆ 问题四十五：如何激发与保护幼儿的艺术创造力和表现力？

创造力，是人类普遍具有的潜能。[2]幼儿具有无限创造潜力，是探索世界的表现。虽然这种探索的结果可能没有社会价值和利用价值，但是对其自身的发展具有重要而积极的作用。表现力，是建立在创造力之上的表现模式，是把脑中的想象利用自己的方式表现出来。[3]幼儿的表现力藏在稚嫩的笔触、动作和语言中，蕴含丰富的想象与情感。绘画大师毕加索曾说："我花了四年的时间才画得像拉斐尔一样，但用一生的时间，才能像幼儿一样画画。"[4]在幼儿美术教育里，3—8岁的幼儿处于"大师期"，他们以天真之眼去观察每一件事物，以独特的方式表达自己的感受。那么，家长应如何激发和保护幼儿的艺术创造力和表现力呢？

【问题分析】

1．幼儿艺术创造力和表现力的价值

（1）提高幼儿的观察能力

创造力来自幼儿的日常生活经验，需要幼儿对事物的外形、颜色等特征有一定的观察，再利用自己的想象力来创造新的事物，是幼儿结合新认知对原有经验进行加工的过程。幼儿在表现自己的想法时，观察能

1 侍丽．情绪绘画促进5—6岁幼儿情绪调节发展的实验研究［D］．兰州：西北师范大学，2015.
2 王连洲．家庭教育与幼儿创造力的培养［J］．教育导刊（下半月），2010（4）：83-85.
3 李季湄，冯晓霞．《3—6岁儿童学习与发展指南》解读［M］．北京：人民教育出版社，2013：253.
4 多芬钟家村分校．毕加索学了一生才学会像幼儿一样画画［EB/OL］．https://2ly4hg.smartapps.cn/pages/article/article?articleId=362731974&authorId=100007105&spm=smbd.content.share.0.1629532856826c3qon0Y&_trans_=010005_wxhy_shw&_swebFromHost=baiduboxapp&_swebfr=1，2019-12-25.

力稍显不足，且在表现时多以自身想象为主，为培养幼儿的观察能力，家长可以有意识地引导幼儿按照一定的规律和顺序，有重点地观察，让幼儿自主发现，自主选择创作内容，这样既保护了幼儿的想象力，更能促进幼儿观察、探索能力的发展。

（2）提高幼儿的自信心

幼儿通过作品表达创造欲望，如果能从中获得肯定，便能强化幼儿的自我认同，让幼儿更有信心去探索更多的问题，进行更为细致、创新、独立的表现，从而持续激发创造行为，尝试更多解决问题的方法，养成独立思考的能力与自主、自信的性格品质。

2. 幼儿的创造发展水平

不同年龄阶段的幼儿有不同的身体、年龄、心理发展特点。因此，要发展幼儿的艺术创造力与表现力，就应当了解幼儿当前的艺术创造与表现能力处于何种发展阶段，才能以适当的方法促进幼儿的发展。

3—4岁的幼儿，由于生活经验和知识储备不足，大脑中对客观事物的认知积累极少，这时的想象多为自由联想，创造比较单一，表现内容比较贫乏。如：小班幼儿能够倾听、感受音乐，却不能与音乐产生共鸣，感知不到音乐所表达的具体内容，因此无法很好地进行创造性的表现。他们的绘画活动主要以涂鸦的形式表现，形式简单，线条稚拙，整体的思维比较混沌，没有具体的形象。

4—5岁的幼儿，生活经验和认知积累逐渐增加，从内容贫乏的自由想象过渡到有意想象，联想和想象的内容相对增多，但是大部分为模糊的表象、概括的内容。这一阶段的幼儿，在对单个物体认识的基础上，增加了对相关联的两到三种物体的认识与了解，积累表象资源，丰富细节印象。与此同时，随着幼儿自我意识慢慢形成，他们开始对大脑中有限的经验材料、表象资料主动地进行选择加工，用各种方式表现自己对这个世界的所思、所见、所想、所感。

5—6岁的幼儿，积累了客观物体的表象认知，生活经验和知识经验更加丰富，有意想象特征明显，想象思维更符合客观逻辑，对于物体内部之间的想象和观察趋向细致化、合理化，喜欢幻想，好奇多问。此阶段幼儿的艺术活动多是有主题的，在主题的范围内充分发挥想象力，自我表现力增强，对于事物的大小、轻重和质感等属性有了更为深刻的感知觉，色彩意识和空间造型意识开始形成，幼儿开始独立思考，主动表现、主观表达，内容丰富，形式多样。[1]

【问题建议】

1．重视对幼儿创造力与表现力的培养

许多家长觉得创造力与表现力只存在于艺术领域之中，而实际上，创造与表现时刻伴随着幼儿的学习与发展，更是现代社会最需要的人才品质之一。[2]幼儿看待、思考世界的独特方式，更有利于创造性思维的生成和表现能力的激发。因此，我们应珍视幼儿独特的想法，鼓励幼儿进行与他人不一样的，遵从内心实际想法的艺术表现，重视其创造力与表现力的培养，而不是让他牺牲自主想法，泯然于众人。

2．为幼儿创设丰富的艺术创造环境

幼儿创造力的发展需要适宜的环境，这种环境又包括了心理环境与物质环境。

首先家长要提供放松愉快的心理环境，让幼儿能创造、敢创造、会创造。如：幼儿拿来了一幅自己的画作，我们可能一时间不了解其中的含义，那么可以让幼儿来解释他的画作，同时我们可以提出疑问。当幼儿介绍人物的时候，我们可以问一问人物的性格、爱好，让幼儿更多地思考想象；当幼儿提出了疑问时，我们不一定要直接给出答案，可以先请幼儿猜一猜问题的答案，问问幼儿为什么会得出这个答案。幼儿问到科学类的问题时，我们可以让幼儿带着问题做实验，从动手动脑中自己获得答案。在日常生活中，当幼儿大胆表现与创造时，家长应及时给予肯定及具体的表扬，如：表扬幼儿大胆表现的精神、独特的想法、对材料的创意运用、对艺术作品的独特表达等。这样的肯定既激发了幼儿进

1 邓立海．论 3—6 岁幼儿在绘画活动中的创造力培养［J］．文教资料，2016（16）：77-78.
2 刘翠翠，张景焕．让家庭成为培养幼儿创造力的绿洲［J］．中华家教，2006（3）：4-7.

一步表现创造的兴趣，也提供了具体有针对性的指导。

其次要为幼儿提供合适的物质材料，让幼儿可用、会用、多用。有的家长买了昂贵的玩具，发现幼儿玩了两次过后不感兴趣了，这是因为材料自身的封闭性与结构性过高，造成玩法的单一和局限，导致幼儿兴趣缺失。因此要尽量提供低结构、开放的材料，干净、适宜的废旧材料以及沙、石、水等自由材料，让幼儿自由支配、自由使用，玩得更加尽兴、更富创造力。

3. 带幼儿感受多元的艺术表现形式

《3—6岁儿童学习与发展指南》中指出：要尊重游戏和生活的独特价值。幼儿在生活和游戏中学习，对幼儿的艺术教育也应是多样的、有趣味的。生活环境及自然中蕴含着丰富的艺术教育契机和资源，家长要充分利用各种资源进行艺术教育。如：利用闲暇时间带幼儿到公园、植物园里走一走、看一看，让幼儿充分地感受、观察和表达；带幼儿倾听知了的叫声、风卷起地上落叶的声音，观察小雨、中雨、大雨的不同形态，体验用手指、脚丫在沙地划过的感觉……同时，亲子共读多种创作风格的绘本、参观展览、演出等也是进行审美体验的良好方式。优美的图画、摄影作品和肢体动作均能带来视觉享受，辅助建立审美感知，激发幼儿的审美想象，积累意识创造与表现的经验。利用美的、直观的事物来刺激幼儿的兴趣，让幼儿对美有更多的理解，幼儿在创造和表现方面也会有更大的进步。

幼儿纯真、旺盛的创造力、表现力贵如宝藏，让我们好好珍视、呵护，期待孩子熠熠发光的时刻！

◆ 问题四十六：如何评价与解读幼儿的艺术作品？

艺术作品是幼儿传情达意的视觉工具，是内心世界的展现方式，[1]是

1 姚佳琪．用欣赏的眼光看待幼儿作品［J］．成长之路，2012（10）：87.

运用工具把自己的思想、情感、兴趣和对周围事物的认识经过混合、选择和加工、重新组合的成果。[1]评价与解读经常发生于艺术创作的过程中，在一定程度上对幼儿的艺术创造起着激励或抑制的作用。当幼儿兴高采烈地展示与分享自己的作品时，父母们有的激励（“你真棒”“你画得真好”），有的敷衍（“好的，爸爸妈妈看到了”），有的指导（“你应该要这样画，这样画才是对的”），有的批评（“你怎么画得这么难看”）。在如此多的评价方式中，哪种更科学、恰当呢？家长该如何科学地评价与解读幼儿的艺术作品才是最利于幼儿发展的呢？

【问题分析】

1. 幼儿创作的心理发展过程

美国教育心理学家加涅提出信息加工学习理论，认为环境中的信息通过感应器被感受、记录，进入记忆储存，又在一定条件下从短时记忆或长时记忆中被提取，通过效应器表现出来。幼儿的艺术创作过程也遵循信息加工原理，表现为以下四大心理过程：第一，艺术视知觉阶段：幼儿对审美经验表象的视觉获取。第二，艺术感受阶段：幼儿对审美意象的转化与加工。第三，艺术表达创作阶段：幼儿对审美意象的物化。第四，艺术欣赏反思阶段：幼儿对艺术作品全过程的信息反馈。[2]

2. 幼儿知、情、意的特点

幼儿对世界的认知和理解与成人的不同，幼儿的认知经验尚处于积累完善阶段，他们对世界的观察有其独特的视角与看法，而内心情感的表达是幼儿参与艺术作品活动最主要的动机。幼儿的情感是主观的，幼儿创作艺术作品时是在主客体不分、以自我为中心的思维方式之下进行的。他们用朴实的线条，表达了发自心底的强烈情感，用稚拙、朴实的手法表现主观的想象，创造出了具有内在情感的艺术作品，整个作品呈

---

1 赵玉玲 . 浅谈如何评价幼儿的美术作品［J］. 教育实践与研究，2014（8）：29.

2 方美红 . 幼儿绘画创作的心理过程分析及其教育启示［J］. 早期教育，2019（10）：4-6.

现的都是幼儿的感受、印象和直觉。[1][2]幼儿的日常生活经验是幼儿艺术创作的素材来源，他们会将日常生活的场景展现在作品中，结合自身的想象力和创造力，对已有的生活和经验进行加工升华，最后呈现出完整的作品。[3]

3. 评价与解读幼儿艺术作品的意义

在理论层面，成人可以通过探究评价与解读幼儿的艺术作品，发现幼儿艺术作品的内涵与实质，了解幼儿对自创艺术作品的观点和态度，解读幼儿内心的真正意图，领略幼儿的艺术世界，走进幼儿的精神花园。

在实践层面，评价与解读幼儿的艺术作品一方面有助于转变成人对于幼儿可能存在的一些偏差的观念，使家长的教育想法得到改观；另一方面，使成人懂得要蹲下身子倾听幼儿的心声，意识到支持幼儿大胆进行表达，给予幼儿诠释与分享自己作品的机会和逐渐培养幼儿综合素养的重要性，真正做到尊重幼儿，倾听幼儿，了解幼儿。[4]

【问题建议】

1. 科学解读——看懂

（1）了解幼儿艺术作品中的心理发展

幼儿的艺术作品创作不是简单地拼搭涂抹活动，而是一个复杂的心理发展过程。因此，家长在解读幼儿艺术作品时要关注幼儿创作的心理过程，分析幼儿绘画创作的每个心理阶段，如下图中“树”的绘画创作过程。[5]

绘画创作的起点是幼儿从环境中获取审美经验表象，然后将其转化为审美意象。这一过程不是自动化的联结，需要想象与思维的参

---

1 罗忠银 . 浅析 3—4 岁幼儿绘画作品的心理情景［J］. 汉字文化，2018（3）：81.
2 孙林 . 6 岁幼儿绘画中情感表达方式之研究［D］. 南京：南京师范大学，2011.
3 石安妮 . 5—6 岁幼儿对自创绘画作品的解读研究［D］. 南京：南京师范大学，2020.
4 石安妮 . 5—6 岁幼儿对自创绘画作品的解读研究［D］. 南京：南京师范大学，2020.
5 方美红 . 幼儿绘画创作的心理过程分析及其教育启示［J］. 早期教育，2019（10）：5.

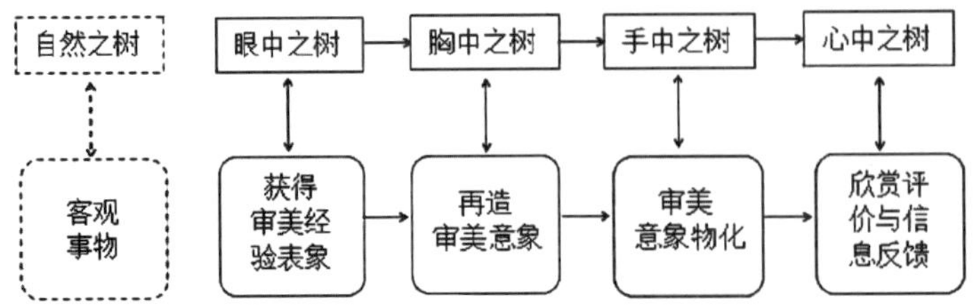

与。通过经验的积累，幼儿在绘画创作阶段表现出多感官通道参与、直觉性和动态生成性的特点。只有全身心地投入和不受束缚地创造，才能够释放情绪和体验愉悦，将反思与强化贯穿整个创作心理过程。[1]因此，家长要格外关注幼儿创作时的身心状态及作品表现出的情绪情感。

（2）尊重幼儿艺术作品中的情感表达

幼儿在艺术创作活动中表现出一种对世界的感性把握，是幼儿心理情感活动的反映。幼儿调动了全部的情感能量，倾注了自身的热情和智慧，使得艺术作品充满了自身的感情色彩。通过幼儿的艺术作品，成人可以感受到幼儿的喜怒哀乐。如：有的幼儿每天画画时都用了黑色，画面中不管什么形象都是黑色的，画面给人很压抑的感觉，通过画面我们能感受到幼儿内心的茫然、无助、不开心，在评价这些画时就要注意心理引导。[2]家长应本着理解的心态去解读幼儿的作品，去发现幼儿画面的特点，鼓励幼儿海阔天空地想象，自由自在地创作。[3]

（3）关注幼儿艺术作品中的认知发展

幼儿在创作艺术作品时，会在不知不觉中融入自己的个人喜好、性格特点和社会文化认知，幼儿融入作品的个人色彩越浓，作品想要表述的内容就越多，幼儿也会更加自信地描述出作品的形象、主题情节和色彩。因此，家长在解读幼儿艺术作品时要建立在幼儿的认知基础上，科学地进行解读。[4]

1 方美红 . 幼儿绘画创作的心理过程分析及其教育启示［J］. 早期教育，2019（10）：4-6.
2 石安妮 . 5—6 岁幼儿对自创绘画作品的解读研究［D］. 南京：南京师范大学，2020.
3 朱俊燕 . 浅谈如何正确评价幼儿的绘画作品［J］. 考试周刊，2019（66）：196.
4 谭毛清 . 引导家长正确评价幼儿的绘画作品［J］. 好家长，2009（Z1）：80.

（4）体会幼儿艺术作品中的生活表现

幼儿根据自己的生活体验确定创作主题，自由地把所想到的或经历的事情用创作的形式表示出来。所以，在解读幼儿的艺术作品时我们应注重幼儿的经验。如：有的幼儿看到新闻里有地方地震了，房子都倒了，他会想到给地震灾区的人们设计一座房子，房子外面有一个保护罩，这样地震时房子就倒不掉了。这就是幼儿结合自己的经验和想象力创作出来的，是他内心深处的表达。善于观察生活环境的幼儿，能够赋予作品更多意义。[1]

2. 尊重鼓励——激发

《3—6岁儿童学习与发展指南》指出："成人应对幼儿的艺术表现给予充分的理解和尊重，不能用自己的审美标准去评判幼儿。"因此，在评价幼儿作品时，我们要尊重幼儿，不要急于对幼儿的作品作出好或坏的评价，不以成人的审美标准来衡量，而应该站在幼儿的思维角度去看，倾听幼儿的想法，发现幼儿的独特视角和想象，真正地走进幼儿五彩斑斓的童画世界。[2]

（1）以幼儿为主

家长在评价幼儿作品时应放下自身对幼儿创作的期待，从幼儿现有水平和已有经验出发，以幼儿为主体，以爱幼儿、尊重幼儿为出发点，从幼儿的角度着眼于作品的童趣，尊重幼儿的年龄特征，尊重幼儿的稚拙表现，尊重幼儿的奇思妙想，尊重幼儿的真情实感，站在幼儿的角度作出恰当的评价。[3][4]

（2）鼓励、赞赏

以鼓励、赞赏的方式评价幼儿作品，以欣赏的目光注视幼儿，用积极的态度激励幼儿。在评价幼儿绘画作品时，要尊重幼儿的绘画特点，只要是幼儿能够解释的作品都应给予肯定，凡是能够体现出幼儿的创作思想、纯真天性、大胆手笔、积极情感的作品，即使其中只有一个细小

---

1 任金萍．妙"点"童"画"——透视幼儿绘画作品［J］．家教世界，2015（6）：36-37.
2 琳瑞容．如何评价幼儿的美术作品［J］．新课程学习，2010（11）：162.
3 谭毛清．引导家长正确评价幼儿的绘画作品［J］．好家长，2009（Z1）：80.
4 王琳．浅谈如何评价幼儿美术作品［J］．读与写，2017（5）：270.

的闪光点，也可以认为是好作品而给予赞赏。对于作品中需要改进的地方，应当引导幼儿自我总结、反思得出，而不是成人强行介入。

成人对幼儿作品的解读与评价，是借用幼儿的“天真之眼”看世界的过程。基于成人视角的解读与评价是不科学的、不适宜的、不公平的。因此，基于幼儿本位的作品分析是必要且重要的。

◆ 问题四十七：如何引导幼儿大胆地进行艺术表现?

幼儿艺术表现与创造的过程是在感受与体验的基础上表达自己对世界认识的过程，是幼儿的另一种语言，是“自由表达”，是“创造性表达”。幼儿借助艺术可以充分施展自己的想象力，发挥自己的创造才能。当前的部分艺术教育，过分强调艺术技巧、艺术结果，忽略幼儿自由、大胆、创造性地进行艺术表现的愿望，扼杀幼儿的想象力与创造力，让幼儿不能表现、不敢表现、不会表现。那么，哪些因素会影响幼儿的艺术表现，怎样在艺术活动中让幼儿进行大胆表现呢?

【问题分析】

1．个性特征

幼儿的艺术表现受到个性特征的显著影响。幼儿个性的分类，可以基于五个维度，被称为“五大人格”——开放型、责任型、外向型、宜人型和神经质型。幼儿可能是其中某一人格的典型，也可能是其中几种人格的混合型。其中开放型的幼儿乐于进行艺术表现，并有较好的表现能力；责任型的幼儿不排斥进行艺术表现，并能为之努力。外向型的幼儿会主动进行艺术表现，虽然有时准备不完善，但他们始终相信自己是最棒的，并有想展示给别人的愿望和冲动。宜人型的幼儿一般不会主动要求进行艺术表现，而是等他人要求时才会进行。神经质型的幼儿比较排斥不成功的艺术表现，更会因此产生不良情绪。[1]因此，我们进行幼儿艺术表现培养的前提是养成幼儿良好的个性品质。

2. 兴趣爱好

在相同条件下，幼儿更多次数、更长时间的注意趋势，我们称之为兴趣。俗话说，兴趣是最好的老师。兴趣是幼儿进行操作与学习的重要内在驱动力，是幼儿自我发展的重要影响因素。因此，当幼儿对某种操作、行为或物体感兴趣，意味着他可以花更长的时间专注于此，以获得更多的积极体验。反之，幼儿没有兴趣则会不屑一顾，或无法专注，并且有体验性不佳的表现。因此，我们进行幼儿艺术表现培养的关键是，激发幼儿对艺术活动的兴趣。

3. 环境因素

幼儿生活在不同的环境中，与环境中的各种要素发生着互动，相互影响、相互改造。幼儿作为主体，积极且主动地对环境进行探索、操作和控制，通过自己的活动来获取各种经验。[2]幼儿与环境互动的质量一定程度上决定着幼儿在环境中的学习与发展情况。在物质环境中，材料丰富、刺激多元的环境比材料单一、枯燥乏味的环境更有利于幼儿的发展，也更能刺激幼儿的艺术表现；在精神环境中，轻松愉快的心理氛围比紧张压抑的心理环境更有利于幼儿的发展，也更能鼓励幼儿的艺术表现。

4. 表现经验

模仿学习是幼儿阶段学习和经验积累的重要方式，也是幼儿成长的重要途径。艺术的本质是创造，而创造则需要一定的生理和心理基础。幼儿的想象能力可谓是天马行空、丰富多彩的，但是幼儿们的创新能力与实践能力普遍较低。[3]一旦幼儿缺乏充分的基础认知、生活经验与实践能力，就无法进行艺术创作，更遑论艺术表现，就像刚出生的小婴儿是不会随手画出一个圆圈，并给你展示他的作品一样。因此，在幼儿艺术教育的过程中我们要给幼儿提供基本的表现经验，并引导幼儿模仿学

1　刘金花．儿童发展心理学［M］．上海：华东师范大学出版社，2013：690–691.

2　董晶．幼儿园学习环境创设中幼儿参与的研究［D］．重庆：西南大学，2015.

3　刘光慧．艺术教育活动中幼儿“模仿学习”的价值［J］．学生・家长・社会：学校教育，2020（2）：220.

习，提升艺术表现力。

5．评价关注

评价的目的就在于激发幼儿的兴趣和积极性，使幼儿感受到自己的进步，发现自己的能力和才干，让幼儿体验到成功的快乐，从而促进幼儿的发展。[1]幼儿阶段，自我意识正处于发展期，幼儿的自我评价往往缺乏独立性，更依赖于他人，特别是他们眼中权威成人的评价。因此，家长对于幼儿艺术表现的评价将对幼儿的自我评价产生直接影响，从而关联到幼儿的自尊心、自信心以及下一阶段的发展方向。为鼓励幼儿大胆进行艺术表现，提升艺术创作和表现的能力，家长应当注重评价的重要作用，充分发挥评价的正能量，提高幼儿发现美、表现美、创造美的能力。

【问题建议】

1．养成良好的个性，让幼儿爱表现

幼儿在生命的最初时间都是在家庭中，由家人陪伴度过的。在家庭中，他们开展生活活动、进行人际交往、发展自身个性。因此，家庭是幼儿的个性实现社会化的主要场所。[2]研究表明，早期幼儿与父母家人的互动、亲子关系的质量对幼儿日后的个性发展有着重要影响。父母的教养方式、家庭结构等都会对幼儿的个性养成产生作用。

为养成幼儿良好的个性，首先家长应采取科学的教养方式。一是应对幼儿的成长投入足够的关注和爱，以尊重的态度耐心倾听幼儿的想法，鼓励幼儿参与家庭决策，让幼儿形成独立、自主、自信的品质与能力；二是对幼儿的行为进行合理的限制，设置科学恰当的发展目标，并能一贯地、一致地坚持要求幼儿执行这些目标，做到宽严相济，严慈并行，既是民主的、耐心的、充满关爱的，又是理性的、严格的、促其独立的。

其次，建构稳定和谐的家庭关系。随着社会的发展，三代同堂的家

1　沈伟玉．利用多元评价提高幼儿的艺术表现力——经典阅读《龟兔赛跑》教学解析［J］．科学大众：科学教育，2014（4）：91.

2　刘金花．儿童发展心理学［M］．上海：华东师范大学出版社，2013：716.

庭数量减少，核心家庭数量增加，并且特殊家庭（离婚、重组等）数量有所增加。有研究表明，离异家庭的幼儿其智力、社会性等方面的发展相较完整家庭的幼儿显著缓慢。[1]因此，家长应努力保持和谐稳定的夫妻关系、亲属关系等，形成外部坚实牢固、内部和谐温馨的家庭环境，帮助幼儿养成良好个性，形成情感丰富、自信、从容的品质。

2. 激发有益的兴趣，让幼儿想表现

兴趣是最好的老师，幼儿大胆地进行艺术表现，离不开兴趣的驱动。学前期幼儿以直接感知为主要学习方式。因此，越是有趣的、真实的、贴近幼儿生活经验的艺术表现形式，越能引起幼儿的兴趣、探索欲和表现欲。家长可以通过多种适宜的、符合幼儿经验的艺术材料与形式来吸引幼儿大胆进行艺术表现。如：以自然、生活中的材料引导幼儿进行艺术创作；鼓励幼儿用自己的作品或艺术品装饰家庭环境；用实物、图片或文学故事引入知识、建立认知，既丰富了幼儿的艺术表现经验，又激发了幼儿参与表现的兴趣，让幼儿产生“想表现”的兴趣并为之付出努力。

3. 营造适宜的环境支持，让幼儿能表现

幼儿的艺术表现过程是将自己的感知、体验、想象用艺术的手段进行表现、表达的过程，其前提是幼儿对某种事物的特征有所认识和了解，对某一事件有感受和体验，而与环境的互动正是幼儿获得这些经验、体验的主要来源。[2]作为家长，我们需要为幼儿提供丰富适宜的环境，以支持幼儿的艺术表现、幼儿的经验获得与积累。

首先，营造轻松、愉快、自由的艺术表现氛围。一方面，家长应当充分尊重幼儿艺术表现的愿望，不要压制幼儿的表现欲，也不能强迫幼儿进行艺术表现。另一方面，家长应以温和、尊重、耐心的态度，激发幼儿的艺术兴趣，促进其自主进行艺术表现。如：有的家长喜欢在家里来客人的时候让幼儿表演节目，幼儿有时不愿意表演，却被家长强迫。这样会使幼儿对艺术表现形成消极情绪与体验，从而抑制表现愿望。有

1　林崇德．离异家庭子女心理特点［J］．北京师范大学学报，1992（1）：54-61.

2　张丽霞，徐朝晖．《指南》理念下幼儿艺术表现的支持策略——以美术活动为例［J］．江苏理工学院学报，2014，20（5）：101-103.

的家长，因幼儿在家里的墙上乱涂乱画而大发雷霆，勒令幼儿不许搞破坏，这样也会抑制幼儿的艺术表现兴趣与愿望。

其次，为幼儿提供丰富、适宜的艺术材料。并不是只有画笔才能绘画，只有乐器才能演奏，只有在舞台上才能跳舞。材料的拓展带来的是幼儿艺术思维的拓展，家长可以在自然、生活中收集各种各样的材料为幼儿的艺术活动所用，如树枝、石头等，让幼儿在树枝上涂色；家里的锅碗瓢盆、杯盘碗碟都可以是奏响音乐的好材料。自然、生活中的材料不仅环保，也能激发幼儿艺术表现的兴趣，更重要的是让幼儿们感受到艺术创作无处不在，无可不用。

再次，帮助幼儿积累艺术经验，拓展艺术思维。一是带领幼儿扎根生活，感受生活之美。在我们的生活中有太多美的元素可以让幼儿欣赏。如：商场一年四季不断更换的橱窗，每一季都会传递最新的时尚元素，可让幼儿感受服装色彩搭配的艺术；装修别致的咖啡店，每一家都有自己的主题和风格，可让幼儿感受室内设计的美；城市中不断崛起的高楼大厦，可让幼儿感受到建筑硬朗的美。二是带领幼儿探秘自然，感受自然之美。幼儿天生就属于自然，家长可以经常带着幼儿走出室内，走到户外，感受自然的风景美、生命美、色彩美。如：池塘、河流、湖泊、海洋的波光粼粼；丘陵、高山的层峦叠嶂；一年四季不同颜色的花园、草坪；自由自在的鱼儿、任意翱翔的飞鸟，等等。这些都可以成为幼儿们欣赏的对象。走近自然的幼儿会发现，树叶不只是绿色的，还有深绿、浅绿、墨绿、嫩绿，秋天还会变黄、变红。三是带领幼儿走近大师，感受大师作品之美。大师的艺术作品经过岁月沉淀，是值得反复欣赏、品味的经典。家长可以根据幼儿的年龄特点和发展水平，挑选适宜的大师作品、展览让幼儿感受。

4. 提供成功的榜样示范，让幼儿会表现

良好的榜样示范，能帮助幼儿强化艺术认知、启发艺术创造、激励艺术表现。在家庭教育中，家长可以以自己的言行为榜样，也可以以名人名家为榜样，也可以以任何具有教育意义和价值的人士为榜样。但想将榜样的作用正确、有效地发挥，需要注意几个原则。科学健康的示范：榜样一定要以科学的艺术技巧、艺术能力和健康的艺术态度、艺术思想、艺术内容为前提，才能对幼儿形成良好的引导。想象创造的激励：榜样的树立不仅不能限制幼儿的艺术创造，更要激发幼儿的创造与想象。如：幼儿喜欢音乐，爸爸妈妈可以尝试用不同的材料在幼儿面前敲击出不同的节奏，或跟着不同的音乐打节拍，鼓励幼儿参与、创造和表现。[1]

5. 进行科学的多元评价，让幼儿敢表现

评价的目的就在于激发幼儿艺术表现的兴趣和积极性，使幼儿感受到自己的进步，发现自己的能力和才干，让幼儿体验到成功的快乐，从而促进幼儿的发展。家长要学会适用、善用、巧用评价，达到激发幼儿艺术表现兴趣，提升幼儿艺术表现能力的作用。[2]

首先，家长应以尊重、耐心的态度对待幼儿的艺术表现。不应以成人的视觉方位、知识经验、审美情趣来评估幼儿的作品，而应从幼儿艺术发展的特点出发，了解幼儿，尊重幼儿，聆听幼儿的想法。

其次，家长应关注幼儿艺术表现的过程，而非结果。艺术是幼儿表达思想和情感的一种方式。家长应对幼儿在艺术表现过程中的努力程度、投入程度给予关注，对幼儿通过艺术形式想要表达的想法和情感进行了解和尊重，对幼儿的想象与创造的发挥给予肯定，而不必过分拘泥于艺术表现结果的好坏，更不要随意将幼儿的艺术作品与他人的进行比较。

再次，巧妙运用多种评价方式对幼儿的艺术表现进行评价。家长在评价的同时，可以鼓励幼儿对自己的艺术表现进行自主评价，也可以让幼儿邀请他的小伙伴对艺术表现进行评价。在评价中，除了笼统的词语表述外，更要引导幼儿进行具体的描述。如：幼儿对自己艺术表现的评价是“好”，我们就要引导幼儿说出好在哪里。在接受多次的积极评价后，幼儿自然就敢表现了。

引导幼儿大胆进行艺术表现，需要家长从幼儿的个性特征、兴趣爱好、生活环境、已有经验、评价关注等多方面因素进行考虑，才能使幼儿在艺术活动中爱表现、想表现、敢表现、会表现。

1　左晓玲，秦旭芳．如何提升幼儿艺术表现力［J］．家庭教育：幼儿版，2015（9）：26–27.

2　沈伟玉．利用多元评价提高幼儿的艺术表现力——经典阅读《龟兔赛跑》教学解析［J］．科学大众：科学教育，2014（4）：91.

六、入学准备家庭教育问题与指导

入学准备，是指幼儿具备能够适应小学的物质、人文环境，满足小学生活、学习等活动要求的良好身体、心理状态，包括身心、生活、社会、学习四个方面，是0—6岁整个学前阶段幼儿的发展任务之一。入学准备情况，直接关系到幼儿在学前阶段的全面健康发展，深刻影响着幼儿从幼儿园到小学全方位的过渡情况，从而关系到幼儿入学后的身心状态与学业发展，对幼儿的生命长远发展发挥着重要作用。

因此，家长应当科学、全面地认识和了解入学准备，明确入学准备对于幼儿现有发展和终身学习的重要价值，克服认为入学准备仅仅是5—6岁时期教育内容的观点；切忌片面地将入学准备看作是拼音、算数、英语、艺术等学科知识的准备；不能将入学准备当作幼儿园的一家之责，应当重视发挥家庭教育在入学准备中的重要作用，更应与幼儿园、小学以及其他社会教育机构、组织协同合作，为幼儿入学做好充分准备。

◆ 问题四十八：各年龄段适宜开展的体育运动有哪些？

幼儿体育运动，是幼儿教育的重要组成部分，其根据幼儿的身心发展特点，以适当的身体练习和卫生保健措施为手段，达到锻炼幼儿身体，增强幼儿体质，培养幼儿运动兴趣与习惯，使幼儿形成机智、勇敢、遵守纪律等优良品德和活泼开朗的意志品质的目的。[1]但是许多家长对幼儿身体结构发展的规律和需求不甚明了，认为随意地玩就是体育运动，出汗就是体育运动，跑一跑、跳一跳就是体育运动。究竟什么活动能达到体育锻炼的目的？家长又该如何进行指导呢？

1 苏珊珊．幼儿体育游戏活动指导浅谈［J］．新课程（综合版），2019（10）：23.

【问题分析】

1. 幼儿体育运动的价值

（1）增强幼儿体质

开展适合幼儿生理特点的户外体育活动，能提高幼儿基本活动能力和运动技能，提高幼儿身体的适应能力、抗病能力，达到锻炼身体、增强体质的目的。

（2）养成幼儿良好的情绪

动作的发展可以使幼儿获得丰富的感官刺激，加快大脑髓鞘化的过程，使神经系统能综合调节情绪，使人心情愉快、精神振奋，产生良好的情绪体验。

（3）培养幼儿良好的性格

在活动过程中，幼儿往往需要克服心理上恐惧的障碍，需要有克服种种困难的勇气。这样随之而来的是自信心和成就感的增强。通过身体运动还可以舒展身体，放松身心。所以，良好的体育活动有利于幼儿良好性格的形成，对健康人格的培养是十分重要的。

2. 体育运动的核心经验

（1）身体控制和平衡能力

身体控制和平衡能力是维持身体姿势、运动的基本前提。身体控制指的是控制身体在空间的位置以达到稳定性和方向性的目的。而身体控制的稳定性，被称为平衡，是指身体所处的运动姿态在其运动或受到外力作用的状态下，可以自主调节并维持姿势稳定的一种能力，[1]包括窄道移动、旋转、闭目行走、滚动、悬垂等活动内容。学前阶段是身体控制和平衡能力学习与发展的重要阶段，有助于提高幼儿的生活适应能力，促进幼儿感知觉系统和运动系统的发展，培养幼儿坚强勇敢的品质，促进认知发展。[2]

---

1 柳倩，周念丽，等．学前儿童健康学习与发展核心经验［M］．南京：南京师范大学出版社，2022：17.

2 柳倩，周念丽，等．学前儿童健康学习与发展核心经验［M］．南京：南京师范大学出版社，2022：29–31.

表 2-2 幼儿身体控制和平衡能力核心经验

	小班	中班	大班
窄道移动	1. 能够在两条相距25厘米的平行线中间走。 2. 能够在离地面15—20厘米高的斜坡上走上、走下。	1. 能够在两条相距15—20厘米的平行线中间走。 2. 能够在离地面20—30厘米高、宽15—20厘米的平衡木上走。 3. 走路头正、体直、立腰、身体不晃动，步伐均匀，手臂配合协调。	1. 能够在间隔物体（砖、木板、硬纸等）上走。 2. 能够在离地面30—40厘米高、宽15—20厘米的平衡木上变换手臂动作。 3. 走时步幅小，摆腿低，单腿支撑时间短，上体直，眼往下看，双臂自然摆动或侧举，并步走和两脚交替向前走，精神不紧张，注意力集中，动作放松，跑步时步幅小、频率高，支撑腿弯曲较大，上体较直。
旋转	1. 双脚踏步旋转，原地踏步，边踏边转，上体正直，以双脚为轴旋转。 2. 右脚向左脚左侧踏，着地后以两脚前脚掌为轴转动180度，上体要直，转动要快，双臂自然摆动。	1. 能原地自转3圈不跌倒。 2. 双脚踏前旋转，原地踏步，边踏边转，上体正直，双脚依次为轴旋转，右脚向左脚左侧踏，着地后两脚以前脚掌为轴转动180度，然后再反而为之，转动时上体要直，转动要快，双臂自然转动。	能两臂侧平举、闭目、起踵自转5圈，不跌倒。

（续表）

	小　班	中　班	大　班
闭目行走	对准目标后闭目，身正、颈直、脚正、步小，向目标走去。	能闭目向前走5—10步，不跌倒。	原地转圈后，能闭目向前走5—10步，不跌倒。
滚动	身体挺直，双手放于身体两侧，靠腰和腿的转动使身体滚动。	直体滚动，身体挺直，双臂胸前交叉或放于体侧，依靠腰和腿的转动使身体滚动。	直体滚动，身体挺直，双臂举过头顶，依靠腰和腿的转动使身体滚动。
悬挂	双手悬挂。	双手单杆向前移动。	双手双杆向前移动和杆上翻转。

（2）身体移动能力

身体移动是一项基本的运动技能，指的是独立和安全地将自己从一处移动到另一处，是身体在空间上移动的技能。[1]需要平衡能力、协调能力、力量、耐力、敏捷度等身体素质作为基础，[2]包括走、跑、跳跃、攀和钻爬等内容。[3]学前阶段是幼儿身体移动能力学习与发展的重要阶段，这些能力是幼儿必须具备的基本身体活动能力，是未来运动技能发展的基础，有助于减少感知障碍，促进幼儿的感知觉发展，拓展幼儿自主活动与探索的空间，促进幼儿认知社会性发展，进而建立自我概念，产生社会交往。[4]

1　柳倩，周念丽，等．学前儿童健康学习与发展核心经验［M］．南京：南京师范大学出版社，2022：77.

2　柳倩，周念丽，等．学前儿童健康学习与发展核心经验［M］．南京：南京师范大学出版社，2022：78.

3　柳倩，周念丽，等．学前儿童健康学习与发展核心经验［M］．南京：南京师范大学出版社，2022：96-110.

4　柳倩，周念丽，等．学前儿童健康学习与发展核心经验［M］．南京：南京师范大学出版社，2022：82-84.

表 2-3　幼儿身体移动能力的核心经验

小　班	中　班	大　班
1. 能沿地面直线或在窄的低矮物体上走一段距离。 2. 能双脚灵活交替上下楼梯。 3. 能身体平稳地双脚连续向前跳。 4. 四散跑时能躲避他人的碰撞。 5. 能单脚连续向前跳2米左右。 6. 能快跑15米左右。 7. 能行走1公里左右（途中可适当停歇）。	1. 能在较窄的低矮物体上平稳地走一段距离。 2. 能以匍匐、膝盖悬空等方式钻爬。 3. 能助跑跨跳过一定距离，或助跑跳过一定高度。 4. 能与他人玩追逐、躲闪跑的游戏。 5. 能单脚连续向前跳5米左右。 6. 能快跑20米左右。 7. 能连续行走1.5公里左右（途中可以适当停歇）。	1. 能在斜坡、荡桥和有一定间隔的物体上较平稳地行走。 2. 能以手脚并用的方式安全地攀爬架、攀爬网等。 3. 能躲避他人滚过来的球或扔过来的沙包。 4. 能单脚连续向前跳8米左右。 5. 能快跑25米左右。 6. 能连续行走1.5公里以上（途中可适当停歇）。

（3）器械（具）操控能力

器械（具）操控能力是基本运动技能的核心，指操纵或控制物体的能力，包括投掷、接、拍、击打物体，运球，滚球，踢球，空中截击的能力。具体是指个体用拍、投、抛、接、踢、击、顶、踩、踏等各种方式作用于各种目标物体，并有意识地使之在位置、方向、速度、状态等方面发生改变的运动能力。[1]器械（具）操控活动可以进一步提高幼儿的动作水平与身体素质，有利于促进幼儿认知发展、社会性发展与良好个性的形成。可以帮助幼儿习得更多日常生活技能，并为特殊儿童提供一定程度的矫治帮助。[2]

1　柳倩，周念丽，等. 学前儿童健康学习与发展核心经验［M］. 南京：南京师范大学出版社，2022：145-146.

2　柳倩，周念丽，等. 学前儿童健康学习与发展核心经验［M］. 南京：南京师范大学出版社，2022：152-155.

表 2-4　幼儿器械（具）操控能力的核心经验

		小　班	中　班	大　班
滚接球		互相滚接大皮球。	互相滚球（其他物品）。	互相滚球（其他物品）。
抛接球			自抛自接低球、高球（头以下为低球，头以上为高球），两人近距离用双手相互抛接大皮球。	两人相距2—4米抛接大皮球。
肩投	投远	自然地往前上方或远处挥臂投物。	练习肩上挥臂投物（投低标、小皮球）。	肩上挥臂投远。
肩投	投准			肩上挥臂投准（距离3米左右，标靶直径60厘米左右），投篮，击活动的“靶”。
投篮	原地		原地一定距离的投篮。	原地较远距离的投篮。
	行进间			一定距离的行进间投篮。

3．幼儿动作发展的规律

（1）从整体到局部

幼儿最初的动作是全身性的、笼统的、散漫的，以后才会逐步分化为局部的、准确的、专门化的动作。

（2）首尾规律

婴儿最早的动作发生在头部，其次是躯干，最后是下肢。记忆小口诀：二抬四翻六会坐，七滚八爬周会走。

（3）从中央部位动作到边缘部位动作

幼儿这一动作的发展规律表现为先从头部和躯干开始，然后发展双臂和腿的动作，最后才发展手的动作。

（4）从粗大动作到精细动作

婴儿首先出现的是大肌肉动作，如头部动作，之后才是灵巧的小肌肉动作，以及精准的视觉动作，如描圆圈、系鞋带、扣纽扣等。

（5）从无意识动作到有意识动作

婴儿最初的动作是无意识的，之后越来越多地受到心理有意识的支配。

4. 各年龄段幼儿身体发展特点

（1）小班

幼儿基本掌握了走、跑、跳、爬、攀登等基本动作，并在体育活动中发展起运动能力，学会了更为复杂的动作技能。幼儿对教师有很强烈的依恋感情，并向往得到教师的赞赏和认可。基于小班幼儿思维的特点，教师在教育过程中应该坚持正面教育，对幼儿提出具体要求。

（2）中班

幼儿在运动的速度、灵活性和稳定性方面已经有了提高。精细动作进入了发展最快的时期，动作协调性增加。表现在快走、跳跃、攀爬、翻跟头、停步等。全身运动时，身体各部位都能较好地协调活动。基于中班幼儿思维的特点，教师在教育过程中应该提供具体直观的器材，对幼儿提出有效的要求。

（3）大班

随着年龄的增长，幼儿的动作开始变得协调和稳定，基本掌握了主要的全身运动。会把几个运动要素整合为一个活动，并能做一些复杂的动作，如跳绳、翻单杠、爬树等，能熟练地听各种口令和信号作出相应的动作，能灵活地躲、闪、跑、越障碍跑，会肩上投掷，能探索绳、圈、棒的多种玩法，体验一物多玩的乐趣。基于大班幼儿思维的特点，教师在教育过程中应该引导幼儿更具有目的性、自主性、主动性。[1]

1　陈先珍，于冬青．家长参与幼儿园教学活动的现状调查与对策分析［J］．幼儿教育（教育科学版），2007（10）：50–53.

【问题建议】

1. 知悉基本动作的锻炼价值

走：增强腿部力量和肌肉耐力，发展平衡能力和身体的协调性。

跑：增强腿部力量，发展速度、敏捷度。增强心肺功能。

跳：增强腿部力量，发展弹跳能力与肌肉耐力。具有一定的爆发力。

投掷：增强手臂的力量以及躯干的力量与稳定性。具有一定的爆发力。

攀登：增强四肢的肌肉力量，发展平衡能力与四肢的协调性和灵活性。

钻：增强腿部力量，发展身体的柔韧性与平衡能力。动作灵活且协调。

爬：增强四肢与躯干力量，发展身体的协调能力。动作稳定且协调。

平衡：增强腿部力量，发展身体的平衡能力以及身体的控制力。

2. 明确各年龄段幼儿适宜开展的体育运动

在促进幼儿运动能力发展的过程中，家长不仅要对其发展的科学规律有一定认识，还要提供充分的时间、空间，让幼儿获得充分的体验与练习，更要安排科学、适宜的动作练习以及结构性的体育活动。

表 2-5　各年龄段幼儿适宜开展的体育运动

运动年龄段	小　班	中　班	大　班
走	1. 正且直地走。 2. 一个跟着一个走。 3. 听信号向指定方向走。	1. 上下肢体协调地走。 2. 听信号有节奏地走。 3. 变速走。	1. 听信号变换方向走。 2. 一对一对整齐地走。

（续表）

运动年龄段	小　班	中　班	大　班
跑	1. 一个跟着一个跑。 2. 听信号向指定方向跑，或沿着规定路线跑，或在指定范围内四散跑。 3. 100米慢跑或跑走交替，或绕障碍物跑。	1. 在一定范围内四散追逐跑。 2. 20米接力跑。 3. 100米到200米慢跑或跑走交替等。	1. 在一定范围内四散追逐跑。 2. 20米接力跑。 3. 100米到200米慢跑或跑走交替等。 4. 听信号变速跑或改变方向跑，四散追逐跑、躲闪跑。 5. 快跑25米，慢跑或跑走交替200米到300米。 6. 在较狭窄的小道上高抬腿跑、大步跑等。
跳	1. 双脚原地向上纵跳。 2. 短距离双脚连续向前跳。	1. 较长距离双脚连续向前跳。 2. 原地纵跳的同时用头触物。 3. 双脚跨跳过一条绳子。 4. 从高处往下跳，原地纵跳用手触物。 5. 立定跳远、单脚连续向前跳、双脚交替跳、助跑跨跳。	1. 行进向前侧跳。 2. 像各方向跳。 3. 转身跳、跳绳、跳皮筋。
投掷	自然地往前上方或远方挥臂掷物。	1. 肩上投掷。 2. 打雪仗、滚球。	1. 转体肩上投掷。 2. 将物体投入目标。 3. 投篮，用圈套小物体。

（续表）

运动年龄段	小　班	中　班	大　班
攀登	1. 攀爬较低的桌椅。 2. 翻越障碍物。	在各种器材上自由攀爬。	1. 在器材上做钻爬动作。 2. 做移位等动作，手脚交替连贯地攀爬、攀登斜坡。
钻	1. 正面钻。 2. 钻过长长的障碍物。	1. 侧面钻。 2. 钻过长长的障碍物。	灵活地钻过拱形门。
爬	1. 双手双膝着地爬。 2. 钻爬过障碍物。 3. 爬越障碍物。 4. 双手双脚着地爬。	1. 双手双脚协调爬行。 2. 爬越障碍物。	1. 协调地爬越障碍物。 2. 不触障碍物爬越。
平衡	1. 走窄道、斜坡。 2. 走平衡木。	1. 窄道行走。 2. 旋转走平衡木。[1]	1. 单脚跳平衡木。 2. 旋转走平衡木、闭目行走。[2]

让我们从今天开始，从现在开始，和幼儿一起运动起来吧。共享游戏快乐，共话运动健康！[1 2]

附：湖南省军区幼儿园亲子体育游戏视频（可扫码观看）

1　张佳欣 . 幼儿体育活动开展的对策研究［J］. 才智，2019（2）：56.
2　夏林佳 . 浅谈如何有效开展幼儿体育运动［J］. 新课程（综合版），2018（3）：17.

◆ 问题四十九：如何培养幼儿的动手能力？

动手能力，有动手操作的意思，可实际含义比动手操作宽泛得多，还有亲身体验、亲自实践等多重内涵。“人有两个宝，双手和大脑。”著名教育学者陶行知先生倡导“手脑并用”理论，提出幼儿要通过自己的眼、手、口，从亲自观察、操作、感知的过程中学得知识，强调手指运动有助于幼儿智力发展。[1]现在大多数幼儿都由父母负责他们的生活，甚至有些幼儿在6岁的时候还不会自己系鞋带，在9岁的时候还不能自己穿衣服，在10岁的时候还要妈妈喂饭等。在这种温室效应下，幼儿可能会恃宠而骄，造成动手能力弱的现象。那么，家长该如何培养幼儿的动手能力呢？

【问题分析】

1. 培养动手能力对幼儿发展的意义

若要心灵手先巧，精细动作要协调。精细动作是指手腕和手指的运动及手眼协调，其内容包括抓、插、刺、夹、剪、缝、倒、捏、掐、拧、撕、揉、捻、敲、拍、叠、绑等。幼儿的精细动作技能不仅与生活技能如穿鞋子、用勺、用筷等息息相关，还与学习技能如画画、书写等存在密切的联系。研究发现，熟练的精细动作技能有利于早期脑结构和功能的成熟，进而促进认知系统的发展。具体表现为：一方面，幼儿在书写、运算等过程中需要手部精细动作的参与，因此良好的精细动作技能是幼儿完成学习任务的前提；另一方面，精细动作中的视觉运动整合技能是幼儿早期识字和数学学习的关键因素，因此精细动作也与幼儿的语言、数学学习息息相关。

1　王建卫. 如何培养幼儿的动手能力［J］. 启迪与智慧（教育），2018（8）：24.

2. 幼儿动手能力较弱的影响因素

（1）家长有重智轻德的倾向

部分家长在幼儿的教育上存在重智轻德的倾向，将智力因素作为幼儿的培养目标，忽略了幼儿的全面发展。

（2）幼儿过于依赖父母的帮助

幼儿园里，在教师的引导和要求下，幼儿的动手和自理能力进步相当迅速；但是回到家中，有的幼儿却很少有自己动手的机会。这是因为：第一，家长怕出意外，放弃让幼儿动手。幼儿年龄小，自护能力差，在动手操作中容易将自己弄伤。有的家长为了防止孩子受到伤害，就自己包办代替，替孩子做好一切。第二，家长怕麻烦，不愿让幼儿动手。幼儿的精细动作尚处于发展当中，动作的协调性、精细程度都远不及成人。有的家长为避免幼儿越动手越糟糕，不让幼儿动手。第三，家长求全责备，幼儿不敢动手。幼儿在动手的过程中，有时会出现手脚慢或质量差的情况。有些家长对此横加指责，不良的教育态度伤害了幼儿的自信心，让幼儿不敢自己动手。第四，幼儿以自我为中心，缺乏动手意识。幼儿自身缺乏动手意识，习惯于依赖家长。而有些家长出于溺爱，或是怕幼儿弄坏东西，把家里弄得一塌糊涂，抑或是由于家长赶时间等不及而幼儿动作又慢吞吞，会出现包办代替的情况，更养成了幼儿以自我为中心的心理。因此，幼儿在家庭环境中极易失去动手机会，养成过分依赖的不良习惯。

【问题建议】

1. 重视幼儿动手能力的培养

现代社会对人才的要求，越来越强调非智力因素的重要性。而非智力因素与智力因素的发展息息相关。如：一个动手能力强的孩子，必然是能够自主探索与独立思考的，其在学业上的潜力不可估量。因此，家长在教育幼儿的过程中，应当改变重知识轻能力的思想，树立多元智能理念，不仅要重视幼儿的知识学习，更要重视幼儿的多方面能力的发展，避免受到不良教育倾向的影响，将幼儿的动手能力教育视为重要的教育内容。

2. 信任幼儿动手实践的能力

幼儿心理学研究表明：幼儿期心理活动的主动性明显增加，凡事喜欢说“我能”“我自己来”，喜欢自己尝试体验。幼儿自己动手实践的过程，是培养独立精神和创新意识的绝佳时期。此时，家长相信、鼓励的态度对于幼儿的发展格外关键。家长应当珍视幼儿的这种独立愿望，把握住时机，注意观察，用言语和行为激发幼儿的主观能动性，对幼儿说“你来试一试”“你一定能成功的”等引导幼儿自主尝试的语言，并把着眼点放在幼儿是否能主动、积极、大胆地操作上，抓住这个关键期，引导幼儿多做力所能及的事，以培养其自理能力。当幼儿信心不足时，父母不要吝啬自己的信任，告诉幼儿：“你能行。”

3. 支持幼儿自主实践的意愿

幼儿如果对父母存在很大的依赖性，事事都依靠父母，即使是自己可以动手做的事情也推脱给父母，就会在心理上产生惰性，难以自觉地动手实践。因此，家长要控制包办代替的冲动，充分放手。在生活中，只要幼儿自己可以做到的事，就让幼儿自己去做；在学习上，也要尽量让幼儿自己完成。在保证安全的前提下，家长要以鼓励和观察为主，不要轻易发表评论或直接介入，要给予幼儿充分的时间与空间，让幼儿自主操作，自由体验、自我内化。与此同时，注重对幼儿动手实践的经验回顾与总结，必要时可亲自示范。如：幼儿尝试自己洗毛巾，但总是洗不干净。此时家长便可介入与幼儿共同探讨毛巾洗不干净的原因，最终发现，将毛巾团成一团洗，很难洗干净，可以将毛巾展开，一部分一部分清洁。

4. 创造幼儿自主实践的机会

日常生活中家长可以给幼儿创造多种实践的机会，既丰富了生活，也提高了幼儿的动手能力。首先，家长可以邀请幼儿参与家务劳动，如叠被子、收拾玩具、整理书桌、准备餐饮等。其次，可以遵循幼儿的兴趣，陪伴幼儿进行折飞机、叠纸鹤、剪窗花等手工活动，一方面可以培养幼儿的合作精神，另一方面也可增进亲子感情。通过动手实践活动，充分调动幼儿的多种感知觉，锻炼手、眼、脑的协调配合，利于幼儿动手能力的迅速发展。再次，为幼儿提供组合性、低结构玩具，激发幼儿自主想象与创造的愿望，尝试运用材料，进行多种形式的创新。

著名的教育家叶圣陶曾说："教育就是培养良好的习惯。"动手能力对幼儿的成长发展十分重要。未来的路要靠他们自己走，未来的生活要靠他们自己去创造。作为家长，应当给予幼儿充分的时间和机会，让幼儿尝试体验、锻炼动手能力，得到全面发展的同时，获得适应未来社会的能力。

◆ 问题五十：如何培养幼儿整理收纳的习惯？

整理收纳，是良好生活习惯的一种，是将周围环境内的物品进行及时、合理地收拾、摆放与存储。良好的整理与收纳习惯不仅是成长和发展的需要，更是幼儿立足社会、适应社会的基石。但是，许多幼儿在家里"饭来张口、衣来伸手"，图书、玩具、衣服等乱扔乱放，所到之处，一片混乱。家长天天跟在后面收拾整理，十分头疼：为什么幼儿不会主动整理收纳呢？家长该如何培养幼儿整理收纳的习惯与能力呢？

【问题分析】

1．生理因素

学前期幼儿处于动作发展的初级阶段，整体动作的协调性，尤其是手部动作的灵活性与协调性仍待完善。因此，在拿取物品时，他们经常会出现"拿一个，碰倒一大片"的情况。并且，由于幼儿以无意注意为主，他们很少在一段游戏时间内只专注于一种材料的使用，而是会根据兴趣，拿取多种类型的材料。所以，就会产生游戏场地混乱无序的情况。

同样，在材料的整理回收过程中，幼儿尤其是动作灵活协调性不足，缺少分类意识与经验的小班幼儿，极容易再次被玩具吸引而中断整理收纳。因此，整理收纳过程耗时长、效率低。

2. 心理因素

（1）缺乏活动兴趣

整理收纳需要在相同的场地内，多次重复来回和动作并须依据一定的标准进行排列并整齐摆放。并且，下次进行游戏活动时次序还会被不断打乱，需要再次重复工作。如果缺乏科学适宜的引导，整理收纳工作将变成一项反复、庞杂、无趣的活动，使幼儿丧失兴趣，进而不愿意参与或容易半途而废。

（2）负面的情感体验

幼儿阶段主要呈现出以自我为中心的行为状态。在未养成自主整理收纳的习惯前，幼儿需要在成人的提醒和引导下才会去做。有些家长对幼儿制造的“混乱”极不耐烦，出现催促、训斥幼儿的情况。而这种支配和束缚的教育方式，会让幼儿对整理收纳产生不良的情绪体验，内心排斥抗拒，因此更加难以主动进行整理。

3. 环境因素

（1）无序的家庭环境

幼儿的生活环境潜移默化地影响幼儿的行为。在有的家庭中，因为家长不重视及时整理收纳，家中物品乱堆，不分类、不整理，环境杂乱无序。幼儿生活在这样的环境中，会将混乱视为平常，将无序视为正常，耳濡目染，自然难以养成整理收纳的习惯。[1]

（2）不适宜的收纳工具

幼儿的身高与臂长有限，而有些家庭的柜子高大纵深，不便于幼儿拿取和放回。这会在一定程度上削弱幼儿整理收纳的意识和热情。

4. 教养方式

（1）轻视整理收纳能力的培养

部分家长教育观念缺乏科学性，又受到“小学化”倾向的影响，侧

---

1 袁霓 . 家庭中幼儿玩具的选购和使用现状调查［D］. 兰州：西北师范大学，2019.

重于幼儿知识技能的培养，认为幼儿的任务就是掌握好知识，为上小学打基础，而整理收纳物品是长大后需要做的事，不需要专门培养。因此，在平时的生活中较少对幼儿进行整理收纳的提醒与引导，导致很多幼儿缺乏主动整理收纳的意识和能力，不想整理更不会整理。[1]

（2）过度包办代替

幼儿是一个家庭的中心，全家数位家长都“服务”于一位幼儿，对幼儿提出的一切要求竭尽全力满足。家长出于怕幼儿做不好、怕幼儿累着、怕幼儿伤着等原因，包办代替幼儿的生活项目，整理收纳更是丝毫不用幼儿自己动手。长此以往，幼儿形成对成人的依赖心理，任何事都想着要家长替自己完成，缺乏整理收纳意识，生活自理能力较差。[2]

【问题建议】

1．激发幼儿整理收纳的内在动力

整理收纳习惯的养成需要激发幼儿的内驱力，让幼儿主动参与、深入投入、获得发展。如若依靠成人一味地从旁提醒和强制要求，将会失去兴趣，丧失自主意识。

（1）整理收纳游戏化，激发幼儿参与兴趣

游戏是幼儿学习的主要方式，将整理收纳的教育活动融入游戏之中，可以有效激发幼儿的参与兴趣，让幼儿获得积极愉快的学习体验，更自主地探索整理收纳的方法并逐渐内化为自觉行为。同时，也能让幼儿意识到整理收纳可以为我们创造一个整洁、有序、美观的家庭环境，让幼儿从中获得积极的情绪体验。如：可以开展“连连看”整理收纳游戏活动，在家中的玩具柜上贴好不同物品的标志，并设计好路线，引导幼儿将玩具按照标志提示，一一对应，放在指定位置，即为完成一个“连连看”。再如：每次幼儿整理收纳完之后，给房间拍一张照片作为记

1　王平．浅谈幼儿整理与收纳能力的培养［J］．试题与研究，2020（35）：80–81.
2　王平．浅谈幼儿整理与收纳能力的培养［J］．试题与研究，2020（35）：80–81.

录，一周回顾一次，看看哪天收拾得最好。[1]

（2）整理收纳规则化，培养幼儿良好习惯

规则是约束和规范行为的重要手段。由于幼儿自我控制能力较差，规则意识较弱，容易出现明知乱放和不整理是不对的，还是忍不住偷懒的现象。因此，家长可以与幼儿共同商议整理收纳的规则，充分发挥幼儿的主体作用，调动幼儿的主动参与性，促进幼儿规则意识的内化。如：家长可以与幼儿共同发现家中图书、玩具等物品的整理收纳存在的问题，针对物品整理的问题同幼儿们一起制定科学、合理的规则，让幼儿感受到一定的成就感。同时，可以与幼儿将规则绘制成幼儿看得懂的提示，放在合适的地方，家长与幼儿共同遵守。这样，在潜移默化的影响下，让幼儿完成从被迫整理收纳，到主动参与的良性过渡，树立自我约束意识和整理收纳意识。

2. 营造整洁的家庭环境并树立良好的榜样示范

家长的整理收纳习惯与家庭环境整洁程度时刻影响着幼儿整理习惯的养成。首先，在家庭生活中，家长要养成整理收纳的习惯，保持整洁舒适的生活环境，与幼儿共同进行整理收纳工作，给予幼儿科学的引导，为幼儿树立良好的榜样。其次，家中的物品存放要遵循“可及可得”的原则，让幼儿看得到、拿得出、放得回。同时，可准备箱子、筐子、篮子等多种收纳工具，方便幼儿进行整理收纳。

3. 信任幼儿的成长潜力

陈鹤琴先生曾说过：“凡是儿童自己能做的，就让他自己做；凡是儿童能自己想的，就让他自己想。”每个幼儿身上都蕴含着整理收纳的无穷潜力，他们会做许多事情，也渴望尝试。家长要充分信任幼儿，敢于放手让幼儿自主去做一切力所能及的事。但是，家长也不能就此成为“甩手掌柜”，应在幼儿遇到困难时给予帮助，在幼儿取得成果时给予表扬，在幼儿丧失信心时给予鼓励。例如，当幼儿把自己的房间收拾得干净整洁时，家长可以鼓励幼儿：“你收拾得真整齐，所有的东西都分类

1　陈丽丽．“收纳小达人”——提升中班幼儿自主整理能力的策略研究［J］．才智，2019（14）：183.

摆放好了。”当幼儿不知该如何整理自己的书包时，家长可以作出示范，并鼓励幼儿：“相信你能整理得比妈妈更好。”

教育专家认为，习惯于承担家务的幼儿，在走向成年的过程中，往往比那些缺乏这种体验和责任感的幼儿更容易适应生活。幼儿从小养成整理收纳的习惯，长大后就不会丢三落四。家长对幼儿进行整理收纳教育，可以培养幼儿的责任心和做事有始有终的态度，以及良好的学习、生活习惯，促进幼儿全面健康发展。

◆ 问题五十一：如何培养幼儿的劳动习惯？

劳动，是通过人有意识的、有目的的自身活动来为自己的生活和需要提供服务的活动。苏联教育家苏霍姆林斯基说过：“儿童高尚的心灵是在劳动中逐渐培养起来的，关键是要使幼儿从小就参加劳动，使劳动成为人的天性和习惯。”然而在实际家庭教育中，出于对幼儿的关爱与保护，抑或是怕幼儿做不好或清理麻烦，很多家长较少让幼儿参与到劳动中来。那么，该如何轻松有效地培养幼儿的劳动习惯呢？

【问题分析】

1．促进幼儿身体发展

劳动对幼儿来说是极为有益的生活实践活动。幼儿在劳动中，通过手、眼、脑同步作用，完成动作，达成任务，提高身体动作的协调性与准确性。一些精细的劳动活动，如擦拭物品、整理玩具、摘菜等，能进一步促进幼儿手部小肌肉的发展。

2．促进幼儿道德发展

劳动可以帮助幼儿建立个体与周围世界的联系，是幼儿开始认识与理解劳动意义和劳动价值的直接方式。幼儿在劳动过程中，通过看、听、感，体会劳动情感、感受劳动的乐趣与艰辛，因而更能理解、尊重劳动人民，珍惜劳动果实。如：家长可以带领幼儿参与捡垃圾的志愿服务活动，幼儿在参与的过程中，可以体会到清洁工叔叔、阿姨的不易，也就不会出现乱丢垃圾的不良行为。因此，幼儿在劳动过程中能形成正确的劳动观念，养成良好的劳动习惯。

3．促进幼儿认知发展

在劳动的过程中，幼儿不仅只有身体在操作，还有潜在的认知在建构。当幼儿的身体与客观世界建立有效的改造性联系时，劳动便得以产生。[1]如：幼儿在家中开展灰尘清扫劳动时，会发现自己的身高有限，许多高处无法擦到，因此会想到借助工具来帮助劳动。在劳动过程中，幼儿逐渐学会发现问题并通过自主探究来解决问题。因此，劳动是幼儿认知发展的根本动力。

4．促进幼儿社会性发展

劳动是一种包含人、物、环境等社会因素的社会性活动，[2]在劳动过程中，幼儿积极参与、充分融入，与劳动环境真实接触，与一起劳动的同伴、家人进行有效的沟通、分工与合作。在此过程中，幼儿主动表达，并掌握一定的交流、合作的社交技能，从而有效刺激幼儿的社会认知、社会情感和社会技能的形成与发展，实现真正意义上的社会性发展。

【问题建议】

1．树立正确的劳动教育观念

劳动教育是以促进形成劳动价值观和养成劳动素养为目的的教育活动。幼儿劳动教育是一种支持幼儿在亲历实践和动手操作过程中获得劳动知识、技能、意识和情感的活动。陈鹤琴提出：幼儿劳动教育的目的

1　黄英杰，张钊瑜．幼儿劳动教育：价值、实施原则及实践路径［J］．教育与教学研究，2021，35（7）：19–35.

2　胡君进，檀传宝．劳动、劳动集体与劳动教育：重思马卡连柯、苏霍姆林斯基劳动教育思想的内容与特点［J］．国家教育行政学院学报，2018（12）：40–45.

主要是培养幼儿爱劳动和爱劳动人民的感情，学习初步的劳动知识和技能，养成爱劳动的好习惯。因此，作为家长，要正确地认识劳动教育对幼儿的发展价值，提高进行劳动教育必要性的认识，树立正确的教育观念，意识到“大包大揽”的行为，是在剥夺幼儿锻炼的机会，不利于幼儿长远的发展，才能进一步引导幼儿养成良好的劳动习惯。

2. 激发幼儿的劳动兴趣

首先，家长可以结合家庭生活，创设游戏情境，充分调动幼儿参与游戏的兴趣，而不是强行引导幼儿参与劳动。如：开展“今天我当家”的劳动游戏，让幼儿扮演爸爸妈妈，让爸爸妈妈扮演孩子，让幼儿在模仿父母进行劳动的过程中，逐渐形成劳动意识，潜移默化地锻炼幼儿的劳动能力。又如在餐前可说：“马上要吃饭了，今天有几个人吃饭？请小小餐厅服务员数一数并摆放好餐具吧。”以此来引导幼儿主动拿碗筷。使用游戏性、趣味性的情境和语言，让枯燥的劳动变得更有吸引力。

其次，保护幼儿的劳动兴趣。在幼儿劳动过程中，家长应以正面鼓励为主，及时认可、赞扬幼儿的劳动意识和行为，进一步激发幼儿的信心和兴趣；同时应避免不当言行，不说“你不会就不要来捣乱！”“走走走，一边去，不要你来搞！”这一类的话，以避免打击幼儿参与劳动的积极性。

3. 创设适宜的劳动环境

家长要关注劳动过程中场地与设施的安全性与适宜性。一方面要防范隐患，保护幼儿在劳动过程中的安全，如将热水瓶、电源插座、打火机、菜刀等危险物品放置在幼儿接触不到的地方，避免地板过于湿滑导致幼儿摔倒等；同时加强幼儿的安全教育，如告诉幼儿不能攀爬到窗户护栏上，湿手、湿抹布不能接触未断电的电器等。另一方面要准备适合幼儿开展劳动的工具，如小扫帚、小簸箕、小抹布等，保障幼儿劳动活动的顺利开展。

4. 成为良好的劳动榜样

榜样的力量是巨大的，劳动榜样对幼儿正确劳动态度和良好劳动习惯的养成具有重要作用。

首先，家长应重视营造家庭良好的劳动氛围。家庭中对劳动者的尊重、对劳动环境的爱护、对劳动成果的珍视，是对幼儿最好的劳动教育。

其次，家长应注意发挥自身的劳动榜样作用。父母是幼儿的第一任老师，是幼儿模仿学习的首要对象。因此，家长应主动与幼儿共同劳动，一起做家务，一起照料植物，一起进行手工劳作，用自己辛勤的汗水收获劳动果实，在劳动意识、劳动态度、劳动行为、劳动方法上为幼儿树立良好榜样。

人类劳动已然不只是成人的活动，而是一种贯穿人一生的活动。幼儿是人生命的最初生长形态，对幼儿的劳动教育应是符合最初生命状态的教育。让我们从此刻做起，让幼儿从此刻做起，为成为有担当、有责任、有能力的劳动者努力吧！

◆ 问题五十二：如何培养幼儿的安全意识与自我保护能力？

安全意识是在头脑中发出的“危险”的信号，幼儿的安全意识是幼儿对于危险状态的正确理解、辨认、警觉以及戒备的心理状态。安全意识作为幼儿自我保护能力的一个重要方面，不仅涉及幼儿对安全知识的掌握，更包括幼儿选择保证自身安全行为的倾向、信念。[1]随着社会经济的迅速发展和智能化时代的到来，现代幼儿的生活环境越来越复杂多元，由此引发的幼儿安全事故层出不穷。[2]那么，哪些方法可以有效地提高幼儿的安全意识与自我保护能力呢？

1　朱静．幼儿自我保护能力及其培养现状的调查研究［D］．黄石：湖北师范学院，2015.

2　刘馨，成利新，徐莎．幼儿安全意识与自我保护能力的培养［J］．幼儿教育，2021（Z5）：4-6.

【问题分析】

1. 生理因素

幼儿各项机能尚未成熟，各器官功能仍处于完善阶段，运动能力与动作协调性均较弱。同时，幼儿的神经系统尚处于待发育完善状态。因此，面对危险时的反应与自护能力均显不足。如：外出玩耍时，看到迎面跑来一个幼儿，却不能灵活地躲闪而撞在一起。

2. 心理因素

首先，幼儿对外界事物充满好奇与探索的愿望，但他们对危险情景、危险行为的辨别和判断的能力均较弱。如：幼儿最喜欢玩水，常在水边逗留，却意识不到可能存在溺水的危险。其次，幼儿对自己周围事物的感知会受到自身体验感知的影响，因此很容易因沉浸于具体情境而忘记抽象的安全规则。如：在空间方位知觉发展迅速的阶段，孩子喜欢到处钻爬，可能在成人不注意时爬到窗边。再次，幼儿的规则意识以及对自身行为的控制能力也十分有限，这就导致幼儿知道做某件事是危险的，但仍控制不住自己的行为。如：教师和家长反复告诫，手拿工具时不可奔跑打闹，而有的孩子在使用工具时依然说笑打闹，导致扎伤、戳伤。

3. 环境因素

第一，生活环境中存在许多安全隐患，都容易导致安全问题的产生。在家庭环境中可能导致扎伤和戳伤的物品有：剪刀、刀具、针、笔尖、钉子、树枝、筷子、玩具和家具等物品的棱角等。可能导致触电的物品有：电器、插座和老旧漏电的电线等。可能导致中毒的物品有：药品、煤气、干燥剂、有毒花草或霉变的食物等。可能导致着火，烧、烫伤的物品：火柴、打火机、煤气灶、烟花爆竹等。户外活动中可能导致交通事故的车辆：停车场忽然启动的车辆、车速过快的电动车和自行车、后视镜无法看到孩子的大货车等。可能导致咬伤、蜇伤的动物有：猫、狗、蜜蜂、毛毛虫、蜈蚣、蝎子、黄蜂等。可能导致砸伤的高空坠物有：破碎的窗户玻璃、花盆、广告牌等，尤其在大风天应远离。可能导致溺水的场所有：海边、河边及游泳馆等。

第二，成人缺乏适宜的保护，也容易导致幼儿出现安全问题。一是成人安全意识淡薄，缺乏保护幼儿的安全知识与对危险的预见性。如，成人在应该照料幼儿时，做了“低头族”，盯着手机，没有及时关注孩子的状态；再如，成人放任幼儿在井盖、车身后游戏而不加提醒等。二是成人过度保护，对幼儿缺乏必要的安全教育。很多家庭都是多位成人照顾一个幼儿，难免出现过度保护、包办代替，对幼儿行为过度限制等情况，导致幼儿缺乏必要的安全意识和自我保护能力训练，遇事瞻前顾后、缩手缩脚，缺乏应有的安全预见性和判断能力。三是他人导致的危险。现如今许多针对幼儿的犯罪层出不穷，犯罪分子穷凶极恶，防不胜防，导致幼儿受到伤害或走失。[1]

【问题建议】

1. 转变观念，提高安全教育责任意识

（1）提升自身的安全保护意识与能力

幼儿天生活泼好动，自制力差，在生活中需要成人加以保护和引导。家长们要主动学习各类幼儿意外安全防护知识，如海姆立克急救法，烧烫伤、骨折的急救措施等，更要进行实践操作练习。

（2）注重幼儿的安全自护教育

当前，部分家长存在安全教育误区，认为只要保护好幼儿，就能使其免受伤害：一是出于安全考虑，对幼儿的活动范围加以限制，如以安全为名将幼儿“雪藏”在家里，不让幼儿轻易出门。二是“全方位、无死角”地加以保护，如绝不让幼儿接触任何可能造成意外的物品，所有东西都用软装包裹等。三是因过分紧张而阻止幼儿正常的探索行为，如抱幼儿上下楼梯，不让幼儿玩秋千、滑滑梯，不让幼儿玩沙坑，不让幼

1　劳姗姗 . 谈幼儿安全意识的培养［J］. 幼儿与健康，2021（2）：8-10.

儿快跑或爬高等。殊不知，成人只能在一定程度上保护幼儿的安全，过度保护和包办代替会剥夺孩子学习、探索世界的机会，同时导致幼儿过分依赖成人，缺乏自我保护的意识与能力。

因此，家长应当树立“教育”大于“保护”的安全教育意识，并通过有目的的安全教育帮助幼儿学习安全知识，锻炼自护能力。

2. 优化方式，提升安全教育效果

第一，创设情境，引导幼儿学习安全知识与应对策略。幼儿的认知发展规律决定幼儿要在实际体验和具体操作中进行学习才更有效。因此，家长可以通过情景模拟，让幼儿“亲历”险境，与幼儿一起预测安全事件的发生与结果，共同探讨应对策略，提升幼儿对于危险的认识与判断能力，让幼儿掌握自我保护的方法技能。如：让幼儿记住自己的家庭住址、电话号码、父母的姓名和单位，一旦走失时知道要向可靠的成人求助，并能提供必要信息；遇到火灾或其他紧急情况时，知道要拨打110、120、119等求救电话。此外，如何向社会求助去摆脱困境也是幼儿们需要了解掌握的技能。在遇到危险或自身无法解决的困境时，幼儿可以向公安机关、消防机关或电台、报社等新闻平台求助。

第二，结合生活，及时进行安全与自护教育。在日常生活中，对于幼儿不安全的行为和习惯，家长们要及时制止、批评，帮助他们认识到自身行为的危险性并学会辨别情境的安全性。也可以结合动画，故事，书籍如《我不跟你走》《在这里玩安全吗》《保护自己的咒语》等，引导幼儿学习安全知识与自护技能。

第三，以身作则，树立有安全意识与自护能力的榜样。培养幼儿的安全意识和自我保护能力，家长首先要以身作则，言行一致，做孩子的表率。如：不要一边要求幼儿过马路遵守交通规则，一边又因为着急而闯红灯。另外，还可以借助一些幼儿喜爱的动画或者故事中的榜样进行安全教育。如：动画片《汪汪队立大功》中的汪汪队成员们，他们不仅可以保护自己，还能保护别人。

安全重于泰山，幼儿的安全关系着亿万家庭的幸福和祖国的未来。在了解安全意识的概念与如何保障幼儿一日生活的安全和健康成长策略后，请家长们行动起来，为幼儿的成长筑起一道安全长城。

◆ 问题五十三：如何引导幼儿进行良好的人际交往？

人际交往也称人际沟通，是指个体通过一定的语言、文字或肢体动作、表情等表达手段将某种信息传递给其他个体的过程。在当今社会，人际交往能力是十分重要的个人素养，但我们常常会看到这样的场景：有的幼儿与人接触时，胆怯腼腆，呆板拘谨；有的幼儿在幼儿园独来独往、静静发呆，显得很不合群；有的幼儿与人交往时处处逞强，横行霸道，经常出现伤人行为；还有的幼儿被同伴孤立，交往遇冷……如此种种，皆反映出幼儿人际交往能力的不足，家长们对此也深感焦虑。那么，应该如何引导幼儿进行良好的人际交往呢？

【问题分析】

1．生理因素

幼儿的人际交往与同伴关系是通过相互作用表现出来的，是一个从简单到复杂，从不熟悉到熟悉，从低级到高级的发展过程。在幼儿期的三个年龄阶段，呈现出阶段性与发展性的特点。

3—4岁：幼儿刚刚从家庭步入幼儿园，交往能力开始发展。3岁左右的幼儿的认知发展通常以为自我中心，处于独立游戏阶段。因此，冲突是3岁幼儿人际交往中的常事。面对冲突，3—4岁的幼儿通常缺乏处理经验，因此，经常会出现动手伤人或被伤等情况。此时，幼儿的人际关系不稳定，具有随机性，处于懵懂期。

4—5岁：幼儿的认知能力逐步发展，人际交往相对增多，受忽视的幼儿也明显减少。而此时，随着交往范围的不断扩大，幼儿逐渐形成了自身的交往标准，拥有了相对固定的玩伴。同时，在处理人际交往中的冲突方面，有了一定的经验，通常会采取告诉老师或者家长、忍让、原谅等方式。因此，这一年龄段的幼儿的人际关系呈现出以下特点：交往行为趋于稳定，交往对象有明显的指向性，交往形式更加多元化，对消极的社会行为更加敏感，同伴关系处于鲜明的分化期。

5—6岁：大班幼儿对同伴的偏爱程度更加明显，不受欢迎和特别受欢迎的幼儿差异很大。如：几个好伙伴在一起踢足球，别的小朋友参与的话他们就会表现出很不欢迎的态度。同时，这一年龄段的幼儿掌握了更多的人际交往技巧，如：见到陌生同伴愿意主动上前打招呼，通过分享与合作拉近与同伴的距离等。此阶段的幼儿交往已经完全分化，处理人际关系的经验也逐渐丰富，同伴关系相对稳定。

2. 教育因素

生活中，绝大多数家长对幼儿给予了无限的爱心与关怀，有的家长担心幼儿会在人际交往中受到伤害，于是采取了多种保护措施，如：不让幼儿接触比他年龄大的同伴，不让幼儿与同伴合作冒险，一旦幼儿间发生冲突立刻上前主持公道，甚至有的家长将幼儿隔离在家里……这些做法虽然在短期内避免了幼儿在人际交往中的矛盾，但从长远来看，却容易让幼儿在人际交往时产生无所适从、抗拒畏难、唯我独尊、孤僻冷漠等消极态度，不利于幼儿良好人际交往的开展。有的家长过分宠溺幼儿，对其有求必应，忽视了幼儿关心、理解、宽容他人等品质的养成，形成了“唯幼独尊”的家庭人际交往习惯。因此，在与同伴的交往时，幼儿也会表现出将自我感受排在首位的轻视态度，忽略集体或者他人感受。

3. 环境因素

环境于潜移默化中影响幼儿的行为。首先，家长的人际交往态度与行为深刻影响着幼儿。如：家长对人唯唯诺诺，紧张焦虑，幼儿极有可能也会对人际交往产生抗拒情绪；家长待人谦逊和善，温润有礼，幼儿也会学习模仿，主动积极，不卑不亢；家长与人交往斤斤计较，专横霸道，幼儿极有可能也会变成“为我独尊”的小霸王。其次，家庭的整体交往氛围影响幼儿的人际交往能力。如：家庭成员和睦互敬，对幼儿充满关爱，幼儿自然会积极健康，能够主动尝试交往；如果家庭成员间关系剑拔弩张，甚至发生暴力事件，对幼儿动辄斥责、打骂，就会一定程度上影响幼儿的身心健康，不利于幼儿的人际交往。

【问题建议】

1．创造交往机会

家长是幼儿的养育者，更是幼儿发展的支持者。在人际交往中，家长应当为幼儿提供多种交往机会，让幼儿充分体验与人交往的过程，积累交往经验。首先，多带幼儿前往公园、游乐场等同龄人聚集的场所，让幼儿有广泛的机会接触同伴与他人，尝试进行人际交往。其次，充分放手，多鼓励，不限制，让幼儿在自主游戏和活动中自己决定和谁玩。再次，帮助幼儿积累人际交往经验技巧。在出门前可与幼儿共同阅读人际交往方面的绘本，建立初步经验；当幼儿与同伴发生矛盾冲突后，不要立刻否定别人，要与幼儿共同反思，从中汲取经验。

2．支持交往经验

除了交往机会，交往中的经验习得也十分重要。家长有责任帮助幼儿学习人际交往经验技巧。

第一，引导幼儿学会沟通。沟通是交往的前提。在生活中，要鼓励幼儿敢于说出自己的想法，表达内心的感受。当幼儿敢于交流并积累了一定的交流经验时，便可以较为顺畅地开展人际交往。如，当他想玩其他小朋友的玩具时，他就可以从容地表达：“可不可以让我玩玩你的玩具？”而不是粗暴地把玩具从别人手中夺过来。良好的沟通能力可以帮助幼儿拓展交往范围，提升交往质量。

第二，引导幼儿学会友善对待他人。在日常生活中，有些动作是很有攻击性的，如叫喊、皱眉以及紧握拳头等。但是有些动作却是善良友好的，如微笑、拥抱、赞赏等。学前期的幼儿，由于认知能力有限，可能无法适当地表达自己的意思，在与年龄相仿的人交往的时候，会做出一些笨拙甚至是粗暴的举动。此时，父母应多加引导，让幼儿明白亲社会行为会让自己更受欢迎。

第三，引导幼儿学会欣赏他人。当别的小朋友做了件好事的时候，要由衷地赞赏别人。不仅可以通过语言，还可以通过拥抱、牵手之类的友好举动表达对小伙伴的好感。如果一个幼儿能经常地以积极态度来对待别人，他就能获得同伴的接受和善意的反馈。

第四，引导幼儿学会与人分享。不懂分享的幼儿在生活和游戏中很难找到合适的伙伴。父母应首先在日常生活中做出榜样，并创造机会让幼儿尝试，同时对幼儿的日常行为要给予积极的引导，如：当家中烹饪了美味的食物时，可以让幼儿分享给邻居的叔叔阿姨，分享给自己要好的朋友，分享给辛勤工作的清洁工阿姨、交警叔叔等。

第五，引导幼儿学会遵守规则。规则是行为处事的标准。一个不遵守规则的人是无法获得别人的尊重与信任的。家长对幼儿进行规则教育非常重要。在规则培养中，家长首先要促进幼儿对规则的理解。当家长和幼儿一起在家中做游戏的时候，要给幼儿讲清楚游戏的规则，以及大家为什么要遵守。其次，强化规则的原则性。在执行规则的时候要尽量保持一贯和一致，不能因为迁就幼儿而破坏规则，也不能因为时间推移就放弃规则。幼儿一旦养成了遵守规则的好习惯，当他在和别人交往的时候，也就容易用较高的行为准则要求自己，形成良好的人际关系。

作为家长，应注重幼儿人际交往能力的培养，为幼儿创造交往机会，引导幼儿学习交往技巧，支持幼儿积极的交往行为，并以身作则，成为幼儿人际交往的良好榜样。让我们期待幼儿可以获得更多人际交往的良好体验，收获爱与友情。

◆ 问题五十四：如何培养孩子的规则意识？

规则，是运行、运作规律所遵循的法则。规则不是生来就有，而是需要学习的，规则的习得是一个内化的过程。规则意识，是指发自内心的、以规则为自己行动准绳的意识。常言道，没有规矩不成方圆，从古至今，幼儿规则意识的培养一直是中国家庭教育的重要内容。[1]每个家长都希望幼儿乖巧听话，能自觉遵守规则。但很多家长经常感到困惑，明明跟幼儿反复强调规则，幼儿也表示理解了、知道了，但下一次还是依旧违反规则，总是不能自觉守规。那么，为什么幼儿会出现违反规则的情况？家长该如何培养幼儿的规则意识呢？

【问题分析】

1. 年龄特点

学前期幼儿处于生命发展阶段的初期，内部自制机制还没有完全形成，规则意识相对薄弱，因此，幼儿不守规则的现象较为普遍。[2]尤其是3岁左右的幼儿，进入其人生中第一叛逆期，对于家长的话，往往不经过判断和思考，直接以“不”拒绝[3]，常常与规则教育的目标背道而驰。

2. 教育意识

首先，在幼儿成长过程中，部分家长缺乏规则教育意识，没有明确告诉幼儿具体什么行为是对的，什么行为是错的，没有对幼儿进行规则约束，导致幼儿缺乏规则意识，一切随心所欲，无所顾忌。当幼儿出现一些违反规则的行为时，没有引起重视，反而以幼儿年龄小为借口，轻视规则意识的培养，造成后续教育行为难以贯彻。[4]

其次，部分家长虽然有规则教育意识，但对于幼儿规则的教育存在一定的偏差。在向幼儿讲解规则的时候，部分家长往往只是说明或是生硬地强调“不能做”“不可以”，对于为什么不能，如何做是正确的则没有解释。成人说教式的语言表达方式和规则输出，对幼儿来说往往不能

---

1 高志娟 . 家庭中幼儿规则意识培养之初探［J］. 都市家教（下半月），2010（9）：219，221.
2 高志娟 . 家庭中幼儿规则意识培养之初探［J］. 都市家教（下半月），2010（9）：219，221.
3 罗宇佳 . 浅谈幼儿规则意识的培养［J］. 读与写：上旬，2020（2）：21.
4 王艳 . 浅谈学前教育中幼儿规则意识的培养［J］. 成长，2020（9）：171.

理解，更无法内化，形成自觉的规则遵守意识。[1]

3. 环境影响

幼儿正处于模仿能力较强的年纪，不自觉地就会模仿同龄人或者身边成年人的行为，社会公共场所中大量违规行为的出现给幼儿造成了非常恶劣的影响，且大部分违规人员没有受到处罚和社会谴责，这都会导致幼儿形成不良的规则理念意识。[2]而当这些违规行为没被处罚或谴责时，幼儿会误以为这些都是“被允许”的行为，从而对规则形成错误的认知。

【问题建议】

1. 关注幼儿年龄特点，增强规则培养方式的趣味性

《指南》指出，幼儿的社会性主要是在日常生活和游戏中通过观察和模仿，潜移默化地发展起来的。抓住幼儿的年龄特点，在日常生活与游戏中培养规则意识，让幼儿体验遵守规则的乐趣，从而调动其遵守规则的积极性，是进行规则教育的有效途径。因此，家长可利用生活事件、游戏情境，让幼儿亲身体验遵守规则的重要性，加深其对规则的认识，从而将体验内化形成自己的规则意识。如：家长可以和孩子玩“过马路”的游戏，家长扮“路人”，孩子扮“交警”，当“路人”违反过马路规则时，“交警”要指出，“路人”诚恳认错并改正行为，这样扮“交警”的孩子不仅会有成就感，还会对“过马路”的规则认识更加深刻。再如：生活中要频繁运用礼貌用语，家长要鼓励孩子使用礼貌用语，并坚持使用“请”“谢谢”“对不起”“没关系”等礼貌用语进行亲子交流，从而形成使用礼貌用语的规则意识。[3]

2. 从小培养规则意识，重视规则培养的价值

家长是幼儿的第一任教师，家长要正确认识规则意识培养的价值，

---

1 罗宇佳 . 浅谈幼儿规则意识的培养［J］. 读与写：上旬，2020（2）：21.

2 王艳 . 浅谈学前教育中幼儿规则意识的培养［J］. 成长，2020（9）：171.

3 尹坤萍 . 和幼儿一起成长：家庭教育中幼儿规则意识培养的几点建议［J］. 现代企业教育，2012（6）：212–213.

明白遵守规则的意识与能力是幼儿社会化的基础。从小培养幼儿的规则意识，不仅有利于幼儿良好习惯的形成，有利于亲社会行为的形成和保持，有利于适应周围环境并被他人接受和认可，更有利于形成社会认可的价值观，使幼儿终身受益。[1]同时，家长应当了解幼儿规则意识的发展规律，明白违反规则是幼儿期出现的正常现象，当幼儿出现违反规则的行为时，家长要多给予理解和耐心，了解幼儿规则意识形成的核心是规则的内化，要采取循序渐进、循循善诱的教育方式，从幼儿角度出发进行规则教育。

3. 创设良好生活环境，营造规则培养的氛围

《指南》强调，家庭、幼儿园和社会应共同努力，让幼儿在积极健康的人际关系中获得安全感和信任感，发展自尊心和自信心，让幼儿在良好的社会环境及文化的熏陶中学会遵守规则，形成基本的认同感和归属感。创设良好的生活环境，营造充满规则的气氛，能给幼儿积极的心理暗示，和谐的家庭环境、良好的亲子关系能让幼儿保持愉悦的心情，进而获得心理上的安全感，是规则培养的重要条件之一。家长要善于捕捉生活环境中的事例，通过讲故事的形式，让幼儿学会感受他人的情感，懂得体察别人的情绪。如：当幼儿在看电影时不停地发出声音，家长应及时制止幼儿的行为，并通过换位体验法，让幼儿感受自己在专心做事时被人打扰的心情，引导幼儿认识到自身不遵守规则的行为给他人带来的困扰。观看新闻媒体中不守规则的典型案例，与幼儿分析原因，让幼儿产生敬畏规则、遵守规则的意识。如：和幼儿共同观看不遵守交通规则的视频，引导幼儿分析不遵守交通规则带来的危害，进而使幼儿懂得规则不仅是一种约束，也是一种有效的规避风险和自我保护的方式。[2]

4. 讲究教育方式方法，丰富规则培养的策略

针对家庭中幼儿规则意识的培养，家长除了关注幼儿的年龄特点，

---

1 尹坤萍. 和幼儿一起成长：家庭教育中幼儿规则意识培养的几点建议［J］. 现代企业教育，2012（6）：212–213.

2 胡萍. 浅谈幼儿规则意识的培育［J］. 新课程研究，2019（5）：116–117.

重视幼儿的规则培养，创设良好的环境氛围，更要讲究规则教育的方式方法。

（1）长期坚持，确保一贯性

幼儿的规则培养须长期坚持、贯彻落实，规则要求不能朝令夕改，如此，才能使规则意识内化为幼儿自身的行为表现，逐渐形成规则意识。切忌因幼儿哭闹或请求而改变规则要求，从而使幼儿误认为规则是可以随意改变的，在一定程度上降低了家长的话语权威。[1]

（2）榜样示范，保持一致性

每个幼儿都是天生的模仿家，而家长则是幼儿最好的模仿对象。家长应注重自己言行的榜样作用，潜移默化，避免简单生硬的说教。同时，家庭成员之间对幼儿的规则要求应保持一致，否则，可能导致幼儿形成“双重人格”，在不同的人面前表现出不同的行为。[2]

（3）准确精当，具有适宜性

不同年龄的幼儿对规则的理解能力和掌握能力不同，规则培养应随着幼儿年龄的增长而变化。更要关注幼儿的个体差异，循序渐进地根据幼儿心理发展的不同阶段进行规则培养。随着幼儿年龄增长，家长可适当提出更高的要求。为了保证设置界限的可操作性和可持续性，家长应让规则更精简有效。规则太多，显得过于死板，会压抑幼儿的创造性。[3]

（4）幼儿参与，发挥主体性

在规则意识的培养中，幼儿是主体。只有把幼儿培育成规则的发现者、制定者和管理者，才能从根本上提高幼儿的规则意识。[4]家长要充分了解幼儿的兴趣，引导幼儿发现规则，帮助幼儿逐渐清楚规则的意义；同时，让幼儿参与到规则的制定中，倾听幼儿的想法，并给予适当

1　尹坤萍.和幼儿一起成长：家庭教育中幼儿规则意识培养的几点建议［J］.现代企业教育，2012（6）：212-213.

2　尹坤萍.和幼儿一起成长：家庭教育中幼儿规则意识培养的几点建议［J］.现代企业教育，2012（6）：212-213.

3　高志娟.家庭中幼儿规则意识培养之初探［J］.都市家教（下半月），2010（9）：219，221.

4　徐艳，田文慧.家园共育对幼儿规则意识培养的实践研究［J］.新作文·教研版，2018（4）：275-276.

的指导，在此过程中让幼儿感受到被尊重，从而更加自觉，甚至督促他人遵守规则；最后，家长应有意识地提升幼儿的管理能力，成为规则落实的监督员、管理者，维护并遵守规则。如：和幼儿共同制定家规时，先可听听幼儿的想法，家庭哪些地方需要规则；然后，在幼儿想法的基础上加以引导，共同制定家规；最后，与家人互相督促，共同维护家规，形成良好的家风。

少年若天性，习惯之为常。学前期是培养良好规则习惯的关键期。家庭是幼儿的重要生活场所。家长应充分发挥自己的力量，培养幼儿的规则意识，帮助幼儿制定出符合其身心发展水平和规律的规则，积极促进幼儿良好品质、习惯、自身个性和社会性的发展，为促使幼儿成为一个合格的社会人做好准备。[1]

附：湖南省军区幼儿园“儿童视角下规则意识教育活动”视频（扫码即可观看）

◆ 问题五十五：如何在家庭教育中进行幼小科学衔接?

幼小衔接，是幼儿园教育与小学教育的衔接。处于幼儿园与小学阶段的幼儿具有不尽相同的身心发展特征，解决好幼儿园教育与小学教育的衔接问题，对于促进幼儿的可持续发展，提高教育质量都具有重要意

1 高志娟.家庭中幼儿规则意识培养之初探［J］.都市家教（下半月），2010（9）：219，221.

义。近年来，有关科学推进幼小衔接的政策、文件不断出台，幼儿园教育小学化更是被明令禁止。政策大势所趋，家长却很迷茫："幼儿园不教小学内容，幼儿入学后跟不上怎么办？""大家都去学，我的幼儿不学会落于人后。""科学幼小衔接口号响亮，但具体怎么办我们也不知道。"幼小科学衔接的推进不仅要依靠政策指引，家庭教育的指导更是至关重要。下面，我们一起来谈谈家庭教育中幼小科学衔接的开展。

【问题分析】

1．幼小科学衔接的重要意义

幼小科学衔接既在横向上帮助幼儿做好身心全面准备和适应，更在纵向上影响幼儿发展的可持续性，培养有益于幼儿终生发展的习惯与能力。

首先，科学有效的幼小衔接可以帮助幼儿做好身心、生活、社会和学习等全方位的入学准备，更顺利地适应小学生活，促进幼儿身心的全面健康发展。

其次，幼小衔接阶段养成的良好身心素质、生活习惯、社会适应能力、学习品质等，对幼儿的童年乃至一生都会产生深远持久的影响。因此，符合幼儿身心发展的规律、有效的幼小衔接不仅是让幼儿做好入学准备、适应小学生活的过渡阶段，更是一个让幼儿终身受益的可持续性发展过程。

2．幼小衔接阶段幼儿身心发展特征

（1）幼小衔接阶段是幼儿生理发展的旺盛期

幼小科学衔接的核心是要遵循幼儿身心发展规律，开展适宜的衔接教育。作为家长，掌握幼小衔接阶段幼儿的身心发展特点尤为重要。

① 机体技能的发育

学前期幼儿（3—6岁）的身体发育速度虽较3岁之前有所减缓，但从整个生命周期的发展情况来看，发育速度还是非常迅速的。主要表现为新陈代谢旺盛，身高体重持续增长，但也表现出身体机能的不成熟、对外界环境适应能力以及疾病预防和抵抗能力较差。因此，幼小衔接阶

段家长仍须密切注意幼儿身体发育情况，注意保障幼儿的合理膳食、充足休息和卫生保健。

② 大脑皮层的发育

大脑是人体中枢神经的最高部位，是机体活动的主导者，更是思维活动的领导者。幼儿期是大脑迅速生长至基本成熟的时期。到幼儿末期时，大脑的重量就已接近成人的脑重，并且大脑皮质各区都已接近成人水平。大脑的发育是幼儿心理发展、智力发育等的重要基础，为幼儿心理、智力活动迅速发展提供可能。因此，在幼儿阶段，家长应重视对幼儿科学、适宜的教育。

（2）幼小衔接阶段是幼儿心理发展的敏感期

① 幼儿注意力的发展

俄国教育家乌申斯基曾说："注意力是学习的门户。"注意是幼儿认识的开端，不论是在游戏、学习还是劳动中，不论是在感知事物、产生好奇还是思考问题的过程中，注意力都起着引导和组织幼儿行为的作用。而大脑皮层的发育特点和认知水平决定了幼儿的注意力是不稳定、不持久的。新颖的、鲜亮的、活动的、变化的、具体形象的刺激物更容易引起他们的注意，但同时他们的注意力又很容易因为具备这些特征的刺激物而转移。3岁幼儿的注意力可连续集中3—5分钟，4岁幼儿的注意力维持在10分钟左右，5—6岁幼儿的注意力可以集中15分钟左右。因此，此阶段的教育活动要遵循幼儿注意力发展的这一规律，进行适当的引导。

② 幼儿记忆的发展

在幼儿初期，新奇的、有趣的、能引起幼儿注意的、能与其经验连接的刺激物或自然多次重复的刺激物都能使幼儿产生记忆。这些记忆大部分是无意记忆和形象记忆。5—6岁时，幼儿的有意记忆开始明显发展。此时的幼儿不仅可以努力识记和提取自己需要的记忆材料，还能运用一定的方法帮助自己加强记忆。这是幼儿进一步学习系统知识、技能技巧的基础。但此时，幼儿的有意记忆发展仍处于萌芽中，形象记忆仍占据主导地位，直观形象材料的识记比抽象材料更为有效。因此，家长在引导幼儿认知与学习的过程中须结合幼儿记忆的发展开展教育。

③ 幼儿思维的发展

幼儿的思维活动是以直觉行动思维为主。在此阶段，幼儿的思维过程均离不开直接的感知和动作。也就是说，幼儿只有在看到、听到、拿到具体的物体时才能进行思维。与此同时，幼儿的抽象思维能力也在不断发展，他们开始利用直觉行动思维所建构的表象和具体事物的联想来进行思考，并开始慢慢摆脱具体行动，运用曾经建构的表象来思考问题。因此，幼小衔接阶段幼儿思维的发展趋势是从具体形象思维向抽象逻辑思维过渡。在教育过程中，家长应当充分考虑到幼儿思维发展的过渡性，引导幼儿科学认知与学习。

④ 幼儿语言的发展

幼儿期是个体语言发展最为迅速和关键的时期。这一时期，随着听觉和语言器官的逐步发育完善，幼儿语言发展的条件已经具备。因此，正确的发音、丰富的词汇、连贯的表达是本时期幼儿语言发展的主要任务，而阅读与前书写的兴趣培养与经验积累也是重要的语言发展任务。

⑤ 幼儿情感的发展

幼小衔接时期幼儿的情感发展呈现出外露、肤浅、易冲动、不稳定的特点。在幼儿初期，由于大脑皮层兴奋容易扩散、抑制能力差，此时的幼儿不善于控制和调节自己的情感，容易受到外界环境的影响并且毫不掩饰地表现出来。到了幼儿中期，情感开始逐步趋于稳定，对于情感的控制也逐步显现。因此，幼儿的情感发展过程表现为情感的发生从容易变动向逐步稳定发展，情感的表露从容易外显向有意识地控制发展，情感的内容从生理需要向社会性需要发展。因此，家长在教育过程中应当随时注意幼儿的情感发展变化，理解幼儿的情感体验，注重幼儿的情感养成。

⑥ 幼儿意志的发展

幼小衔接阶段幼儿意志的发展特点是行动目的性由不明确到逐渐明确，但坚持性的自制力较差。3—4岁幼儿的活动往往是由当前的兴趣与需要引起的，幼儿尚不会独立地提出活动目的。此时，幼儿的意志较为薄弱，缺乏坚持性，行为控制能力不强，且行动目的的稳定性只能维持5—10分钟。5—6岁幼儿活动的目的性开始逐步发展，可以提出与个人兴趣没有直接联系的行动目的，在有挑战的或不太感兴趣的活动中能够表现出一定的行为控制能力，体现出意志的发展。因此，家长应当引导、鼓励、支持幼儿自律、坚持、挑战的精神，科学培养幼儿的意志。

（3）幼儿期是个性形成的萌芽时期

个性是个体在气质、性格、能力等方面经常表现出来的、稳定的心理特征。在3岁之前幼儿就表现出了最初的个性差异，而到了幼小衔接时期，幼儿的个性已经有了明显的表现，但距离个性的定型还有较长的发展时间。因此，在幼小衔接阶段，家长应当创造积极、和谐的家庭氛围和健康、正面的亲子关系，引导幼儿与外界环境、同伴广泛接触、充分体验，促进个性的良好、正常发展。

【问题建议】

1．树立科学的幼小衔接家教观

（1）幼小科学衔接的概念

“衔接”意为“相互连接”，“幼小衔接”是幼儿园与小学之间的双向互动与连接，是幼儿从幼儿园走向小学的重要过渡阶段。这个过渡阶段，不仅是学习环境的转换，更是身心状态、生活方式、人际交往与学习方式的变化，形成了一定的“坡度”，也极易产生“陡坡效应”。幼小科学衔接就是实现陡坡的缓冲，实现幼儿园与小学之间的充分互动和顺利连接。

（2）幼小科学衔接的关键点

结合此阶段幼儿身心发展特点，我们应当明确，幼小科学衔接应当在横向上促进幼儿当前阶段的身心全面准备和适应，更要在纵向上关照幼儿全面发展、终身发展的可持续性，培养有益于幼儿长远发展的习惯与能力。

① 衔接全面性

幼小科学衔接的目标是帮助幼儿完成从幼儿园到小学的顺利过渡，从而促进幼儿身心全面和谐发展。其内容是幼儿身心、生活、社会、学习等方面的有机融合与渗透，而不是片面追求某一方面或某几方面的准备和适应。

② 衔接前瞻性

幼小科学衔接不仅仅只着眼于幼儿从大班升入小学这一年或是一学期的短期发展，而应当将科学衔接的教育效益扩大至幼儿园三年至小学低年级，延展至幼儿终身的学习与发展。

③ 衔接适宜性

幼小科学衔接应充分理解和尊重幼儿，遵循幼儿身心发展的特点与规律，采用适宜的教育内容与方式，支持幼儿通过直接感知、实际操作和亲身体验等方式积累经验，逐步做好身心各方面的准备与适应。

④ 衔接渐进性

幼小科学衔接的入学准备教育是渗透于学前期全过程之中的“持久战”，而不是只在大班进行“临阵磨枪”的“突击战”。幼小衔接目标不是一蹴而就的，而是要在每日的教育过程中逐渐推进与达成的。

⑤ 衔接互动性

幼小科学衔接不是“单打独斗”而是“多向奔赴”。家庭、幼儿园、小学、社会等同在幼儿发展的生态系统中，互相之间应当主动联系、密切沟通、积极合作，为幼儿营造一个观念科学统一、教育适宜联动的幼小衔接环境。特别是幼儿园与小学，要以全面、深度、密切的交流合作弥合两者在学习环境、生活安排、人际交往、学习内容与方式等方面存在的差异，实现幼儿园“送一程，再送一程”，小学“接一站，再接一站”，陡坡缓接的全过程互动合作机制，保障幼儿的顺利过渡。

2. 确立科学的幼小衔接家教目标

依据教育部颁布的《幼儿园入学准备教育指导要点》，科学的幼小衔接入学准备目标如表所示。

表 2-6　幼儿园科学入学准备目标体系

1. 身心准备	1.1　向往小学	1.1.1　初步了解小学，对小学生活充满期待。
		1.1.2　希望成为一名小学生，愿意为入学做准备。
	1.2　情绪良好	1.2.1　能经常保持积极、稳定的情绪。
		1.2.2　遇到困难和不开心的事情，不乱发脾气，不迁怒于他人。
	1.3　喜欢运动	1.3.1　积极参加多种形式的户外活动。
		1.3.2　能连续参加体育活动半小时以上。
	1.4　动作协调	1.4.1　手部动作协调，能使用简单的工具和材料。
2. 生活准备	2.1　生活习惯	2.1.1　保持规律作息，坚持早睡早起、睡眠充足。
		2.1.2　保持良好的个人卫生，有自觉洗手的习惯，有保护视力的意识。
	2.2　生活自理	2.2.1　能按需喝水、如厕、增减衣物。
		2.2.2　坚持自己的事情自己做，能分类整理和保管好自己的物品。
		2.2.3　有初步的时间观念，做事不拖沓。
	2.3　安全防护	2.3.1　能自觉遵守基本的安全规则和交通规则。
		2.3.2　知道基本的安全知识，遇到危险会求助。

（续表）

2. 生活准备	2.4　参加劳动	2.4.1	能主动承担并完成分餐、清洁、整理班级等劳动。
		2.4.2	能做一些力所能及的家务劳动。
3. 社会准备	3.1　交往合作	3.1.1	能和同伴友好相处、乐于结交新朋友。
		3.1.2	能与同伴分工合作完成任务，遇到困难互帮互助，发生冲突时尝试协商解决。
		3.1.3	能主动向老师表达自己的想法和需求。
	3.2　诚实守规	3.2.1	能遵守游戏和日常生活中的规则。
		3.2.2	知道要做诚实的人，说话要算数。
	3.3　任务意识	3.3.1	理解老师的任务要求，能向家长清晰地转述并主动要求去做。
		3.3.2	能自觉、独立完成老师安排的任务。
	3.4　热爱集体	3.4.1	喜爱自己的班级和幼儿园。
		3.4.2	愿意为集体出主意、想办法、做事情。
		3.4.3	初步形成爱家乡、爱祖国的情感。
4. 学习准备	4.1　好奇好问	4.1.1	对身边的新事物感兴趣，有好奇心和探究欲。
		4.1.2	喜欢刨根问底，乐于动手动脑。
	4.2　学习习惯	4.2.1	能专注地做事，分心时能在成人的提醒下调整注意力。

（续表）

4. 学习准备	4.2 学习习惯	4.2.2 乐于独立思考并敢于表达。
		4.2.3 做事有一定的计划性。
	4.3 学习兴趣	4.3.1 对大自然和身边的事物有广泛的兴趣。
		4.3.2 喜欢阅读，乐于和他人一起看书讲故事，遇到问题愿意通过图书寻找答案。
		4.3.3 对生活情境中的文字符号感兴趣，愿意用图画、符号等方式记录自己的想法和发现。
		4.3.4 愿意用数学的方法尝试解决生活和游戏中的问题，体验解决问题的乐趣。
	4.4 学习能力	4.4.1 在集体情境中能认真听取并能听懂他人说话。
		4.4.2 能较清楚地讲述一件事。
		4.4.3 能说出图画书的主要情节。
		4.4.4 在绘画、拼图等活动中，能识别上、下、左、右等方位。
		4.4.5 能认识并书写自己的名字。
		4.4.6 能在教师的指导下，尝试运用数数、排序、简单的统计和测量等数学方法解决日常生活中的问题。

3. 掌握科学的幼小衔接家教策略

家长要将身心、生活、社会、学习四个方面的准备与适应，全面渗透、有机融合于家庭日常生活与教育中。

（1）身心准备

图2–1　身心准备核心目标

① 增强身体素质

良好的身心状态的基础是强健的体魄。家庭教育中，体育锻炼应当科学化、碎片化与常态化。首先，家长应从幼儿身心发展的科学规律出发，安排时间、时长、强度、频率适当的家庭体育活动，同时根据幼儿的心理特点，增强体育活动的游戏性与趣味性。其次，利用日常生活的各个环节渗透体育游戏，如晨间锻炼、餐后散步等，汇聚零星时间，增强幼儿的体质。再次，形成常态化的家庭运动氛围。家长应当以身作则，带动幼儿养成体育锻炼的习惯，激发幼儿的运动兴趣与热情；还可以采取奖励等强化机制，养成运动习惯，形成“我运动，我健康”的家庭氛围，促进幼儿终身运动习惯的养成，让幼儿受益终身。

良好的身心状态还包括精细动作的发展。精细动作是指手腕和手指的运动及手眼协调，其内容包括抓、插、刺、夹、剪、缝、倒、捏、掐、拧、撕、揉、捻、敲、拍、叠、绑等。在日常生活中，家长应当有意识地鼓励和引导幼儿在生活和游戏中进行动手操作，促进精细动作的发展。首先，制造机会。为了促进幼儿精细动作的发展，家长可以多添置能锻炼穿、剪、折和画等基本精细动作的材料和玩具以保证幼儿的日常锻炼机会，如：让幼儿扮演妈妈给“娃娃”喂“食物”、剪“面条”、包“饺子”等；扮演医生给病人看病、打针、开药、动手术等。其次，多点引导。不同阶段的幼儿需要不同指导，在培育幼儿精细动作技能的过程中需要循序渐进、有的放矢。3—4岁的幼儿因手部动作还不够熟练，容易出现畏惧心理，需要家长营造更包容的氛围来鼓励幼儿进行精细操作；4—5岁的幼儿处在精细动作发展速度最快的时期，协调性和灵活性日渐增强，这一时期需要更多元化的玩具材料让幼儿充分进行精细动作操作。5—6岁幼儿的手部控制能力和准确性日渐提高，手眼协调能力也大幅度提高，这个阶段可以给予幼儿更多的自主性和创造性活动的机会，如设计过年剪窗花、亲子户外写生、拼接造型玩具等活动。再次，多放手，鼓励幼儿为自己服务。家长在日常生活中要适当鼓励幼儿做力所能及的事情，为自己服务的同时也参与家庭劳动，从而提升幼儿动手能力，如让幼儿自己穿衣服、系鞋带、洗毛巾等。

不论是大肌肉的充分锻炼，还是小肌肉的合理发育，身体素质的提升都不是朝夕可达的，而是需要日积月累的培养。作为家长，我们需要思考的是如何用科学的、幼儿喜欢的游戏方式和家长充分参与的形式，通过长期的坚持与积累，帮助幼儿充分做好“喜爱运动，身心协调”的入学准备，为日后的发展奠定扎实的身心基础。

② 激发美好情感

白居易说：“感人心者，莫先乎情，莫始乎言。”好诗打动人心，需从情感、语言等入手，激发入学情感同理。家长要融合真挚积极的情感与恰当的策略来激发幼儿积极入学之情，通过语言表达向往小学的情感，尝试用合适的情感策略缓解幼儿焦虑，释放幼儿困惑，激发向往之情。

听幼儿心声，知当下困惑。家长可以耐心地与幼儿聊一聊幼儿对于小学的认知，了解幼儿对于小学的认知程度，关注幼儿的问题点与焦虑点，便于有针对性地开展家庭教育。

重体验式交流，激发成长动力。一是走出去看看小学。可以时常带幼儿在小学附近散步，让幼儿观察、想象小学的内部景象；观看积极向上的描述小学生活的绘本、动画等。可以与幼儿开展上小学的游戏，如角色扮演等，或配合幼儿园的幼小衔接活动等。二是请进来与幼儿互动。可以让幼儿与家中上小学的哥哥姐姐们交流，交流有关小学的信息；主动与幼儿的小学教师联系，让幼儿了解新老师等。三是开展亲子上学游戏。如：为幼儿购买一套学生桌椅和小黑板，开展模拟小学课堂的角色扮演游戏。幼儿通过此类游戏可以体验和了解小学的师生关系，感受课堂气氛；引导幼儿自主设计“入学准备”清单，并进行自我评价，全面了解入学要求，产生自我激励，从情绪、能力、行为、物质等方面获得自主愉悦的体验。四是使用积极的情感暗示。如：与幼儿交流自己小学时的积极故事；使用美好的词语引导幼儿想象小学的生活等。积极的情感暗示与有效的策略方法，是帮助幼儿与小学建立美好连接的重要途径。让幼儿喜欢上小学是幼小衔接最重要的事；打通情感通道就打通衔接的生命通道，通道顺，衔接稳。

（2）生活准备

图2–2　生活准备核心目标

生活准备的要点和关键词是：生活习惯、自理能力、安全防护、参与劳动。习惯的养成、能力的提升、劳动习惯的培养及安全意识的形成并非一朝一夕，而是需要从点滴的家庭教育培养中持续不断地积累。

① 养成有目标

根据幼儿的发展情况制定幼儿生活准备目标。针对目标进行习惯、自理、劳动、安全等方面的家庭教育。

表 2–7　3—4 岁幼儿养成教育目标

内容	总　目　标	具　体　目　标
生活习惯	1. 养成良好的作息习惯、睡眠习惯、排泄习惯、饮食习惯、进餐习惯、整理物品习惯等，形成健康、科学、文明的生活习惯。 2. 有独立做事的意识和较好的生活自理能力，能够做到自己的事情自己做。	1. 养成午睡习惯，能够独立安静入睡。 2. 知道进餐时不挑食、不偏食、不大声讲话、不东张西望。 3. 有良好的如厕习惯，知道及时如厕，不尿裤子。 4. 能根据自己的需求及时饮水。 5. 知道穿、脱衣服的顺序，不穿反鞋。

（续表）

内容	总 目 标	具 体 目 标
卫生习惯	1. 了解和掌握初步的卫生常识和技能，逐步提高生活自理能力。 2. 具备预防常见病的简单知识，养成幼儿不怕伤痛，乐于接受幼儿园体检、预防接种和疾病治疗的态度及行为。	1. 养成饭前便后洗手的习惯。 2. 知道并掌握洗手、洗脸、漱口、擦嘴的基本方法。 3. 懂得要保持自身的清洁（勤剪指甲、常理发，按时洗澡、洗头、换洗衣裤等）。 4. 初步懂得保持室内外环境卫生（不乱扔垃圾、不随地大小便）。 5. 不随意捡东西或将脏东西放入口中，懂得要讲卫生。
学习习惯	1. 有学习兴趣，好问乐学。 2. 有较好的专注力，爱动脑筋、勤于思考。 3. 遵守学习纪律，具有学习的主动性、积极性。 4. 学习时能与同伴互助、合作和分享。	1. 初步了解笔、纸等学习用品的用途。 2. 知道学习、上课要坐姿端正，懂得要举手发言。 3. 认真倾听老师讲话，并学说完整的话。 4. 正确、安全使用美术用具。 5. 了解书的结构，学会一页一页地翻书。 6. 培养看书兴趣，懂得要珍惜书、爱护书。
礼仪习惯	1. 养成良好的人际交往习惯，与人交谈合乎情理，讲话礼貌。	幼儿园礼仪： 1. 养成入园、离园时主动和老师、伙伴、家长问好、说再见的习惯。能做到，并养成习惯。

（续表）

内容	总　目　标	具　体　目　标
礼仪习惯	2. 注意倾听对方讲话，能主动参与各项活动，有自信心，乐意与人交往，学习互助、合作和分享。 3. 理解遵守日常生活中的社会行为规范。	2. 爱护公共设施。了解取放物品的礼仪，轻拿轻放，培养物归原处的良好习惯。 家庭礼仪： 1. 掌握敲门、开关门时的礼仪。 2. 了解接电话的正确方法，明白电话铃声响起后要接电话。 3. 学会有礼貌地接待客人，能主动与客人打招呼。不打扰大人的交谈。做客结束时，知道要与主人道别。 公共场所礼仪： 1. 知道在公共场所如何讲话，学会倾听。知道别人讲话时，不打断别人的话，不插话。 2. 知道在图书馆的注意事项（轻声细语、不污损图书、书归原位）。 基本礼仪： 1. 学会使用礼貌用语，知道在何种情况下运用“你好”“再见”。 2. 知道递接物品时，眼睛要看着对方，并双手递接。
安全行为	1. 具备安全和自我保护的意识和能力，了解生活中的安全标识。	1. 安全意识：① 认识红灯和绿灯；② 行走时知道右行礼让；③ 知道火警报警电话119和公安报警电话110；④ 远离火、电；⑤ 知道走失后不要动，原地等待父母。

（续表）

内容	总 目 标	具 体 目 标
安全行为	2. 了解身体主要器官的功能及重要性，懂得自我保护的常识。 3. 养成集体活动中的规则意识，了解户外活动中自我保护的方法。	2. 自我保护能力：① 不做危险性动作；② 不玩危险性游戏。
品德行为	1. 爱父母长辈、老师和同伴。 2. 爱集体、爱家乡、爱祖国。 3. 能主动参与各项活动，有自信心。 4. 能努力做好力所能及的事，不怕困难，有初步的责任感。 5. 具备尊重、真诚、友善的优秀品质。	1. 学习礼貌用语，学会谦让和分享。 2. 有独立性，能适应集体生活，能感受到周围成人的关心爱护。 3. 知道教师节、三八妇女节、中秋节、国庆节、重阳节、元旦、春节等节日的意义，爱父母、爱老师、爱家乡、爱祖国，感受新年的乐趣。 4. 具备团结互助、尊老爱幼、热爱集体、艰苦朴素的品质，及初步的劳动习惯。

表 2-8　4—5 岁幼儿养成教育目标体系

内容	总 目 标	具 体 目 标
生活习惯	1. 养成良好的作息习惯、睡眠习惯、排泄习惯、饮食习惯、进餐习惯、整理习惯等，形成健康、科学、文明的生活常规。	1. 掌握正确的睡眠姿势（右侧卧睡或仰睡）。 2. 养成良好的如厕习惯，知道及时如厕。

（续表）

内容	总 目 标	具 体 目 标
生活习惯	2. 有独立做事的意识和较好的生活自理能力，能够做到自己的事情自己做。	3. 进餐时会正确地使用餐具（会使用筷子），能够独立进餐，不挑食、不偏食，细嚼慢咽，及时吃完。 4. 学会系纽扣，将衣服、鞋帽穿戴整齐。 5. 不乱扔、乱放玩具等物品，学会整理玩具。
卫生习惯	了解和掌握初步的卫生常识和技能，逐步提高生活自理能力；了解预防常见病的简单知识，养成不怕伤痛、乐于接受预防接种和疾病治疗的态度及意识。	1. 能够做到饭前便后洗手。 2. 能将餐盘中的饭菜吃干净，桌面、地面不掉饭粒。 3. 学会保持自身的清洁（保持衣服、裤子、鞋袜干净整洁）。 4. 学会整理玩具、书包，能保持玩具清洁。 5. 学会简单的整理，保持室内外环境卫生。 6. 乐于接受疾病预防与治疗。
学习习惯	1. 有学习兴趣，好问乐学。 2. 有较好的专注力，爱动脑筋，勤于思考。 3. 遵守学习纪律，具有学习的主动性、积极性。 4. 学习时能与同伴互助、合作和分享。	1. 在绘画、操作活动中，能正确地握笔，坐姿正确。 2. 能正确使用更多美术工具、材料，能有序地收放。 3. 培养良好的阅读习惯，有常去书店和图书馆的兴趣。 4. 认真倾听老师讲话，能充分理解话语的指令及内容。 5. 大胆探索，勤于动手，善于动脑，踊跃发言。 6. 能够用完整的语句表达自己意愿。 7. 能专心学习，不影响别人。
礼仪习惯	1. 养成良好的与人交往、与人交谈和讲话的礼貌习惯，讲话内容合乎情理。	幼儿园礼仪： 1. 养成入园、离园时主动和老师、伙伴、家长问好、说再见的习惯。

（续表）

内容	总 目 标	具 体 目 标
礼仪习惯	2. 注意倾听对方讲话，能主动地参与各项活动，有自信心，乐意与人交往，学习互助、合作和分享。 3. 理解、遵守日常生活中的社会行为规范。	2. 爱护幼儿园公共设施。上下楼梯靠右行。取放物品轻拿轻放、物归原处。 3. 知道到幼儿园不同教室转交物品、传递消息的礼仪要求。 家庭礼仪： 1. 知道出门、回家时的礼仪要求，能做到并养成习惯。 2. 了解接打电话的正确方法和注意事项。 3. 学会有礼貌地接待客人。知道在别人家做客时应注意哪些环节（不乱动主人家东西，学说与主人道别的语言，如“请回，不用送”等，并知道对主人的招待表示感谢，会说“谢谢您的招待”等）。 公共场所礼仪： 1. 学会用餐礼仪（自助餐、参加宴请等）。 2. 学会游园礼仪（维持公共卫生、不乱扔垃圾、遵守公共秩序、不折花、不践踏草坪……），养成良好的社会公德意识。 3. 初步学会行人应遵守的准则（遵守交通规则、右侧通行、过马路时走人行通道、不边走边吃、不随地吐痰、不尾随围观、保持距离、不占盲道）。 基本礼仪： 1. 初次见面时与对方打招呼，并学习作简单的自我介绍。

（续表）

内容	总 目 标	具 体 目 标
礼仪习惯		2. 知道在别人讲话时，不打断别人的话，不插话，说话时表情自然，声音洪亮，语速适中。需要打断别人讲话时，知道等别人说完一句话以后，再说“对不起，打扰一下”，然后在别人允许的情况下说出你要说的事情。 3. 了解借、还物品的方式方法。知道借物品时应先征得对方同意。在借物品时要使用礼貌用语。借来的物品要爱惜，避免弄坏。知道用完别人的物品后要及时归还。 4. 学会使用礼貌用语，知道与人交往时应该多用礼貌用语，知道在何种情况下运用“请”“谢谢”“不客气”。 5. 知道正确的递接物品，特别是尖锐物品的方法。
安全行为	1. 具备安全和自我保护的意识和能力，了解生活中的安全标识。 2. 了解身体主要器官的功能及重要性，懂得自我保护的常识。 3. 养成集体活动中的规则意识，了解户外活动中的自我保护方法。	1. 安全意识：① 知道红灯停、绿灯行，了解过马路、乘坐公交车等交通工具的要求；② 认识安全标识；③ 知道不随意触摸家里和公共场所的电线、插座；④ 玩大型玩具、运动器械时要注意安全。 2. 自我保护能力：① 知道不能把异物放入耳、鼻、口内；② 知道不能与陌生人说话、不能跟陌生人走；③ 知道发生地震时要蹲墙角、遇到洪水要往高处跑；④ 不携带危险物品。

（续表）

内容	总 目 标	具 体 目 标
品德行为	1. 爱父母、长辈、老师和同伴。 2. 爱集体、爱家乡、爱祖国。 3. 能主动地参与各项活动，有自信心。 4. 能努力做好力所能及的事，不怕困难，有初步的责任感。养成尊重、真诚、友善的优秀品质。	1. 学会说礼貌用语，会谦让、不打人、不骂人，能和小朋友友好相处。 2. 会关心、照顾他人。遇到困难，爱动脑筋想办法，学会协商解决问题。 3. 性格开朗，有坚强勇敢的意志品质，做事有持久性。 4. 了解三八妇女节、植树节、六一儿童节、五一劳动节、教师节、中秋节、国庆节、重阳节、元旦、春节等节日的不同意义，爱妈妈、爱集体。热爱劳动，知道珍惜自己和别人的劳动成果。 5. 衣着朴素、大方、不挑穿戴。 6. 自己的事自己做，愿意为同伴和集体服务。 7. 懂得尊敬国旗、熟悉国歌，知道幼儿园每周升国旗活动的教育意义。

表 2-9　5—6 岁幼儿养成教育目标体系

内容	总 目 标	具 体 目 标
生活习惯	1. 有良好的作息习惯、睡眠习惯、排泄习惯、饮食习惯、进餐习惯、整理习惯等，形成健康、科学、文明的生活习惯。	1. 作息习惯有规律，能够比较自觉地控制自己的行为，并能够独立进行睡前以及起床后的整理。 2. 大小便能够自理，便后能整理衣服。 3. 知道要吃有营养的食物，不吃垃圾食品，能够情绪愉快地进餐，不暴饮暴食。

（续表）

内容	总　目　标	具　体　目　标
生活习惯	2. 有独立做事的意识和较好的生活自理能力，能够做到自己的事情自己做。	4. 学会穿鞋带、系鞋带等生活技能，保持衣服整洁。 5. 会做值日生工作，主动整理玩具，保持环境卫生。
卫生习惯	1. 了解和掌握初步的卫生常识和技能，逐步提高生活自理能力。 2. 了解预防常见病的简单知识，不怕伤痛、乐于接受预防接种和疾病治疗。	1. 会做值日生工作，能够做到进餐前擦桌子，配合收拾碗筷、挂毛巾等工作。 2. 自觉保持身体清洁（能够主动洗澡、换洗衣裤等）。 3. 能够主动保持室内外环境整洁。 4. 能够独立整理自己的衣物、玩具、书包、学具。 5. 懂得简单的疾病预防与治疗知识。
学习习惯	1. 有学习兴趣，好问乐学。 2. 有较好的专注力，爱动脑筋，勤于思考。 3. 遵守学习纪律，具有学习主动性、积极性。 4. 学习时能与同伴互助、合作和分享。	1. 大胆、熟练地掌握各种学习用品的使用方法。 2. 学习前会做准备，学习后会进行整理。 3. 喜欢读书，会主动读书。会将好书推荐给同伴，互相学习。 4. 有耐心、有毅力，能够坚持读完一本书。 5. 知道讲话时要语意明确，声音响亮，吐字清晰。 6. 勤于思考、好问乐学、主动创新。 7. 对事物有一定的鉴赏能力以及审美能力。
礼仪习惯	1. 有良好的与人交往习惯，与人交谈合乎情理，讲话礼貌。	幼儿园礼仪： 1. 主动和老师、伙伴、家长问好。 2. 见到客人进班，主动问好。 3. 掌握到幼儿园不同教室转交物品、传递消息的礼仪要求。

（续表）

内容	总　目　标	具　体　目　标
礼仪习惯	2. 注意倾听对方讲话，能主动参与各项活动，有自信心，乐意与人交往，学会互助、合作和分享。 3. 理解遵守日常生活中的社会行为规范。	4. 知道幼儿园小朋友生日会的意义和礼仪要求。 家庭礼仪： 1. 掌握接打电话的正确方法和注意事项。会用“您好”“请问您找谁”“请稍等一下”等用语。声音适中、自然大方。 2. 学会有礼貌地接待客人。知道在别人家做客时应注意的礼节，学说道别语言:“请回”“请留步”“不用送”。知道对主人的招待表示感谢:“谢谢您的招待”。在客人来家时，能协助大人招待客人。 公共场所礼仪： 1. 知道按顺序排队是一种文明的行为。如遇到他人有急事时，可让出自己的位置让他人先行。 2. 知道如何正确地乘坐公交车等交通工具，按顺序上下车，上车时不挤不推，要礼让老弱病残孕；行驶中不打闹、大声喧哗，不向车外丢东西、吐痰，不脱鞋、不蹬座位，不在车上吃东西，下车提前准备，并使用文明用语。 基本礼仪： 1. 能在初次见面时主动与他人打招呼，并能自我介绍和介绍他人，表情自然，声音洪亮，语速适中。 2. 知道别人讲话时，不打断别人的话，不插话。需要打断别人讲话时，知道等别人说完一句话以后，再说“对不起，打扰一下”，然后在别人允许的情况下说出自己的事情。

（续表）

内容	总 目 标	具 体 目 标
礼仪习惯		3. 知道在拾取物品时，要走近物品后单腿下蹲、上体前倾、拾取物品。 4. 知道借物时应先征得对方同意，在借物时要使用礼貌用语。借来的物品要爱惜，避免弄坏。 5. 能正确使用不同的手势来表达不同的意思（“请”“鼓掌”“胜利”“指示方向”“举手”）。 6. 学会使用礼貌用语，知道与人交往时应该多用礼貌用语，知道在何种情况下运用“对不起”“没关系”。
安全行为	1. 具备安全和自我保护的意识和能力，了解生活中的安全标识。 2. 了解身体主要器官的功能及重要性，懂得自我保护常识。 3. 养成集体活动中的规则意识，了解户外活动中的自我保护方法。	1. 安全意识：① 认识常见的安全标识；② 学习主动遵守交通规则；③ 知道不玩火，不接触煤气，不接触电器开关，不携带或玩弄危险物品；④ 上下楼梯不拥挤，不用棍棒打闹。 2. 自我保护能力：① 知道遇到危险时要尽快告诉成人；② 知道简单的逃生方法；③ 知道如何正确使用工具，避免锐器造成伤害；④ 了解身体主要器官的功能及重要性，并了解简单的保护方法。
品德行为	1. 爱父母、长辈、老师和同伴。 2. 爱集体、爱家乡、爱祖国。	1. 懂得尊敬国旗、熟悉国歌，知道幼儿园每周升国旗活动的教育意义。知道升旗时要立正行注目礼。 2. 对人有礼貌，不说粗话，能和他人友好相处。 3. 学会谦让，愿意学习同伴的优点，为同伴的进步感到高兴，乐意帮助有困难的小朋友。

（续表）

内容	总　目　标	具　体　目　标
品德行为	3. 能主动参与各项活动，有自信心。能努力做好力所能及的事，不怕困难，有初步的责任感，具备尊重他人，待人真诚、友善的优秀品质。	4. 不隐瞒自己的过错，讲实话，做错了事能主动承认，勇于改正错误。 5. 遵守公共场所规则，爱护公物。具备生活的条理性和独立生活的能力，为参加家务劳动和社会公益劳动打下良好基础。 6. 形成勇敢、开朗、自信的性格。 7. 知道三八妇女节、植树节、六一儿童节、五一劳动节、教师节、中秋节、国庆节、重阳节、元旦、春节等节日的不同意义。懂得尊重父母、老师和长辈，主动帮助他们做力所能及的事，感受新年的快乐，增进家庭成员的感情。 8. 热爱劳动，做力所能及的事，知道珍惜自己和别人的劳动成果。

② 养成有策略

在科学系统的目标指导下，需要开展、渗透家庭教育以助推养成教育落地。

第一，养成融入家庭日常生活，用幼儿喜欢、能接受的方式表达。习惯的养成来源于生活，更应用于生活。如：洗手时，可以用儿歌、手指谣等方式，鼓励幼儿正确洗手，让幼儿养成自觉洗手、科学洗手的良好习惯。

第二，养成融入专项家庭教育，用融合的方式拓展。将良好的生活习惯技巧以幼儿喜闻乐见的游戏方式灌输给幼儿，如：正确使用手纸、正确刷牙、整理床铺、整理书包等。幼儿通过游戏认知学习，家长可以在每日的家庭生活环节中帮幼儿练习巩固。另外，养成教育拓展的相关活动也是可以通过专题的家庭教育活动来完成的。将科学的生活理念以幼儿自主自发的游戏方式传递给幼儿，如：开展家庭值日生活动，家庭成员轮流担任值日生，为大家服务；在家庭中开展“光盘之星”评比，规范家庭成员的就餐行为，避免浪费食物等。

第三，养成融入自主活动，用主动的方式表现。家长在生活中学会放手，让幼儿按照自身需要开展自我服务，自主喝水、如厕、擦汗、系鞋带；当自己完成不了时，可以寻求成人的帮助。由此，让幼儿在自主练习中，养成良好的生活习惯。

第四，家园共育，用携手的方式达成教育的一致。幼儿园也是幼儿学习中成长的主要场所，家长应与教师积极沟通幼儿的养成教育情况，向老师寻求指导，同时和教师达成家园养成要求的一致，共同贯彻对幼儿的养成教育。

③ 养成有规范

好的习惯是需要规范来约束的。家长应从幼儿的视角出发，通过亲子谈话、亲子会议等形式与幼儿共同制定家庭公约，如游戏公约、进餐公约、入睡公约等。

（3）社会准备

图2-3 社会准备核心目标

① 以游戏场景促社交

社会性发展必须基于一定的社会情境，在与情境要素的互动中实现。因此，幼儿的善于合作、诚实守规、热爱集体等品质需要在真实自然的生活情境中渗透浸润，在体验中感悟提升。

了解文明的社交方式是社会准备的基础。文明礼仪是公民社会生活的重要道德规范，是社会交往中所必须遵循的言语行为准则。班杜拉的替代学习原理强调观察、模仿，强化对了解、学习文明礼仪的重要价值。因此，在家庭教育中，家长可以运用观察—模仿—强化的教育思路引导幼儿学习交往。一是在自然的生活情境中观察交往行为。首先，家长必须以身作则，保证自身文明得当的行为，为幼儿的学习树立榜样；其次，抓住生活中的教育契机，让幼儿有针对性地观察、学习。如：看到文明行为时，请幼儿认真观察；看到不文明行为时，请幼儿自主评价。让幼儿在真实的生活场景中去了解、发现讲文明、懂礼貌的良好行为。二是在生活情境中练习与模仿交往。家长应积极为幼儿创设社交机会与情境，引导幼儿自主参与、模仿练习、深入内化文明交往的良好行为。如：多带幼儿参与社会活动；当家中有客人拜访时请幼儿迎接等。三是在日常生活中强化交往。家长在日常生活中，应鼓励幼儿时刻使用礼貌用语，以强化幼儿的文明礼貌行为。如：在路上遇到熟人让幼儿主动打招呼问好；当幼儿友好合作与交往时表扬幼儿的良好行为。

学习解决冲突的办法是社会准备的关键。冲突是幼儿阶段交往活动中一种常见的现象，也是幼儿的重要交往经验之一。解决冲突时获得的经验对幼儿的心理发展具有非常重要的价值和意义。幼儿能否顺利地、独立地处理交往过程中发生的冲突，将会影响其社交能力的养成，进而影响到幼小顺利衔接和幼儿社会性的长远发展。引起幼儿冲突的现象主要有：争抢（玩具、角色、凳子），无意影响，受到妨碍（批评），规则之争，打闹等。作为家长，应当为幼儿创设充分的社交机会，帮助幼儿积累处理冲突的经验，发展解决冲突的能力，其核心是两个字："等"与"引"。"等"，是当幼儿之间发生矛盾和冲突的时候，在没有过激行为的前提下，家长最好首先做个"旁观者"，而不要急于去做"裁判者"，支持幼儿自主解决。"等"，能给幼儿自我调适与自主解决冲突提供很好的机会与空间。"引"，一是引导幼儿守规则。规则是幼儿适应社会、与人交往的重要准绳。让幼儿明白生活中处处需要守规则、懂礼貌、互相帮助。二是引导幼儿学会爱。通过日常生活、游戏故事等潜移默化的浸润，引导幼儿明白，什么是爱，亲人间的爱、朋友间的爱、师幼间的爱等。学会爱别人，关心他人、帮助他人；学会被爱，感受善意、感恩关爱。三是引导幼儿去实践，让幼儿在生活情境、游戏情境中体验感受，强化习得的分享、合作、轮流等正确的社交方法。如：要爱护玩具，不能抢夺、捣乱，要和小朋友商量解决问题等。家长要及时引导幼儿回顾、反思，讲讲“你最喜欢谁的玩具”“你和小伙伴是怎么玩的”“你把玩具让给谁玩了”等等，强化幼儿正确的社交行为，纠正幼儿不当的社交倾向，让幼儿在尝试交往中，体验交往的乐趣。

家长通过游戏及生活情境，引导幼儿解决冲突，明白互相尊重、互相谦让在社会交往中的重要性，从而逐渐学会约束自己、控制自己，用友好的方式解决问题。家长要善于做有效的“引导者”，充分发挥幼儿的主观能动性。在发生危险，或幼儿难以独立解决时，再进行介入。

② 以游戏任务唤责任

责任意识不仅作为一种极其重要的非智力因素影响着幼儿的学习与智力开发，更是幼儿发展过程中不可缺少的人格特质和学习品质。特别是在5—6岁大班幼儿心理发展中具有重要地位，更是入学准备的重要内容。

游戏是培养幼儿责任心的最好途径之一。无论是象征游戏还是角色游戏，无论是联合游戏还是合作游戏，在游戏中幼儿都要进行操作，为完成游戏目标要承担一定的游戏任务。责任心正是在幼儿对游戏的投入中逐渐发展起来的。因此，家长应注重幼儿在游戏和生活环节中的责任感培养。家庭一日生活各环节都是培养幼儿责任意识的良好契机。如：游戏结束后认真整理、分类收纳玩具；进餐结束，光盘不剩，清理桌面，椅子归位，小心放盘；睡觉起床，自己叠被，自己穿衣……让幼儿在一日生活中逐步养成自我负责、自我服务的态度，做自己的主人。定时开展培养责任感的专题家庭活动。每周约定家庭“清洁日”，小朋友清洁自己的桌椅、玩具架，晒玩具、晒图书。让幼儿明白，作为家庭的一员，就要做一些自己力所能及的事情；当他人需要帮助时，热情伸出援手；做错了事懂得道歉和改正；自己向同伴和家人承诺过的事情要说到做到等。

③ 以自然情境生热爱

情感的培养需要以小见大的递进。爱是人类的高级情感，热爱集体，对于幼儿来说或许太过抽象，但是一个对周围人、周围环境充满爱的幼儿，他的心中一定潜藏着大爱的种子。首先家长要通过日常生活的渗透和教育引导幼儿爱自己，爱身边的人，如父母、长辈、老师、同伴等，学会表达自己对他们的爱。如：请幼儿为家里的老人盛饭、递水；请幼儿为工作一日的爸爸拿拖鞋、洗脚等。其次是关心爱护社会场景中的人、事、物，如可爱的动植物，保护我们的警察叔叔、消防员叔叔、解放军叔叔，为我们服务的清洁工阿姨、售票员阿姨、服务员阿姨等。如：让幼儿在受到服务和关爱后及时道谢。最后通过特定情境来形成集体概念，建立集体意识等来萌发集体之情、家乡之情、国家之情等更为宏观抽象的情感。如：参观博物馆，体会家乡之美；观看红色电影，萌发爱国之情等；借助重大节庆，感受庄严肃穆的升国旗仪式，讲述红色故事，体验身为中国人的自豪。爱，是需要熏陶、需要体验、需要不断强化与传递的，有了小爱，对集体、对国家的大爱自然就会萌生。

（4）学习准备

图2-4　学习准备核心目标

① 学习兴趣是发动机，发现加引导很重要

学习兴趣是学习的发动机，可激发探究欲望，引发学习行为。家长在激发、保持和利用幼儿的学习兴趣时需要做到几点：放手活动，给予幼儿主动探索的时间空间；发现兴趣，给予幼儿适当的支持鼓励；观察反思，准确判断幼儿的发展现状；适宜生成，给予幼儿丰富持续的发展机会；总结，整合幼儿探索过程的有益经验。幼儿在兴趣的驱动下开展的自发探索中，可通过试误、观察、反思、榜样学习等方式，逐步掌握学习技巧与能力，家长从旁辅助，在适当的时候予以支持。如：春雨绵绵之时，幼儿喜欢在雨中寻乐，家长要善于发现幼儿兴趣点，带幼儿近距离接触春雨。幼儿可以看、听、说雨，和爸爸妈妈一起查资料，了解雨的来源、观察雨的形态、认识雨的用途。通过这样的方式，激发幼儿对大自然的好奇心与探索欲，让幼儿在游戏中发现问题、思考问题、解决问题，学会学习、学会观察、学会反思、学会总结。好奇心与探索欲，是良好的学习品质，是助推幼儿学习的动力，是学习准备的基础。

② 学习习惯是导航仪，方法加坚持很重要

具备良好学习习惯就如同汽车安装了导航仪一般，在有益的动力引导中积极正向、自然顺畅地完成学习过程。幼小衔接过程中家长更应重视幼儿学习习惯的养成，培养专注力，鼓励思考，形成规划；而学习习惯的形成需要科学的策略与教育坚持。

幼小衔接的挑战之一，就是学习方式的转变，由幼儿园以游戏为主，集体教学为辅的学习形式，立刻转换为集体教学为主。因此，保障学习效果的关键就在于课堂上的学习状态与知识吸收。这就要求幼儿有较强的倾听和专注能力。培养专注力，首先，要及时发现幼儿的兴趣点。找到幼儿感兴趣的活动，利用感兴趣的事物及游戏来培养幼儿的专注力。其次，要有效运用适宜手段。安排有趣的游戏或者新奇的玩具，引导幼儿专注从事探索活动，如逛科技馆、参观动物园、玩电动机器人等。再次，利用游戏进行专项培养。如可进行弹琴数数、拍球数数、物品变位、数字变位、几何图形数数、看游戏小视频等活动。同其他学习习惯一样，专注力的养成并非一蹴而就，需要在学前三年乃至更长的时间里，通过游戏潜移默化，运用相应策略有效进行，融入特定活动并坚持开展才能逐渐培养起来。

③ 学习能力是加速器，鼓励加体验很重要

学习能力是指个体从事学习活动所需具备的心理特征，是顺利完成学习活动的各种能力的组合，包括感知观察能力、记忆能力、阅读能力、解决问题能力等。

这里，我们主要谈谈解决问题能力的培养。独立思考与解决问题能力，是幼儿对各方面能力的综合运用。这不仅是幼儿幼小衔接的重要准备，更为今后的学业发展、事业成就奠定能力基础。

培养解决问题的能力，首先要关注自主意识的建立，家长应当鼓励幼儿：自主安排一日生活时间；自主进行生活中的选择，如选择今天穿什么、去哪里、做什么；自主选择游戏内容、玩具、玩法等；自主承担行为后果，一是承担“自然后果”，幼儿在学习活动本身的反馈当中自主汲取经验，二是承担“逻辑后果”，适用于无法使用或不宜使用自然后果的场合，如规定每天看电视的时间只有30分钟，超过的话第二天就不能看了。

培养解决问题的能力，更要注重实践经验。让幼儿在不同的情境中，从不同角度解决问题，逐渐形成分析综合能力、概括迁移能力、思维转化能力。我们鼓励幼儿在生活中多问几个为什么；鼓励幼儿打破常规思维，用多种方式进行生活体验；鼓励幼儿通过不同的策略来尝试解决存在的问题。

在幼小衔接家庭教育的过程中，幼儿是主体，家长为辅助。家长应以幼儿喜闻乐见的形式，以适宜幼儿学习的方式，以幼儿一日生活为本源，以幼儿自主、幼儿体验为重点，进行幼小衔接教育，科学促进幼儿的全面准备与可持续发展；而不是无视幼儿发展的身心规律，一味重视学习内容的小学化，让幼儿对小学失去应有的期待。

第三章
典型的家庭教育案例

案例分析，是通过对典型家庭案例进行剖析，从中获得家庭教育的经验启示。既加深家长对教育基本知识的理解和认识，又能将家庭教育在教育实践中进行检验，促进家庭教育素养的提升。在本书第三章中，我们将从家长、教师的视角出发，通过对一个个直观、生动，具有很强可比性的家庭教育案例进行“描述”“分析”，归纳总结其对家庭教育的重要“启示”，增强家长的教育情境体验感，使家长们获得更为直观、有益的家庭教育经验和方法。

一、五大领域家庭教育案例

幼儿的发展是一个整体，是多领域的有机融合与全面渗透。《指南》将幼儿的学习与发展大致分为五个领域：健康、语言、社会、科学、艺术。家长，是幼儿成长过程中最亲密、最重要的角色。幼儿成长的方方面面、点点滴滴都牵动着家长的心。在本节中，家长们用真挚、细致、慈爱的笔触，记录幼儿成长的每个细节，带着充满爱意与期许的眼光，审视幼儿各领域的发展。

（一）健康领域：将后浪进行到底[1]

【案例描述】

小松果是刚升入大班的小姑娘。从刚满三岁插班进入小班，到现在进入大班，作为班里年龄最小的宝宝，经历了从“分离焦虑的午睡魔咒”到“要强宝宝凡事要第一”再到“我也可以闪闪发光”三个阶段，她遇到的挑战、成长与进步时时刻刻牵动着家长的心。在孩子、我们和幼儿园的共同努力下，小小后浪一步一步追赶着前浪，勇往直前，向阳生长。

午睡魔咒是分离焦虑

时间回到小班下学期，小松果刚刚插班入园。班里的小朋友们大多数都比她大半岁或一岁，小松果又没有经过小班上学期的入园集体训练，刚入园时发生了不少令人捧腹的趣事。作为插班生，又正值疫情，家长不能陪同。我原本很担心小松果会因为入园分离焦虑哭闹不休，没想到在老师的呵护下，伙伴的陪伴下，游戏的充实下，小松果乐不思蜀，开心得不得了。我们也松了口气，“入园焦虑也没有很难应对嘛”。但万万没想到，最难的关卡竟然是午睡。平时，小松果在家都喜欢抱着姥姥在大床上转着圈圈睡，但在幼儿园，每个小朋友都要整整齐齐地睡在自己的小床上。这下小松果就不乐意了，一到中午就找借口不午睡，自己坐在角落里翻书。老师与我们交流了小松果的情况，更向我们强调午睡对小朋友来说是非常重要的，既能保证小朋友的休息，更能为下午活力满满的游戏做好准备。不午睡的小松果到了下午总是哈欠连天，不能尽情享受游戏。放学回到家更是犯困，一定要补一觉，不然就闹脾气。所以，我们和老师达成一致，一定要让小松果尽快适应在幼儿园睡午觉。老师们各显神通，尝试了放轻音乐、讲故事、抱睡、奖品强化等

1 本小节由幼儿家长孙蕾执笔。

方法，可小松果就是不肯在小床上睡……这样持续了两周时间。经过跟老师的反复沟通，我们狠下心来，下午放学接回家后不给小松果补觉的机会。小松果对此自然十分抗拒，看着她在家昏昏欲睡却不能躺下，我们心里也着实心疼。但为了幼儿良好的生活习惯，我们继续坚持着。第三天中午小松果实在难以抵挡困意，终于躺在自己的小床上酣睡起来。老师发来了她午睡的图片，我们也终于舒了一口气，午睡魔咒终于打破了。

向左转向右转，好难啊！

一转眼升入了中班，小松果无忧无虑的幼儿园生活似乎迎来了一些挑战。幼儿园的部队特色幼儿体育活动如火如荼地开展起来，推车、跳圈，还有军体拳。别看幼儿园的小朋友年龄小，打起军体拳来也是虎虎生威，神气活现。而小松果此时却像霜打了的茄子。因为在班里年龄最小，动作学得比其他小朋友慢一些，为了能让小松果跟上学习进度，我们从老师那里借来视频，晚上在家给小松果“开小灶”。其他的动作都还好，就是总会在左右转身的动作上出错。我们给她加练的时候也完全找不到窍门，不知该如何引导。“向左转向右转，好难啊！”看着小家伙因为练习出错，坐在地上沮丧的样子，我们既心疼又迷茫，这可怎么办呢？于是，我们主动联系老师，请教求助。经过与老师的沟通，我们决定采取“一明一暗”的策略。明面上，我们不再纠结于幼儿的动作能不能做对，更不让小松果察觉我们因为她比其他同伴学得慢而感到着急，强化她的消极情绪，而是小心呵护她的自尊心，顺应幼儿的发展。暗地里，我们利用生活细节设计了一些小游戏，来锻炼她的方向感，如在日常生活中偶尔问她：“小松果，吃饭拿勺子的是左手还是右手呀？”“妈妈在你的左边还是右边？”还让她帮助家长拿东西，定位方向：“小松果，把你左手边的勺子递给妈妈一下，谢谢你。”这样坚持了一个多月，小松果慢慢明确了左右方向，再打军体拳时，她惊讶地发现，自己可以不必纠结苦恼就转对方向，做好动作，畏难情绪顿时抛到了九霄云外。这件事情解决后，小松果变得自信多了，无论是背诵大段的儿歌还是在队列中做动作很多的舞蹈，都能做到在班里认认真真学习，回家还会表演给我们看。一时学不会她也不会为此沮丧失意，而是踏踏实实地勤加练习。到了中班下学期的时候，她基本可以跟上集体的节奏了。我们为幼儿优秀的表现骄傲，更为她克服了困难，变得自信坚强而欣喜。

凡事都要争第一

3岁到4岁，随着年龄的增长，小松果的自我意识不断发展，尤其表现为什么都要“争”。小家伙什么都要争，电梯里遇见邻居小朋友，争着按电梯按钮，几只小手你追我赶地从1层一直按到20层。奶奶夸隔壁小姐姐吃饭吃得好，长高了，小松果噘着嘴跳着脚大叫：“我吃饭才好，我才高！”吃饭的时候狼吞虎咽一片狼藉就为了争第一个吃完饭。画画课上也要争第一个画好、第一个分享、第一个拍照……小松果这样，让我们非常担心她是不是太争强好胜了。我们查询幼儿发展心理学的相关书籍，也向老师请教交流，终于明白，不是小松果“争强好胜”，而是她自我意识中自我评价正在茁壮发展呢。为了引导小松果形成积极、健康的自我评价，而不是认为只有比别人做得好，才叫“好孩子”，我们决定，从我们家长自身的观念和行为做起。首先，学会科学地夸奖，关注幼儿成长的过程，而不是结果。如：当小松果完成一幅拼图时，不再说：“你完成得真好，你真聪明。”而是说：“你很认真，很专注。”通过评价，引导小松果做事更关注自己是如何完成的，而不是结果是不是比别人好。关注幼儿成长的细节，而不是笼统地评价。如，夸奖小松果的时候，不再说“你真棒！”这类笼统的话语，而是抓住这其中的具体行为，说“你观察得真仔细”“你能替别的小朋友着想”等。再次，我们在思想上和语言上，都不再把小松果和别的幼儿作比较了。在我们眼里，小松果有自己的优点和缺点，虽然不是全世界最完美的孩子，却是我们独一无二的宝贝。因此，我们对她的评价不再是“你比别的小朋友表现得好/不好”而是“你比之前的自己进步了”。我们开始改变自己，小松果也在悄悄成长着。她不再像之前那么在意自己和别人比起来怎么样，而是更加专心于自己是怎么做的。凡事争第一的她，变成了凡事认真的宝贝。

【案例分析】

1. 焦虑情绪是正常的，尊重包容最重要

入园焦虑是每个幼儿和家长的入园必经之路。从熟悉的、依赖家人的、备受关注的家庭环境，到陌生的、需要独立的、自我服务的幼儿园环境，第一次与自己依恋的爸爸妈妈、爷爷奶奶、外公外婆分离一整天，对于任何幼儿来说，情绪波动都是正常现象。面对幼儿焦虑的情绪，我们首先要倾听并尊重幼儿的情绪，以实际行动告诉幼儿，你的情绪是合理的，爸爸妈妈和老师都尊重你、理解你。如：小松果把入园焦虑表现在午睡上。表面看起来她只是不喜欢那张陌生的小床，实际上是因为午睡时，整间教室都安静下来了，没有人陪她说话、玩耍，想妈妈的情绪就慢慢滋生。这时，老师们对她的焦虑表现出了尊重和耐心，没有强迫她睡觉，而是陪着她看看书、玩玩玩具。作为家长，我们也没有因此在家里责怪她或者给她任何有关幼儿园的负面暗示。让她感觉到自己的情绪是被接纳和尊重的。其次，找准情绪核心，科学疏导。幼儿情绪波动的原因主要是身心需求没有得到满足。襁褓中，他们因为没有吃饱、身体不适而大哭，而上了幼儿园，他们会因为与父母分离，对陌生环境感到恐惧或孤独而焦虑。因此，老师温柔亲切的话语可以缓解他们对陌生环境的恐惧，小朋友友爱友好的陪伴可以安抚他们的焦虑，家长的鼓励和积极暗示，也会让他们明白幼儿园是一个温暖的地方，自己不仅仅拥有爸爸妈妈的爱，还有老师和小朋友的爱，身心需要都得到了满足。如：面对小松果的焦虑，家长对她没有哭闹、跟老师亲近、对小朋友们热情的良好适应行为给予了肯定和鼓励，同时经常鼓励引导她讲一些幼儿园里有趣的人和事。这样做，让小松果对老师、小朋友们的好感越来越浓，对上幼儿园的信心和兴趣越来越足，对幼儿园越来越有归属感和安全感。

2. 举重若轻心态好，助力幼儿顺天性

学龄前幼儿的身心发展具有明显的阶段性与个体差异性。如：小松果比同班的小朋友小半岁，她在认知与动作发展方面的表现确实不如年龄稍大的幼儿。因此，在面对幼儿所谓的“学得慢”“学不会”这样的问题时，家长应该调整心态、科学认知、适宜教育。首先，家长不能自乱阵脚，产生“我的幼儿不如别人”这样的负面心态，不能给幼儿贴上“这不行”“那不行”的标签，更不能强迫幼儿反复练习，过早地让幼儿承受竞争的压力。家长应当科学认识幼儿的发展规律并顺应幼儿的自然发展，任何能力的掌握和习惯的养成都不是一蹴而就的，而要依靠生理基础的完善和教育培养方能实现。因此，基于幼儿发展的科学规律，施以适宜的教育非常重要。首先，3—6岁的幼儿以游戏为主要活动，与其枯燥地说教或强迫幼儿，不如与幼儿一起游戏，让幼儿在玩中学，在学中玩，这才是童年应有的乐趣和价值。其次，充分利用生活契机渗透教育。所谓教育，不是只有把幼儿拉到教室里读书写字，不是把幼儿一通批评甚至教训，而是于生活点滴中进行润物细无声的浸润与影响。如：家长利用生活场景帮助小松果学会辨别左右方向，这比任何的说教、训练都要有用。

3．花式夸奖最巧妙，激励幼儿变更好

小松果“争强好胜”的表现，从幼儿发展心理学来看，是自我意识中自我评价发展的典型表现。合理的好胜其实是特别正常和健康的。一般幼儿过了2岁以后，自我意识充分萌芽，但又缺乏对自己和客观事物的正确认识，就会出现“我”是最棒的，“我”需要得到认可，“我”需要得到关注的表现。3—6岁的幼儿特别是小松果这样的4—5岁幼儿，是以他人评价为自我评价的主要依据的，而成人作为幼儿世界的权威代表，其评价对幼儿来说非常重要，是他们认识自我、塑造自我的重要来源。因此小松果才会表现得“争强好胜”，其实只是想获得大人良好的评价，从而建立起积极的自我效能感。因此，当幼儿想向全世界宣布他第一时，这是他在寻求关注，寻求外界积极的评价，以感受自身存在的价值。所以，我们可以允许他自我感觉好，但是方式方法非常重要。区别正确夸奖和过度吹捧是其中的关键。首先，我们要注重过程性夸奖而非结果性夸奖，即我们要关注幼儿行动的过程而非结果。有时，我们经常忍不住夸幼儿“宝贝真聪明”，可是聪明或者不聪明并不是幼儿能够改变的，久而久之，在他们有限的认知当中，就会避免做那些结果不理想或者看起来不聪明的事情，从而压制了他们挑战新事物的勇气，所以与其夸幼儿“聪明”这一类天赋型的特质，不如夸他“努力”“认真”“专心致志”这一类他可以通过努力就做得到的事情。其次，注重具体夸奖而非笼统夸奖。夸要夸得及时、具体、真诚，让幼儿能够准确知道到底哪里做对了，哪里还可以做得更好。如：“表扬宝宝看动画片20分钟后自己会主动地关电视，说话算数棒棒的”或者“睡觉前整理玩具很用心”，而不是浮夸地对幼儿轻易能做到的事情大肆表扬，“吃饭乖”“会搭积木”等，这样会让幼儿认为自己不需要多么努力就可获得夸奖，自我发展进步的内驱力会有所下降。再次，没有比较就没有伤害，切忌拿幼儿与其他小朋友对比。每个幼儿都是独一无二的，是闪闪发光的个体。将幼儿与他人比较，反复贬低幼儿，会让他失去做一切事情的信心和勇气；反复赞扬幼儿，会让他失去谦虚与耐心。不要让幼儿的成长变成竞赛，不要让对比消磨了他们的个性。

【案例启示】

1．做一个“心大”的家长，牵手幼儿战胜焦虑

对于如何帮助幼儿度过刚入园的分离焦虑期，我们的经验是一定要将“大事化小，小事化了”。首先，家长要学会控制自己的情绪，做一个“心大”的家长。有的家长，每次接到幼儿，总会问：“老师有没有骂你？”“小朋友有没有欺负你？”……这就是家长的“入园焦虑”，这种情绪自然会蔓延到幼儿身上，让幼儿感觉“幼儿园里的老师会骂我，小朋友会欺负我，幼儿园是一个可怕的地方”，反而加剧了幼儿的焦虑情绪。幼儿对家庭气氛和大人情绪的感知力是很细腻、敏感的，家长应当避免让自己的焦虑情绪影响到幼儿，更应该对园所、对老师、对幼儿有信心。当你认为上幼儿园是一件自然的、有趣的事，你轻松愉快的情绪也会传递给幼儿，让幼儿开开心心入园。其次，做好充分的入园准备。不光是入学要有准备，入园准备也不能少。第一是心理上的准备。在日常的养育过程中，就要给予幼儿充分的陪伴与关怀，让幼儿感受到与成人间的信任与安全感。这样的幼儿，在入园后往往心理适应能力更强，也更能建立起与老师的信任关系。第二是生活准备。在入园前，家长应当培养幼儿一些必要的生活技能，如独立吃饭、如厕、洗手等，同时可以按照幼儿园的生活作息安排幼儿在家的日程。这样幼儿在入园后更能适应幼儿园的生活，会有更多的热情和精力投入到游戏活动中，能更加深入地体会到幼儿园的有趣。这样，幼儿对幼儿园的好奇与期待就能缓解他的焦虑与恐惧。再次，做积极的家长。在接幼儿回家时不要问“有没有小朋友欺负你?”“老师有没有凶你?”“你有没有不开心?”一类的负面问题，而是要和幼儿聊聊“今天有没有交到新朋友?”“老师带你们做了什么游戏?”“今天开不开心?”等积极正面的话题，强化幼儿对幼儿园的积极印象，让幼儿更有兴趣和动力去幼儿园。

2. 做一个“自信”的家长，相信幼儿是“万能”的

在小松果练习军体拳的那段时间，我们非常焦虑，总是担心小松果会陷入“习得性无助”。小松果太小，总是这样跟不上学不会，会不会自信心受挫，以后什么都不敢尝试? 所以，那时候我们和老师的沟通非常密切，在老师的指导下，通过各种小方法、小技巧让小松果增强学习能力，克服困难，增强信心。老师和我们分享过一则趣事：小松果自己一个人在午饭之后，对着卫生间的镜子偷偷练习军体拳……原来幼儿其实没有我们想象得那么脆弱，我们过度的保护有时反而是枷锁。与其每次将他护在羽翼之下，不如教会他如何面对风雨。受到幼儿的鼓舞，有时候我们在面对生活、工作中的一些困难时，都会想到那个小小的身影独自努力的样子，就会充满了坚持下去、挑战自我的力量。养育幼儿其实是父母的一场自我修行，和幼儿一起学习，终身成长，在面对逆境时不要站在大人的角度一味心疼幼儿，反而是幼儿的反应有时候会给到我们莫大的惊喜和启发。当幼儿自己在“遇到困难—太难了，我不会—我可以再试试—我搞定了—坚持下来是对的”这个过程中学会鼓励自己和坚持努力，成功化解负面情绪，激发内心的力量，下次遇到困难时就能乐观对待。

3. 做一个“有爱”家长，给幼儿的心灵积蓄能量

家长可能很多时候都会反思，作为新手爸妈，有没有因为工作忙碌而忽视陪伴，是不是把自己的惰性当成静待花开，把自己的育儿随意性当成爱和自由，我们到底有没有科学育儿，教育理念能不能跟上社会要求……这些问题一度非常困扰我们，总觉得自己做得不够好，反复陷入焦虑。一位教育专家曾说过这样一句话——“我们总是低估了爱的力量，我们总是高估了教育的手段”。我们对幼儿的期望并不是他将来获得多么高的成就，而是他拥有创造幸福、享受幸福的能力。爱是天性，爱是相互的给予，一家人相亲相爱，老师们和蔼可亲、春风化雨，小朋友们团结友爱、互帮互助，小松果在这样的环境里长大自然会充满安全感和幸福感。在获得了来自周围满满的爱意之后，她也学会了付出和给予，所以在幼儿园她多次获得“友爱宝宝”的称号，喜欢分享，喜欢交朋友，更会真心地关怀、爱护这世界的一切。军幼的育人目标的第一条就是“有爱”，小松果在幼儿园氛围的影响下，爱自己、爱家人、爱班级、爱幼儿园、爱故乡、爱党、爱人民……唱儿歌军歌、操练军体拳、讲英雄的故事……让我们的小小后浪们在热爱祖国的主旋律中茁壮成长。何必纠结那些教育技巧、教育方法，爱是本源、是核心，是教育最真挚的起点和归宿。相信在有爱的环境中，每个幼儿都是最幸福的宝贝。

（二）语言领域：“小话痨”养成记[1]

【案例描述】

枣枣，一个四岁半的小姑娘。爸爸妈妈都不爱说话，然而负负得正，她却出落成了一个“小话痨”。平日在家里就“喋喋不休”，喜

1 本小节由幼儿家长肖湘执笔。

欢和家人交流幼儿园的趣事，玩游戏的感受，今天交的新朋友，路上碰到的可爱动物……陪外婆出去买菜会因为嘴甜被老板娘送水果，在幼儿园里会说“园长妈妈，你好漂亮呀”“老师，你今天的衣服真好看”“小朋友们，你们都最喜欢我了对不对”……大家经常被枣枣逗得哈哈大笑。这个可爱的“小话痨”是如何养成的呢？接下来为大家揭秘。

亲子游戏——兔小姐的救援队

《小猪佩奇》是枣枣最喜欢的动画片之一，其中有两集的内容是讲兔小姐开直升机，动物妈妈们开消防车帮助其他小动物的故事。枣枣看过之后，主动提出要我们和她一起玩直升机和消防车的游戏。她首先给我们分配任务：“外婆、妈妈，我是兔小姐，我会开直升机和消防车，你们就是动物村的村民，你们遇到困难就给我打电话，我来救你们。”不当小孩很多年的我和姥姥，刚开始有点拘谨，找不到什么窍门扮演小动物。枣枣也没玩尽兴，一脸“恨铁不成钢”的样子过来指导我们：“妈妈，你可以扮演一只鸟妈妈。在飞回家的路上被大老鹰追，你赶紧打电话给我，我开直升机救你。外婆，你就演开超市的河马先生，一只火龙在你的超市喷火，你就给我们打电话，我和鸟妈妈来救火。”经过枣枣的指导，我们似乎找到了角色扮演的感觉，又根据自己的理解，加了一些台词和动作。我一边“飞”一边“声嘶力竭”地打电话：“兔小姐你快来呀，我被老鹰追，他要吃了我。”枣枣沉着冷静地说：“小鸟妈妈你别急，快告诉我你的位置，我马上来救你。”“我在动物村的上空，你快来呀。”枣枣有模有样地开着“直升机”过来，发射“子弹”：“老鹰先生请注意，你的行为是不对的，快点放开小鸟妈妈。”这样，我就被“兔小姐”安全解救了。接下来，我和外婆分别扮演了不同角色，在枣枣的带领下模拟了不同的救援场景。从小动物打电话到兔小姐提供帮助，枣枣扮演得有模有样，语言合理、连贯、清晰，让我和外婆十分惊喜。枣枣就是在有趣的游戏中锻炼了语言表达能力和逻辑思维能力。

亲子阅读——《妈妈，买绿豆》

除了亲子游戏，亲子阅读也是我们家的固定活动。《妈妈，买绿豆》是一本富有生活气息的绘本。这本书讲述的是阿宝和妈妈一起去杂货铺买绿豆，回家煮绿豆、做绿豆冰、种绿豆的故事。虽然故事情节很简单朴素，但书中处处充满了生活常识，于是我就买了下来，和枣枣一起阅读。

1．绘本阅读享画面

在和枣枣一起读绘本时，我比较关注她对于画面的观察，并鼓励她自主观察、理解、想象、表达。

妈妈：枣枣，你觉得画面上是什么季节呀？

枣枣：夏天。因为阿宝穿着短裤，妈妈穿着裙子。

妈妈：嗯嗯。因为天气很热，所以他们才会想着做绿豆冰吃。

枣枣：妈妈，为什么天气热就要吃绿豆冰呢？

妈妈：因为绿豆有防暑的作用，夏天吃了对身体好。

枣枣：原来是这样，那我们家夏天也要多吃绿豆。

……

妈妈：你看看老爷爷的杂货店里都卖什么东西呀？

枣枣：有绿豆、红豆、黄豆、黑豆、花生……

妈妈：看一看每种豆子都是什么价格呀？

枣枣：黑豆40元，花生50元，绿豆18元……

妈妈：你帮老爷爷给他们按价格从贵到便宜排排顺序吧。

……

枣枣：妈妈，这个是什么？

妈妈：以前的台式电话，需要勾住手指绕一个大圈才能拨号。

枣枣：妈妈，这个绿色的是什么？

妈妈：墨绿色的黑板，可以在上面记录事情。

枣枣：那这个黑板上写的是啥？

妈妈：张太太欠100元，李太太下午拿了3斤蛋。

枣枣：为什么要这么写呢？

妈妈：因为买东西的阿姨、奶奶都是邻居，大家关系非常好，有时想买东西忘带钱了也没关系，可以先把东西拿走下次再给钱。老爷爷怕自己忘记，就写下来了。

枣枣：那我以后也要把可能忘记的事情写下来，提醒自己一下。

……

2. 利用绿豆享经验

前一天晚上，我和枣枣读完了绘本，枣枣对绿豆也产生了浓厚的兴趣。“妈妈，我们也可以做绿豆沙吃吗？”“当然可以啦！”“那我们一起去试试。”我们依葫芦画瓢，照着书上的流程一一去做。我带着枣枣去超市买绿豆，回家泡绿豆，一起煮绿豆，喝绿豆汤，做绿豆沙。枣枣做讲解员，为家人们介绍绿豆沙的制作过程。“外公外婆，我和妈妈去超市买了好多绿豆，煮了绿豆汤，然后把煮熟的绿豆用榨汁机搅碎，装到模具里就是绿豆沙了，冻在冰箱里，绿豆就变成冰激凌了。”大家为枣枣精彩的讲解鼓掌。

喝完绿豆汤，枣枣也没有忘记书中种绿豆的内容。我们一起把绿豆埋在花盆里，枣枣每天一醒来就趴在花盆前，左看看右看看。经过枣枣精心的照料，绿豆终于发芽了，长出了嫩绿的叶子。枣枣开心极了，感受到了满满的成就感。我们也没有想到，小小的绘本可以给幼儿带来这么多的乐趣。

3. 情境再现玩游戏

看了绘本以后，枣枣也想像故事里的老爷爷一样开一家杂货店。行动力超强的她说干就干。在桌上摆上各种玩具、食材和物品，准备好收银机玩具……准备就绪就开始在家里吆喝起来了。“枣枣的杂货店开张了，大家快来呀。”全家人哈哈大笑，纷纷走进她的杂货店逛逛。大家也会给“小老板”的生意提出意见，“你卖的东西怎么没有价格啊？”“可以刷卡吗？”……大家选购完了，枣枣就在收银台给大家结账。外婆说：“哎呀，我今天忘记带钱了。”枣枣回答：“没事没事，我送给你了。”家人和枣枣轮流来当顾客和杂货店老板。大家一起拓展游戏内容，给杂货店添置了更丰富的货品，还制作了专用的钱币，杂货铺越开越有声有色了。

【案例分析】

《3—6岁儿童学习与发展指南》指出，语言是个体交流与思考的重要工具，幼儿语言能力的发展贯穿于各个领域，也对其他领域的学习与发展具有重要的影响[1]。学前期是幼儿语言表达能力发展的关键期，也是蒙台梭利“敏感期”理论中提到的“语言发展敏感期”。在这个阶段如果能多进行科学引导，幼儿语言表达能力的提高将会收到事半功倍的效果。

枣枣是“小话痨”的典型表现是：

1. 充满好奇

枣枣上幼儿园后特别喜欢问为什么。“妈妈，你为什么戴眼镜?”“我为什么不用戴眼镜呢?”……碰到一些陌生的词汇，她也经常提问。如：看绘本《绅士的雨伞》时问“什么是绅士呀?”；读《晴天有时下猪》时会问“妈妈，什么是日记?”等等。爱问为什么，一方面源自幼儿对这个世界认知不足，对一切事物都充满着好奇心，另一方面更是他们观察生活、用心思考的结果。因此，作为家长，我们应保护幼儿的好奇心，引导幼儿多提问，这不仅能让幼儿养成爱思考的习惯，更是鼓励他们表达内心想法的重要途径。

2. 喜欢模仿

枣枣还有一项技能就是“复读机”。一旦听到了什么稀奇的词语或者是自己非常感兴趣的词语，就会模仿。大人在生活中常说的词语或者句子，她也乐于在生活中重复并模仿运用，如：吃饭时说“这饭菜真美味呀”，户外锻炼时说“我都累得没有力气了”等等。最初看动画片《小猪佩奇》的时候，她喜欢学佩奇说话的方式，在每句话后面都加上

---

1 中华人民共和国教育部 . 3—6 岁儿童学习与发展指南［M］. 北京：首都师范大学出版社，2012：14–20.

一句“拜托了”。看《中国诗词大会》的那个月，她又很喜欢模仿主持人龙洋说话。模仿是幼儿进行语言学习的重要方式。良好的语言环境会加速幼儿语言经验的积累，并刺激幼儿的表达。我们在家要经常与幼儿玩各种各样的角色游戏，在不同的场景里鼓励幼儿进行表达，丰富她的语言经验，让她想说、会说、乐说。除了设置场景，家长的示范也同样重要。爸爸妈妈和幼儿交流的时候，必须要注意自己的口头语言。尽可能少地使用一些网络流行语或是比较生僻的词语。在和幼儿聊天时，使用更精准的语句、更丰富的词汇，尤其是多用形容词。

3. 乐于交流

枣枣性格比较活泼，有着极强的交流和表达欲望，这正是3—6岁幼儿“语言爆发期”的典型表现。每天从幼儿园回到家，她都会主动和家里人讲她在幼儿园发生的趣事。一件事情，枣枣有时会翻来覆去地念叨不停，和外婆说完和妈妈说，说一次还不够，一天至少要说两三次才罢休。老师也经常和我们交流枣枣在幼儿园的情况。枣枣每天入园时都会主动和园长妈妈、老师打招呼，微笑着说:“早上好!”出门在外，她也喜欢和陌生人交流。有一次，她和外婆出门买菜，主动和卖水果的婆婆说话，逗得婆婆哈哈大笑，婆婆就送了水果给枣枣。作为家长我们要充分利用这段语言发展的敏感期，对孩子的表达愿望给予充分的肯定与支持。同时，也借助语言游戏、绘本等帮助孩子积累语言经验和表达技巧。

【案例启示】

1. 营造良好的语言环境，让幼儿有话愿意说

父母是幼儿的第一任老师，在语言学习方面尤其如此。从出生的第一天一直到上幼儿园，幼儿接触到的交流对象主要就是家庭成员。培养幼儿语言表达能力的第一步，必须要落实到家庭教育上面来。给幼儿创造良好的语言环境，充分输入、鼓励输出。让幼儿通过多听多说，慢慢感受语言的力量。这里要感谢枣枣的外婆。枣枣出生后除了睡觉时间外，外婆总是尽可能多地和她说话，和她充分交流。如 :“换纸尿裤了，是不是很舒服呀”“乖崽崽，我们吃饭啦，今天有好吃的鸡蛋哦”“我们收拾东西准备出门散步啦”“你听到汽车的声音了吗”“这是黄色的花，这是绿色的树叶”。看到公园里跳舞的爷爷奶奶时还会跟她说 :“看，爷爷奶奶在跳广场舞呢。”

2. 丰富幼儿的生活经验，让幼儿有话可以说

丰富的生活内容与经验是幼儿语言表达的源泉与基础，只有具备了丰富的生活经验与体验，幼儿才会有乐于表达和交流的内容，才会有话可说，有话要说。《3—6岁儿童学习与发展指南》中明确指出，幼儿的语言能力是在交流和运用的过程中发展起来的。家长应为幼儿创设自由、宽松的语言交往环境，鼓励和支持幼儿与成人、同伴交流，让幼儿想说、敢说、喜欢说并能得到积极回应。父母的语言区别于电子屏幕里的语言，幼儿也许会从动画片中被动获得一些语言，但只有真正的交流才能提高沟通和表达能力。想要培养他们的语言表达能力，家长就要利用生活中的一切交流机会。家里可以经常购买绘本、挂图等纸质语言材料，以及手偶、情景玩具等表演材料，客厅里布置玩具角、读书角，平时也鼓励孩子多进行表达。如：每天睡前抽出一点时间，和孩子聊聊幼儿园发生的事；一起阅读绘本故事，边读边讨论，输入输出同时进行；家里来客人时请孩子当小主人，招待客人，与客人聊天，为客人朗诵古诗、唱歌等；和孩子共同表演近期阅读的故事或者看的动画片，自己设置角色与台词；和孩子一起玩超市购物、甜品店点餐等情境游戏，通过买卖东西的情景帮助孩子积累语言表达经验。语言就是这样在不断学习的过程中慢慢积累，实现从量变到质变的。

3. 注意语言培养的策略，让幼儿有话乐于说

（1）尽量让幼儿说完整的话

在幼儿学习语言的时候，应该鼓励他们说完整的话。由于幼儿掌握的词汇少，有些话可能说不完整，这时家长要抱着极大的耐心鼓励幼儿慢慢说，当幼儿说得断断续续时，家长可给予提示和补充，帮助幼儿理清思路并顺畅地说出来。如幼儿想喝水时，他可能会说“妈妈，水”，这时家长要及时鼓励幼儿说完整的句式："宝贝，你应该这样说——妈妈，我想喝水，你能拿给我吗？'" 这样，幼儿对语言的掌握就会更加熟练，更加准确。

（2）给予恰当而积极的回应

当幼儿与家长交流或者提问题时，家长不要简单地敷衍了事，要给予积极的回应，要善于引导。家长的有效引导可以帮助幼儿更好地发展语言理解能力。碰上无法准确回答的问题时可以说："宝贝，这个问题妈妈（爸爸）也不是很清楚，咱们一起查一查书，找下答案可以吗？"等等。

（3）和幼儿充分交流，积极引导，培养"说"的能力

《指南》根据幼儿年龄的不同，提出了清楚、完整、有序、连贯的语言表达要求。家长要帮助幼儿正确发音，如：在跟幼儿一起做游戏、唱儿歌、复述故事中帮助幼儿清楚吐词。可以做一些语言游戏，正话反说，一个比画一个猜……这样，幼儿便能够体会到语言的趣味性，更加乐于表达。不要经常让幼儿看电视和手机。有的家长为了安心做自己的事情，可能会让幼儿一直看动画片。这样时间长了，幼儿的语言表达能力就会下降。电视、音频等不是有效的反馈。幼儿只有通过与其他人的沟通交流，看到他人对自己的表现作出的反馈，才能提高语言表达能力。当幼儿语言表达不正确的时候，强化正面示范而不是纠正。教育幼儿要通过（正面的）教育，而不是通过纠错的方式。当幼儿发音或语法不正确的时候，如果我们总是一味地纠正（"不对，不是这样说"）就会逐渐消磨掉幼儿想要表达的意愿。

（4）陪幼儿一起阅读

《指南》中明确指出，家长要为幼儿提供丰富、适宜的读物，经常和幼儿一起看图书、讲故事，丰富其语言表达能力，培养阅读兴趣和良好的阅读习惯，进一步拓展学习经验。亲子共读绘本是幼儿更好地学习与发展语言的重要形式。父母要尽量抽出时间陪幼儿阅读。阅读不仅能让幼儿的想象力和理解力更加丰富，还能让幼儿积累更丰富的词语，提高语言表达能力。家长在讲故事的时候，应注意语速要慢，咬字要清

晰，要富于感情，并辅以丰富的肢体动作和表情，使平面的故事鲜活起来。充分利用图画书进行共读体验，与幼儿积极互动，以提高幼儿的想象力、思维能力和语言表达能力。

语言是我们与外界环境进行沟通的一种重要工具。幼儿通过语言来认知世界、传递自己的想法。语言学习并不是被动获得的，而是一个多向互动的过程。学习语言，不是一蹴而就的，而是逐渐积累的。充分利用环境中的语言契机，坚持让幼儿多听、多看、多说、多讲，相信幼儿都能感受到语言的力量，逐渐提高语言表达能力。

（三）社会领域：小豆宝贝不再胆怯了[1]

【案例描述】

小豆，乃我园大二班之宝贝。初入园时，她胆怯、安静，有些黏人。不如意时，她便眼泪奔涌，不肯说话，也不太融入群体。这可把爸爸妈妈急坏了。再看今日的小豆，她变了。她不再怯懦，成了恬静、大方、自信、闪着光、笑意盈盈的开朗宝贝。小豆的实例，体现的是时间的美妙，是家园共育的芬芳之歌。

怯懦面对挑战

小豆4岁时，有一天班级活动，伙伴们都去了，只有她独自站在隐秘的地方。老师发现了，便安排班级伙伴小小陪着她一起玩滑滑梯。小小一口气就爬上滑梯顶了。小豆抬头一看，这么高，害怕极了，不敢玩。可她的神情流露出她是多么喜欢滑滑梯，好想去尝试。这时，小小又大声说："真好玩，真好玩，快爬上来，小豆，我等你！"她心里痒痒的，于是，紧闭着嘴，小心翼翼地在滑梯边缘试了试，始终没敢上前。小脚探出去又缩回来，试探着、犹豫着，仍是不敢向上爬。最后，她只

1　本小节由幼儿家长乔煜执笔。

好低着头，一句话也不说，悄悄走开了。

惧怕人际交往

小豆的心中装满了胆怯。她每次出门，总是紧紧拽着家长的手，一旦不见家长，便大哭不止；每次遇见熟人，也不敢走近与人打招呼，即使说话，也是轻声轻语；在教室里，她不敢回答问题，虽然她知识面广，可她怕说错，怕别人笑她。有一次，老师请她背诵古诗，她已经背得很熟练了，可却在老师叫到她的名字时涨红了脸，不敢站起身……她就是这样被胆怯包围着。

【案例分析】

1．交往机会的局限

学龄前阶段是幼儿社会性发展的关键时期。良好的交往环境、充分的交往机会可以帮助幼儿积累交往经验，锻炼交往技巧，更让许多有益的社会性品质，如勇敢、自信、果敢等孕育萌芽。小豆自出生以来，我们全家视她为掌上明珠，捧在手里怕掉了，含在嘴里怕化了。我们害怕小豆受到伤害，潜意识中也不敢放手让她自由玩耍。这样的“保护”，既隔绝了危险，也隔绝了她广交朋友、勇闯世界的机会，使得小豆无法独立勇敢地面对未知。如：在上面的实例中，她在挑战新鲜事物、结交新朋友等方面确实显得很胆怯。反思后，我们认识到自己总是以“爱”的名义“保护”着小豆，而过度的保护会困住幼儿，让这份“爱”变得狭隘而局限。让幼儿顺应天性，自由有节奏地成长，才是科学、适度的爱。

2．闪着权威的教养

作为家长，我们反思自己在平日的教育里还是属于权威型的。相信很多家长和我们一样，有时不自觉地就会产生“宝贝这么小，分辨不出什么对他/她是最好的，我们家长替她决定，可以保护他/她”这样的想法。因此，当幼儿有想要挑战或冒险的意图时，家长总会站在安全、保护的角度打消幼儿自由驰骋的想法。久而久之，幼儿就会在做事前因为顾虑家长的想法而犹疑不前。

3. 心理的消极暗示

当小豆最初表现出胆怯、畏惧时，作为家长的我们也没有及时发现问题并加以调整，而是不科学地给孩子贴上了“天生害羞”“胆小”“过分善良”之类的标签，并不自觉地在孩子面前对这样的行为表现出了轻微的负面情绪。小豆在我们的影响下，也自然地产生了“自己不行”“太危险了”“万一……怎么办”的想法，她迈向前方的脚步更加被限制住了。

4. 依赖平淡的夸奖

相信每个家长都觉得，自己的孩子是小天使。在家长心中孩子永远是最棒的。可一个小小的雷就埋藏在这里面。家长过度夸奖和不必要的鼓励笼罩在幼儿的精神世界中，并不能有效表达对幼儿的爱和鼓励，反而让幼儿过于依赖外在的评价，而不想真正投入，这弱化了幼儿的责任感和求索能力。“真棒”“真厉害”这类夸奖，一直萦绕在小豆耳边。刚开始，小豆在我们的称赞中收获了喜悦，可是时间久了，夸奖的效果却适得其反。她开始觉得，不管自己表现得怎么样，是否为之付出了努力，都会得到表扬。这样的想法让她在受到表扬后不仅不喜悦，反而认为一切均可坐享其成，反而更加依赖成人的评价。

【案例启示】

1. 转变观念

小豆的胆怯让我们感慨万千。为了让孩子有节奏地成长，我们决定：首先改变自己的教育观念，孩子的成长自有章法，我们要做的是顺应，而不是控制。应当压抑住自己想要过度保护的冲动，合理控制自己的情绪，给孩子积极的心理暗示。我们要相信未来的世界是属于孩子的，需要她自己披荆斩棘，一路前行。因此，现在让孩子自由探索、发展天性是迫在眉睫的。其次，要转向民主型的教养方式，尊重、听取、采纳孩子的意见，让她感觉到自己的主观能动性给生活带来的变化，她就会更加相信自己，充满自信。再次，要给予孩子足够的温暖和陪伴，体察和满足孩子的身心需求，让她充满安全感和自信心，做她勇往直前的强大后盾。

2. 塑造勇敢

在小豆怯懦的背后，我们寻踪觅迹，科学分析，进而有效进行教育突破。

首先，允许孩子说“不”。孩子也是有完整而独立的人格的，当孩子面对周围的人和事物拥有自己落花点点般的想法时，应让孩子充分表达自己的意见，在安全的范围内让她以自己的观点和判断去行事，并承担结果，以此养成孩子自主、独立、勇敢、担当的个性品质。

其次，让孩子进行多重体验。孩子通过自主决策和勇敢尝试后，会有“我能行”的成就体验。感受到成长的甜蜜和体验越多，孩子就会越勇敢。如：小豆快4岁时，我们带她学骑马，这引发了她的兴趣。她经历了从害怕到习惯面对，这其中的飞跃，正是她在一次次体验中，突破了心中的胆怯。若是不留神，缰绳便会从手上滑落，也会带来危险。马儿跑得快，马儿惰性会上来等，这些困难她都一一克服了，她不仅学会了骑马，更加懂得了勇敢、坚持就会有所收获的道理。这是她第一次勇敢尝试，也较好地训练了专注力及驾驭力，这份成功，也激发了她的探索、尝试和挑战的欲望。

另外，让孩子投入丰富多彩的游戏活动。幼儿园里有着各种各样的游戏活动，孩子们可以充分投入、体验，收获满满的快乐与成长；家长朋友也可以多带孩子外出游览、参观，参加各项志愿活动、体验活动等，拓展孩子的经验与视野。小豆就积极参与各种体育活动，如打篮球、游泳、跳绳、骑自行车等；还参与主持、表演等各种文艺活动。经过这些经验的积累和浸润，她从一开始的胆小内敛渐渐变得爱与人交流了，举止也大方了，也更加勇敢了……

3. 沉积陪伴

家长的陪伴，是孩子心灵旅程中安全感之源泉。诸多研究都表明，大多童年获得丰富而温暖陪伴的孩子，成年后都会拥有健康的情趣，温和而大方，快乐又幸福。陪伴，是宝贝最大的渴求，也是家长给予宝贝最好的礼物。

我们反思：自己由于平时比较忙碌，时间多被工作占据了。留给家人和孩子的时间也是较少的，这正是孩子怯弱的一个重要原因。“陪伴”的缺乏，也许会在孩子心中留下恐惧与不安，影响安全感的形成，造成孩子的胆怯和过度依赖。因此，我们挤出时间，开启了紧凑的亲子时光：小豆的爸爸有空便带着她一起运动、弹钢琴；一起探索天文、自然科学知识；一起开启就事说事的探讨，并关注对小豆探索兴趣的培养；一起兴趣盎然地展开亲子游戏，让小豆在游戏中体验、分享快乐。妈妈则领着她学习阅读、唱歌、画画，与伙伴们玩耍，给她讲故事，一起学做蛋糕……慢慢地在我们的陪伴、呵护中，小豆性格改变了，她常常话语滔滔，遇事不再畏畏缩缩了。我们心生欢喜，我们深知：这就是陪伴的巨大能量。我们更从中感受到：没有陪伴的爱，是苍白而无力的。

相信对于每个父母来说，孩子都是最珍贵的，自从孩子出生的那一刻起，我们就会用自己的生命和所有的爱去呵护他。但是，家长朋友们，孩子更是他自己，总有一天会离开我们的羽翼，飞向自己的蓝天。他们需要从这时起，学会独立、学会面对、学会坚强、学会勇敢、学会适应这个未知的世界。我们能做的，就是做好孩子坚实的后盾，支持他们飞得更高更远。

（四）科学领域：让幼儿们都能像科学家一样思考[1]

【案例描述】

文文是一个爱问“为什么”的大班姑娘。从小，文文就对生活中各种各样的事情充满了好奇。“这是什么？”“……为什么？”“怎么办？”

1　本小节由幼儿家长安娜执笔。

都是她的口头禅，她的问题有时把爸爸妈妈，还有老师都难住了。

关注生活，求知若渴

最近，文文和外婆去了熊猫馆，和小熊猫有了一次亲密接触，顿时产生了浓厚的兴趣，想要了解更多关于小熊猫的科学知识。回家后，她在自己的小型“图书馆”里翻来翻去，也没有找到自己想要的信息，于是来向我求助。她用充满好奇和期待的眼神看着我，问道：“妈妈，为什么有的人把浣熊叫作小熊猫呀？”这个问题也把我难倒了，我虽然也见过小熊猫，却从没有想过这个问题，而她只是在动物园里游览了一下，就有这样的思考，让我非常惊喜。于是，我诚实地回答并鼓励她说：“这是个好问题，妈妈也不知道哦，你觉得呢？”

善于思考，探索解决

文文歪着脑袋想了想，还是摇了摇头：“妈妈，我把家里的书都翻过了，没有找到‘为什么浣熊叫小熊猫’。”“那该怎么办呢？”我故作着急道。文文突然眼睛一亮，说：“妈妈，要不我们用手机查查资料吧？上次我不知道斑马线为什么是一道一道的时候，你就是用手机查到了告诉我的呀。”看到文文能够根据上次探索的经验思考，我十分欣喜，摸了摸她的头说：“文文还记得上次解决问题的方法，那我们这次也试一试吧。”于是，我拿出手机，和文文一起通过网络搜索“浣熊为什么叫小熊猫”，文文和我都用期待的眼神紧紧看着手机，等待搜索结果。

仔细分析，自我释疑

搜索结果一出，文文惊呼：“啊，原来小熊猫和浣熊是两种动物呀！”我也十分惊讶，我一直认为浣熊和小熊猫应该是同一个物种，原来我的认知有误区。资料中有浣熊和小熊猫的图片，为了能更好地区分浣熊和小熊猫，我和文文开启了“找茬”模式。“文文，我们一起来看看浣熊和小熊猫有什么区别吧。”文文立刻盯着图片仔细观察起来。“小熊猫长得矮矮的，有一根长长的尾巴。”“妈妈也发现了，那小熊猫是什么颜色的呢?”“是红棕色。妈妈你看，小熊猫的尾巴上是一节一节的环。”“嗯嗯，是的。那我们再看看浣熊。”“啊，在这里！原来浣熊是灰色的呀！妈妈，原来小熊猫和浣熊真的不一样呀！我在熊猫馆以为小熊猫就是浣熊呢！”文文先是发现了浣熊和小熊猫的毛色不同，我又引导她继续观察。“那我们一起看看，除了颜色，小熊猫和浣熊还有什么不一样呢?”文文仔细打量着两幅图片上的小动物:“嗯……这里！小熊猫的四条腿是黑色的，浣熊的腿和身体的颜色一样，都是灰色的。”文文又发现了浣熊和小熊猫腿的区别，我鼓励文文道:“你的观察真仔细，还有什么不一样吗?”文文继续观察了一阵子，眼睛在两幅图片上来回扫视，皱着眉头摇摇头说:“妈妈，我看不出来了。”幼儿的思维能力还处于发展之中，观察不全是正常现象，但是我希望文文能掌握一些观察规律，累积观察经验，于是引导文文跟着我的方向:“那我们一起来找一找。我们先看看脸上有没有区别。”文文认真看着两个小动物的脸:“小熊猫鼻子和嘴巴周围的毛都是白色的，眼睛周围和身上一样是棕色的。”“你再看看浣熊呢?”“哎呀，浣熊的眼睛像大熊猫一样，是黑色的呢！”文文已经发现两种动物脸部的区别了，我又引导她沿着头部，继续向下观察。“文文，你再往下看看它们的身体。你刚刚已经发现了，小熊猫是红棕色的，所以有的人也把它叫作红熊猫，浣熊则是灰色的，对不对?”“嗯，还有腿的颜色也不一样，还有尾巴，上面一节一节的环，颜色也不一样！”我十分惊喜，文文自己按照脸—身体—腿—尾巴，把小熊猫和浣熊的外貌特征描述了出来。这下，文文不仅知道了小熊猫和浣熊是两个物种，更通过自己的观察总结，明确了它们的区别。

总结记录，积累启发

我不禁夸奖文文:“文文按照脸—身体—腿—尾巴的顺序把小熊猫和浣熊的区别说得很清楚，是一个会观察的细心宝宝。”文文嘿嘿一笑:“妈妈，我又知道了一个以前不知道的知识，我把它记在我的‘百科全书’里吧。”(“百科全书”是文文自己建立的，用来记录她日常发现和解决的小问题。）文文找来画笔，根据自己的理解把小熊猫和浣熊画在了本子上，不同毛色的地方都用彩笔努力还原了出来。我继续阅读网页上的讲解部分，又发现了一个有意思的小知识："文文快来，妈妈又发现了一个小秘密，浣熊因为吃东西前，总是要把食物放到水里洗一洗，而且有'饭前洗手'的好习惯，所以才叫浣熊哦。""哈哈哈，浣熊太可爱了。"文文笑得前仰后合："妈妈，浣熊这么爱干净，我也要像浣熊一样做个爱洗手、爱卫生的宝宝。"我欣然应允："好呀，我们是爱洗手、讲卫生的'浣熊之家'。"

【案例分析】

1. 保护好奇——激发自我探索

好奇心是幼儿打开世界之门的钥匙，他们心里总是藏着无数个为什么：为什么天会黑，是水比较重还是瓶子里面的空气比较重，为什么人会放屁……保护幼儿的好奇心，激发幼儿的求知欲，引导幼儿学会探索发现，是家长科学教育的重要原则。

每当文文向我发出好奇的提问时，我首先都会以尊重的态度认真倾听她的提问，同时肯定她对生活的观察与思考。接下来，作为家长我一方面需要"守拙"，遇到较为复杂的科学问题，不轻易把知道的答案告诉幼儿，更不轻易敷衍、搪塞幼儿。让幼儿知道家长不是无所不能、无所不知的，鼓励她自己猜一猜，想一想，可以和爸爸妈妈一起寻找解决问题的方法。另一方面，我也需要"显智"，适时地直接解答幼儿一些简单的科学问题，让她对父母有一些崇拜：爸爸妈妈会得真多呀，遇到难题可以找爸爸妈妈求助，不懂的事情可以和爸爸妈妈讨论。

2. 善于引导——思考解决方法

俗话说：授人以鱼，不如授人以渔。因此，家长不能仅仅善于回答问题，更重要的是引导幼儿学会自己解决问题。

首先，我们要引导幼儿找到科学而适宜的问题解决方法。如，在探索小熊猫的过程中，文文在书籍中寻找答案未果时，求助我在网上查找资料。其次，要引导幼儿进一步观察与思考，利用找到的资料分析解决问题。如，当我和文文发现浣熊和小熊猫是两种动物的时候，我们一起通过观察与分析，找到它们在外貌特征和生活习性上的区别，加深对问题的理解。在文文探索发现的全过程中，我们坚持两个原则。“鼓励”原则：对幼儿的每一个发现、每一步思考都予以尊重和肯定，增强幼儿解决问题的兴趣与信心。“合作”原则：当遇到复杂、难以解决的问题时，让幼儿学会与成人（父母、老师）或同伴合作解决，增强幼儿与人交流、合作解决问题的能力。

3. 总结归纳——强化认知过程

用幼儿的方式，不刻意却有意识地引导文文回顾解决问题的过程，强化“提出问题—分析问题—寻找解决问题的方法—解决问题—总结规律”的各个环节。如：在小熊猫的探索中，文文提到的“百科全书”，就是我们日常用于记录幼儿探索与发现过程的笔记本。文文会将自己发现的问题，解决的过程和最后的结果记录下来。一是巩固对新知识的理解，积累科学知识；二是为之后的探索发现提供参考；三是不断地增强幼儿的成就感与自信心，激励她继续发现问题、解决问题。幼儿对世界充满好奇，要学会用科学的方法寻找正确的答案，正确地认识事物，可以与他人交流、讨论、分享，才是真正走近科学，才会有更多思考和创造的动力。

【案例启示】

1. 阅读是科学的源泉

阅读的习惯会使我们终身受益。生命是有限的，阅读却是无限的。它可以带我们看到远古的时代，也能让我们畅想未来的世界；它可以让我们知晓身边的世界，也能让我们畅游整个宇宙；它可以让我们了解现实的生活，也能让我们体验魔幻的世界；它可以让我们用最简单的方式了解古往今来，也能引起我们最复杂的思考。

从文文出生开始，我们睡觉前都会安排亲子共读时间，从无字的色彩丰富的绘本，慢慢变成有趣的翻翻书，再进化到神话科幻和科普知识类读物。《神奇校车》系列是一套将奇特的想象和抽象的科学知识完美融合的科普绘本，情节惊险刺激，语言生动爆笑，对话童趣可爱，让小朋友爱不释手，很长一段时间都是文文睡前读物的首选，文文在阅读的过程中也掌握了很多科学知识。除了纸质书，听书也是一种阅读的途径，很多成熟的科普读物都有很多很有意思的有声书版本，一个小小的播放器就让枯燥的旅途有了丰富的颜色，比书本更方便携带。《幼儿大科学》让动物自己发声，为自己代言，用生动有趣的故事让孩子了解动物、植物、昆虫、社会生活、宇宙科学等主题。探索大自然的奥秘，激发了幼儿对自然科学的兴趣。《你好呀！故宫》里可爱的小松鼠图图和无所不知的龙爷爷，用幼儿们喜欢的语言讲解中国传统文化中的建筑、服饰、字画珍宝，让幼儿从建筑中了解凝固的历史，从服饰中体会流动的文明，从字画珍宝中感受各朝各代的风土人情，让静止的文物鲜活起来。

在与幼儿共同阅读的过程中，我们也会收获许多，不仅可以找到失去多年的童真童趣，更让我们学习到了很多以前错过的、遗忘的、疑惑的知识，更重要的是在与幼儿合作探索的过程中，建立起了密不可分的感情。

2. 自然是科学的呈现

我们是自然的幼儿，书本的内容到了大自然中才更加鲜活起来。幼儿天生是属于自然的，在自然环境中他们都是充满乐趣、充满想象力的科学家和艺术家。

不管工作有多忙，我们家每周都至少安排一天的户外活动。春天，公园里看万物复苏，小草冒头，大树发芽；夏日，在植物园中，感受明媚的阳光，欣赏鲜艳的花朵；秋季，在果园里，体会丰收的喜悦，享受果香四溢；冬天，寒风凛冽，可能有雪花，梧桐树都变成了光秃秃的树枝。风，在书本里可能是云朵大叔鼓着嘴巴吹气，可能是一个打圈的螺旋，而在大自然中，抽象的风就变得具象起来，我们能感受到风吹在脸上，或轻抚或刺痛，能看到垂柳随风飘荡，可以看见风筝迎风而上。《生命的故事》里每一种小虫子在大自然里都变得生动起来，聒噪的蝉、优雅的七星瓢虫、美丽的蝴蝶，还有让文文吓得汗毛都要竖起来的毛毛虫，不再是书本上扁平的抽象的照片，而是真实而又鲜活，让幼儿对生命有了更深刻的认识。大自然是幼儿最自由的天地。

3. 动手是科学的实践

动手在科学领域不仅仅局限于科学小实验，还是当幼儿提出一个问题时，我们用科学的方法追寻答案，激发幼儿的探究兴趣，体验探究的过程，发展幼儿初步的探究能力。

盐放进水里为什么不见了？水又会有什么变化？糖放进水里也会不见吗？那面粉呢？沙子呢？当幼儿问为什么的时候，我们应该高兴，高兴幼儿对世界有了好奇，有了探索的欲望，我们家长也可以多问问："你觉得呢？""如果不这样，会怎样呢？""我们一起试试吧？"

我们和幼儿一起动手，探索科学。让幼儿在行动中，学会计划、观察、比较、推理、讨论等科学探究的方法。慢慢地，他们从需要我们的引领，变得可以独立思考，解决问题。科学启蒙，并非为了让幼儿都成为科学家，而是为了让他们像科学家一样思考，让他们更深刻地体会科学的魅力！

（五）艺术领域：彼此教育——换位、理解、同理、共情、接纳[1]

【案例描述】

雯雯现在5岁10个月，是幼儿园大班的小朋友。性格活泼开朗，又不失敏感细腻。幼儿是天生的艺术家，他们充满好奇，极富创意。雯雯就是这样常常带给我们惊喜的。

---

1 本小节由幼儿家长沈冠华执笔。

自然而生的“小画家”

雯雯对于艺术的兴趣，要从她3岁说起。雯雯那时就表现出对画画的强烈兴趣。一有时间就喜欢拿着画笔在纸上涂涂抹抹。上了幼儿园，美术活动的内容更加丰富了，她有了更多绘画的体验，用不同材质、不同工具、不同颜色勾勒出美妙的图画。作为家长，我们没有刻意要求她练习画画或报名培训班，我们希望她是跟随着自然的兴趣指引，按照自己的节奏，一步步前进。我们家里有一道独特的风景，就是一面白板墙。看上去它与整个室内的装修格格不入，但却是家里最美丽的装饰。这块小天地是雯雯的创作区域，她特别喜欢在上面涂鸦。家里也买了很多绘画工具，涂鸦本、画板等，空闲时，雯雯就喜欢和她的“色彩朋友”做伴，涂涂画画，有时候可以一连几个小时，一点都没有厌烦的感觉，让我们这些大人也不禁有些敬佩。即便是重复的内容，雯雯可以多次画出不同的模样，还喜欢把画面中人物、动物的故事讲给我和妈妈听。真是天马行空，想象无限。

一次偶然的机会，她和好朋友一起试上了一堂幼儿绘画启蒙课。我们原本认为她会不喜欢课堂形式的束缚，但雯雯仿佛打开了新世界的大门，她非常喜欢美术课。90分钟的时间，她都非常专注，在老师的引导下呈现出的作品从线条运用、形状描绘到色彩都让我们感到十分惊喜。在雯雯的强烈要求下，我们给她报名参加了绘画课。每次上课雯雯都早早收拾好自己的工具，等着爸爸妈妈送她去。有时，绘画课因故停课，雯雯还会问假期可不可以去。随着不断地学习和练习，雯雯在绘画经验和技巧上有了更多的积累和进步。最让我们感到高兴的是，绘画班的学习并没有局限她的想象，而是让她学会了表达自己创意的更多方法。

兴趣引导的“钢琴家”

雯雯还在蹒跚学步时，我们就发现，她会跟着音乐的旋律有节奏地扭动身体。再长大一些，她就表现出不错的乐感，听过的儿歌也能跟着旋律哼唱。这些都是幼儿对音乐天生的感知与兴趣。后来上了幼儿园，雯雯喜欢把在幼儿园学习过的歌曲，特别是参与的演唱节目，给家里人表演。别看她人小小的，对自己的要求却很高。每次给我们表演之前，都会自己一个人先练习，不许家人看，练到满意才会展示给我们看。为了满足雯雯的音乐兴趣，引导她进一步感知，家里也买了许多音乐小玩具，有迷你钢琴、小鼓、铃鼓、三角铁、沙锤、木琴等。雯雯平时会自己敲敲打打，也会和家人合作演奏，一起玩小小音乐会的游戏。

一次，雯雯到亲戚小姐姐家玩，看到小姐姐正在练琴，她一下被钢琴这个大家伙吸引了。看到小姐姐用手指轻轻一触，大家伙就会唱起好听的歌，她也忍不住坐过去模仿。伸出手指，小心翼翼地触碰着琴键。不同的琴键会发出不同的音调，雯雯觉得神奇有趣。看到雯雯如此有兴趣，我们就带她到专业的钢琴培训机构的琴房里去体验。雯雯在里面玩得不亦乐乎。于是，我们决定让雯雯去钢琴课上试一试。从“玩”钢琴开始，经过一段时间的熟悉和引导，雯雯适应了钢琴课的节奏。我们一直担心每周练琴她会觉得枯燥反感，但是雯雯对练钢琴丝毫不排斥，一直坚持，有时候还主动要求去上课的地方练琴。她由一开始的感兴趣，慢慢地喜欢上钢琴课，再到坚持练习，这让我们既意外又欣喜。在兴趣的引导下，一个小小钢琴手正在慢慢成长。

随性慢热的“舞蹈家”

妈妈因为学过舞蹈，便想引导雯雯也尝试舞蹈，一方面作为体育运动的补充，同时也培养体态气质。于是，在小班的时候，我们给雯雯报了舞蹈班，想让她得到专业的练习。但是，雯雯似乎对舞蹈不感兴趣，无论怎么劝说她都不愿意去，第一次的舞蹈学习只能作罢。后来的两年，我们多次与她沟通是否愿意学跳舞，得到的也都是否定的回答。有时，我们带她去舞蹈室外等小伙伴，她也只是在外面静静地看着，问她愿不愿意进去和小伙伴一起玩，她连忙摇头。我们心想，看来孩子对舞蹈真的不感兴趣。然而，上大班后的一天，雯雯居然在家里主动唱跳起了之前看过的，小伙伴在舞蹈班上学习的舞蹈。她翩翩起舞，脸上的笑容满是快乐，还哼唱了舞蹈的背景歌曲。后来，幼儿园排演舞蹈节目，雯雯作为主力成员也完成得很好。这让我们感到惊喜，原来雯雯并不是缺少舞蹈细胞，也不是排斥跳舞，可能是她对舞蹈的兴趣比较“慢热”，可能是我们之前的引导过于急躁和强势，没能激发她对舞蹈潜在的兴趣，又或者她只想在自由的时间地点随性起舞，不喜欢被专业的培训束缚……总之，在舞蹈方面，我们决定让她跟随着自己的兴趣，做一个自由随性的“舞蹈家”。有一天，当她要更进一步、系统学习的时候我们也会支持。而如果她更喜欢自由舞动，也未尝不可。有时候其实并不是幼儿缺少天赋，而是我们家长缺少发现、缺少引导，埋没了幼儿兴趣。总而言之，家长要换位、理解、同理、共情、接纳。

【案例分析】

1. 尊重兴趣，注重引导

心理学中的兴趣，是指一个人力求认识某种事物或从事某种活动的心理倾向。爱因斯坦说过，“兴趣是最好的老师，兴趣永远胜过责任感”。心理学认为，当有浓厚兴趣时，人的大脑会处于非常活跃的状态，神经细胞十分兴奋，所以可以大大提高专注程度和学习效率。作为家长，我们首先要尊重他们的兴趣和独特感受，它是幼儿产生学习行为的前提。由于学前阶段的幼儿兴趣维持的时间较短，因此更需要我们家长运用适当的引导和教育，充分激励，适时引导，对他们的兴趣给予肯定与支持，创造机会和条件，强化他们的体验与学习，给予积极回应和鼓励。

2. 良好氛围，合力营造

家庭是幼儿的第一所学校，父母是幼儿的第一任老师。家庭艺术环境的熏陶和家长艺术气质的影响对幼儿的艺术发展至关重要。在雯雯上幼儿园以前，我们就开始有意识地营造家庭艺术氛围，对她进行艺术启蒙。如：让她阅读色彩明快、个性风格比较强烈的绘本，听各种类型的音乐，带她参与亲子音乐会，观看幼儿剧，到艺术馆参观等，希望她从小便能够感受到，我们的生活是如此丰富多彩、富有艺术情趣。在目前的绘画和钢琴的学习中，我们没有过多地预设目标，希望她最大限度地在自己的艺术实践中感受到色彩、线条、音符、节奏本身带给她的快乐。每次绘画或弹奏中，如果她能有自己的思考或表达，就更加值得鼓励。当然，有的时候她也会有不想练习的时候，我们会先尝试和她沟通，如果确实暂时兴趣缺失也不强求，不过要讲道理，在度过当前短暂的疲倦期后，还是要继续。毕竟坚持不易，在幼儿并没有强烈抵触的前提下，很多时候需要家长的引导，幼儿才能持之以恒。

3. 顺天致性，守望花开

《3—6岁儿童学习与发展指南》里对艺术方面有如下描述：幼儿对事物的感受和理解不同于成人，他们表达自己认识和情感的方式也有别于成人。幼儿独特的笔触、动作和语言往往蕴含着丰富的想象和情感，成人应对幼儿的艺术表现给予充分的理解和尊重，不能用自己的审美标准去评判幼儿，更不能为追求结果的“完美”而对幼儿进行千篇一律的训练，以免扼杀其想象与创造的萌芽。

首先，用平常心对待幼儿的艺术教育，教育本身就是一种慢的艺术，每个幼儿都有自己独特的天性，爸爸妈妈一起来支持和陪伴幼儿，多和幼儿对话，有助于让幼儿在自然放松的环境下自然成长。艺术是对美的一种追求，幼儿对艺术有天然的趋向，但每个幼儿具体的艺术天赋和艺术表达各不相同，如有条件，可以全面开花进行启蒙，再通过耐心的观察去发现幼儿的艺术特长，不要拔苗助长，让他们慢慢地绽放，我们要相信幼儿自己有力量成长为他本来的样子。就像《窗边的小豆豆》里面的小豆豆一样，每个人都会有自己的闪光点。

【案例启示】

1. 以幼儿的视角思考艺术

父母和幼儿，应该是彼此影响、彼此欣赏的，更应该是彼此成就、彼此教育的。对于幼儿的成长，家长们仍有许多的认知盲区亟待突破，我们要学习的东西也是永无止境的，唯有此，才能真正认识幼儿、理解幼儿，和幼儿共同成长进步。在教育幼儿的同时，也要学会被幼儿教育，弥补自己的不足，学会如何与幼儿建立起更好的情感连接，这对我们和幼儿未来的成长都是毕生受用的。幼儿是独立的个体，有自己的兴趣和思考，有自己的艺术表达方式。我们不应将自己的意愿强加给幼儿，让幼儿完成我们想让他做的，成为我们想让他成为的。我们要学会放下姿态，站在幼儿的角度用心去体会幼儿最真实的内心想法和兴趣爱好，让他可以沉浸在自己喜欢的、感兴趣的艺术领域里，这样幼儿才是真正快乐、幸福的。

2. 以幼儿的视角引导艺术

每个幼儿心里都有一颗美的种子，每个幼儿心里也都会有他最喜欢的事物和爱好。但是要做好一件事，只有兴趣是远远不够的，真正的艺术教育是丰富幼儿的感知世界，为他们创建另一个认识世界、表达自己的窗口。因此，遵循幼儿身心发展的规律进行艺术学习的引导非常重要。

首先，营造良好的家庭艺术氛围。我们应当营造轻松、愉快的家庭艺术精神环境，对幼儿的艺术兴趣、艺术创作和艺术表达给予尊重、支持与肯定，让幼儿愿意关注艺术、体验艺术。我们还应当用多元的材料丰富家庭艺术物质环境。如：让幼儿用自己的作品或其他艺术品装饰家庭环境；提供数量充足的、种类多元的材料支持幼儿的艺术创造。

其次，积累丰富有益的艺术经验。幼儿的思维具有直观形象的特点。越是真实的、贴近他们生活情境的事物和体验，越能引起幼儿的注意，激发幼儿的学习兴趣。家长要用丰富的活动启发幼儿、引导幼儿。如：我们可以经常带他们参观园林、名胜古迹等人文景观，讲讲有关的历史故事、传说，还有必要偶尔带他们去剧院、美术馆、博物馆等欣赏文艺表演和艺术作品，丰富他们的艺术体验和经验，激发他们对艺术的喜爱与坚持。

再次，鼓励创造性的艺术表达。想象力与创造力是幼儿进行艺术创作的源泉，是幼儿最宝贵的艺术品质。我们应当尊重、鼓励、激发幼儿的想象力与创造力。利用评价强化幼儿的创造，尊重幼儿特别的想法、与众不同的表达、充满创意的做法，给予具体而积极的评价，如“你能有自己的想法，真棒！”，丰富幼儿创造的经验，以丰富的活动帮助幼儿感受生活进而创造性地表达生活。

艺术需要培养和发展。要保护幼儿的艺术兴趣、保持幼儿的艺术热情、培养和发展幼儿的艺术能力，最好的办法是家长真正地理解、尊重和科学、适宜地教育，让幼儿自己感受，让幼儿自主表达，让幼儿收获信心，从兴趣走向坚持，从坚持走向快乐。这样，幼儿的生活就会充满艺术，人生就充满乐趣。

二、热点问题家庭教育案例

当今社会正处于多元变革时期，政治、经济、文化发展日新月异，深刻影响着人们的生活方式，学前教育自然也不例外。日新月异、日趋复杂的教育环境，不断变化的家庭关系与结构，催生了具有鲜明时代特征的家庭教育问题。教师，是幼儿成长过程中权威、专业、亲密的引领者。在本节中，教师用自身的专业视角，观察、解读、分析幼儿成长中的热点问题，并为家长提出科学而有针对性的指导建议。

（一）分离焦虑：爱上幼儿园

【案例描述】

九月开学季，小班适龄幼儿第一次走进幼儿园的大门，第一次较长时间离开日夜相处的家人，离开熟悉的家庭环境来到一个陌生的环境，这是他们向社会这个大群体迈出的第一步。这一步，对于不少幼儿来说，是勇敢的第一步，更是艰难的第一步。在这一过程中，由于直接面临与家长的长时间分离，幼儿经受着分离焦虑所带来的情绪变化冲击，有些幼儿能够顺利适应，而有些幼儿却很难适应。沐沐是一名刚入园的小班幼儿，她的分离焦虑比较严重。

情绪变化无常

沐沐是班里哭得最厉害的幼儿之一，从早上入园与家长分开那一刻起，她就开始哭。为了安抚她，教师想了许多办法，带她玩游戏，给她玩具，而她则把玩具推到桌子中央摆好，并时不时地冒出一句“我要妈妈”。一日活动中，无论是室内的活动还是户外的活动，都可以看到她哭泣的面庞，眼睛总是红肿着，还时不时地来一句“爸爸妈妈”或“我要爸爸”。只有到了家里人来接她的时候，她的嘴角才露出一丝笑意……

生理作息紊乱

正值午睡时间，整个幼儿园都非常安静。突然，一阵大哭打破了这种安静，那哭声一直没有停下来……老师把沐沐抱进了教室。沐沐站在地上大声地哭喊着要爸爸妈妈……过了好久，才愿意坐在床上，但依旧不愿午睡，抹着眼泪。即使到了用餐的时候，她的哭声也不曾停止，边吃饭边哭泣，依然伴着那句“我要妈妈”！沐沐因为情绪波动出现了拒绝进食、食欲下降、食量减少等情况。

行为意识弱化

沐沐动手能力不强，午睡前后穿脱衣服和鞋子基本不会，需要老师帮，尿湿裤子的现象每天都会上演。人际交往能力差，抵触集体活动。入园第二周，班上的幼儿都已经很少哭了，开始渐渐地融入了幼儿园的生活，可沐沐没有其他幼儿适应得那么好，还是时不时会哭。教学活动时，其他幼儿都在老师的带领下玩着开小火车的游戏，笑容洋溢在他们的脸上，而沐沐却坐在椅子上，双手拿着从家里带来的玩具，眼睛红红地看着其他小朋友做游戏。老师走过来把她拉进小朋友当中一起做游戏，不一会儿，沐沐又走回自己的椅子坐下了……

【案例分析】

1. 状况评估

研究表明，幼儿在刚进入幼儿园时会因面对新的人际关系而感到焦虑。一般情况下，幼儿产生强烈的依恋感是在3岁左右，即刚进入幼儿园时。幼儿刚开始进入幼儿园，会因不熟悉的环境、教师和同伴产生不安全感。一旦亲人离开，幼儿就会因为没有依恋对象而感到不安全并形成焦虑。分离焦虑即幼儿与父母或其他依恋者分离引起的悲伤、烦恼、紧张、焦虑和恐慌的情绪体验。

分离焦虑主要表现：分离焦虑情绪时间延续性较长，大部分刚入园的小班幼儿情绪不稳定，但在一到两周左右基本能得到缓解，而个别较为严重的则会持续一到两个月，甚至一年左右；出现的频次较多，刚入园幼儿因为主要生活场所改变，焦虑情绪分布全天，而早晨入园、中午进餐以及午睡分布频次相对较多；严重分离焦虑的幼儿常表现为少话、默坐、情绪低落、自言自语和独自活动，个别重度分离焦虑幼儿由于不知如何表达友好，经常在活动过程中出现攻击性行为。[1]

2. 原因分析

（1）幼儿自身因素

一是缺乏自理能力，小班幼儿入园后不能独立照顾自己，加之教师须照顾多个幼儿，幼儿心理上形成巨大落差，体验到挫败感而加剧分离焦虑情绪。二是不良的同伴关系，入园前家庭人际交往环境较为封闭，导致幼儿缺乏独立交往的能力，影响幼儿对幼儿园环境的适应。三是过于依恋家人，家长较少进行分离训练，依据鲍比尔的依恋理论，幼儿分离焦虑产生的前提条件是幼儿与抚养者的依恋程度。当幼儿越依恋抚养者，其分离焦虑的程度就越显著，表现为缺少安全感，产生紧张、不适的情绪状态。

---

1 周晓慧，张妮妮，王丽娟 . 幼儿园小班幼儿分离焦虑调查分析［J］. 新西部，2020（12）：37+132.

（2）家庭生活因素

一是家庭组织结构。[1]社会学家将人类传统的家庭模式分为核心家庭、主干家庭和扩大家庭三类，本文个案中的沐沐处于核心家庭结构并且是独生子女家庭，父母老来得子，将所有的爱全部倾注在沐沐身上，对沐沐有求必应，偏袒呵护。在这样的环境中长大的幼儿，会觉得家人应时刻围着自己转。长此以往，很容易养成他们以自我为中心，自私、任性、霸道的性格以及不善于与人交往、不理解包容他人的个性。而这种心理特征在幼儿初入园时，极易诱发幼儿的入园焦虑。

二是家长焦虑情绪。幼儿的焦虑问题与家庭情绪有紧密的联系。学前幼儿的情绪有易变化、易冲动、易传染、易外漏的特点。他们对情绪的控制有困难，有时也不知道该怎么表达自己的情绪情感体验。同时，小班幼儿行为具有强烈的情绪性，爱模仿，思维仍带有直觉行动性的心理特点。沐沐妈妈具有易焦虑型心理特征。当家长自身处于过度焦虑的情绪时，会形成心理暗示，让沐沐无形中产生对幼儿园的焦虑情绪。

三是方法策略不当。家长缺少科学应对幼儿分离焦虑的措施，家长对幼儿分离焦虑了解较少，不能够及时找到幼儿产生分离焦虑的原因，在面对幼儿抗拒入园时处理不当，往往还会加剧幼儿的分离焦虑情绪。

（3）幼儿园教育因素

教师缓解幼儿分离焦虑方法单一，未能完全根据不同气质类型的幼儿采取不同的方法，让幼儿获得安全感。许多幼儿刚入园时，一方面不敢表达自己的想法，另一方面不知道该如何表达。再加上教师对幼儿的了解不如家长那么细致、全面，所以，面对幼儿情绪不稳定的状况，教师如果不深入思考、分析，就难以正确判断并从根本上解决问题，家园合作体系须进一步完善。

1　冯春春，李经天．新入园幼儿焦虑症状成因的家庭因素及个案对策研究［J］．早期教育：教科研版，2015（9）：36-39.

【案例启示】

1．关注适应能力的发展

要提升幼儿的自理能力。自理对幼儿现实挑战较大的重要原因是他们的肢体发育尚未成熟，所以在入园前的家庭生活中，作为家长，应学会放手，逐步培养幼儿自理的意识和能力，让幼儿做他们力所能及的事情，增强他们的主人翁意识，让他们从中获得成就感，降低对家人的过度依恋。如：尝试让幼儿独立吃饭、入睡、穿脱衣袜等，逐步养成幼儿的生活自理能力。在这个过程中，家长可寻找一些关于独立吃饭、入睡、穿脱衣袜等的儿歌，支持和帮助幼儿更快地学会这些基本的生活技能。要知道，幼儿都具有巨大的发展潜力，幼儿自身的本领越大，入园后遇到的困难和障碍就会越少。[1]

2．调整家庭教养方式

首先，家长须了解幼儿园的一日活动安排，如入园、集体活动、午餐、午睡时间等，逐步调整幼儿在家的作息习惯，让幼儿的活动时间与幼儿园保持一致，便于幼儿融入幼儿园生活。其次，家长要正确认识幼儿的入园焦虑。大多数幼儿会出现哭闹、拒绝饮食和情绪不稳定等情况，严重的还会出现夜惊、尿床、呕吐等症状，这是一种正常的表现，家长不用太过担心，减少焦虑，调整心态，给幼儿营造轻松的家庭氛围。最后，家长要树立正确的教育观。家长要肯定和赞赏幼儿上幼儿园的行为，不要向他传递担忧和不舍的情绪，多与幼儿沟通，减少对幼儿负面情绪的暗示，而要把上幼儿园当作一件充满期待的事来讨论，让他乐于进入幼儿园。

3．保持家园教育一致

（1）走进家庭，帮幼儿消除恐惧心理

对于像沐沐这样分离焦虑较重的幼儿，教师应在幼儿入园前尽可能

1　王慧．认识与化解“入园焦虑”——从幼儿的视角出发［J］．社会科学Ⅱ辑·时代教育，2016（24）：255.

地了解幼儿，建立班级微信群，开展家访，逐一接触幼儿，了解他的兴趣爱好、性格、生活习惯及饮食习惯、家庭环境、父母对教育问题的看法等，与幼儿初步建立感情。幼儿园可以召开新生家长会，帮助家长了解幼儿园概况、师资及家园合作等情况；并且普及新入园幼儿的心理知识，了解新入园幼儿可能会出现的问题及其原因，请家长们正确对待，为幼儿入园作好铺垫。

（2）走进幼儿园，感受温暖大家庭

教师可邀请家长一起来幼儿园认识和熟悉环境。在父母的陪同下，幼儿会对他们即将生活和学习的环境放松警惕，从而更容易产生好感。家长可带幼儿一起参观幼儿园的环境设施、认识教师、玩玩具，让他产生想上幼儿园的欲望。正式开园前，教师可根据幼儿的年龄特点、兴趣、需要，精心布置活动室的各个角落，开展入园适应系列活动，从而激发其来园的兴趣，为入园适应奠定基础。如开展亲子入园适应活动：第一周前三天，幼儿分两批、分上下午来园，家长带着幼儿一起进行亲子游戏、生活活动等，熟悉一日生活流程；第一周的后两天，幼儿独立尝试在园半日，对上幼儿园进行过渡，这时候幼儿对教师的态度情绪体验最敏感、最仔细，感受到师爱时会得到极大的满足，表现出安全、幸福的情绪体验。

4．发挥教师的能动作用

（1）丰富活动，缓解入园焦虑

游戏是幼儿的天性，也是幼儿的基本活动。在游戏中，幼儿始终处于积极的主动状态。这不仅为幼儿与同伴之间的交往提供了便利条件，更为幼儿宣泄和转移自己的不良情绪提供了可能。因而，教师应从小班幼儿的年龄特点出发，开展各种丰富多彩的游戏活动。选择情节简单、生动有趣而又参与度较高的游戏，激发幼儿主动参与的热情与冲动，增加同伴交往的频率与深度，使幼儿在嬉戏玩耍的过程中，在分工合作的协作过程中，体验到合作的乐趣与成功的喜悦，并在集体中找到自身的位置，重新获得安全感与归属感，克服其对幼儿园环境的焦虑感和恐惧感。[1]同时，绘本阅读在缓解幼儿入园焦虑、增强入园适应性方面有其内在机理。让幼儿提前阅读绘本，快速了解幼儿园生活，可以缓解分离焦虑，增强适应性；与幼儿一起模仿绘本主人公宣泄焦虑情绪的方法，可以缓解分离的失控感，建立正面示范；提供适合、吸引幼儿的绘本，可以缓解分离的孤独感，增强情感性适应。[2]

（2）给予肯定，增强自信心

随着时间的推移，家长逐渐与幼儿园、老师建立起一种信任的关系，家长能适时地按照幼儿在园的习惯进行培养，使得幼儿逐渐喜欢幼儿园，喜欢和老师、小朋友在一起的集体生活。教师在幼儿园也要关注细节，并适时给予肯定等。幼儿有一点进步，老师都要及时表扬和鼓励，如幼儿上幼儿园没哭，把自己的早点吃完了，主动向老师问好，和爸爸妈妈说再见，等等。可以采取奖励小红花，分发糖果饼干的方式，增加幼儿的自信心。教师多一份鼓励，幼儿就多一份自信，在鼓励和自信中幼儿就会一天天成长！

三岁的幼儿新入幼儿园，是从自然人迈向社会人的重要一步，是一个个新生命从诞生以来，真正从家庭走向社会的第一步，是幼儿走向独立的第一块踏板，有着非常关键且重要的作用。面对幼儿的焦虑，我们要积极动脑寻求有效的缓解方式，让幼儿的幼儿园生活有个良好的开端，让快乐陪伴着幼儿在园的每一天。

（二）心理健康："多动"的贺贺

【案例描述】

贺贺今年6岁，刚刚插班到一所幼儿园的大班就读。他曾经在多所

1 史文秀 . 马斯洛需要层次理论视野下的新入园小班幼儿分离焦虑及其缓解［J］. 内蒙古师范大学学报（教育科学版），2010（12）：67-69.

2 黄鸿 . 绘本阅读缓解幼儿入园焦虑的实践研究［J］. 中国高新区 . 2018（8）.

幼儿园间断性地就读过两年。在幼儿园里，贺贺总是在教室飞速奔跑，横冲直撞。凡是他所到之处，桌椅、摆设无不东倒西歪。不论是集体活动、自由游戏还是进餐、午休，他都在教室里随意喊叫，还不时地从其他小朋友手里抢夺玩具、操作材料。老师语言引导，介入制止，他就大喊大叫、大声骂人，甚至对老师拳打脚踢。因此，他数次被幼儿园婉拒，成为家长、老师眼里的“问题孩子”。

认知、语言能力发展迟缓

别看贺贺已经6岁了，但是他语言表达能力发展情况不佳，不能清晰地说出完整、连贯的句子，只会骂人的秽语。并且，他对数学学习存在明显的抗拒，十个数以上就无法数清。

无法适应幼儿园生活

贺贺刚来到幼儿园时，对幼儿园的一日常规、纪律非常不适应。集体活动时，小朋友们都坐在自己的小椅子上，他就拉扯这个、拉扯那个，一会儿又拿教室里的玩具，拿盥洗间的拖把，或者干脆搬走小朋友的椅子。老师制止他，他就躺在地上，一边打滚，一边大喊:“救命啊，救命啊!”他进行任何活动的时间都无法持续5分钟以上，经常拿过东西来摆动两下，丢在地上，又去寻找下一个“目标”。对他而言，坐在座位上是相当难熬的，要不停地在教室里走来走去，拿教室里任何能拿到的东西玩。他经常会变得烦躁不安，在游戏活动、绘本阅读时大喊大叫。老师提醒他安静，他张口就骂，秽语频出。

难以进行人际交往

由于贺贺难以控制自己的行为，经常不经过别人同意，就抢夺别人的东西，小朋友们都不喜欢和他分享。遇到这种情况，他就跟小朋友争执，毫不让步，蛮横地抢夺，甚至伤人，直到把东西抢到手为止。他内心十分想跟大家亲近，但是因为他任性、蛮横，小朋友总是不和他一起玩，他就时不时地故意打断别人的游戏，破坏别人的作品，大发脾气。

童年受到父母恐吓

别看贺贺在幼儿园“称霸一方”，在家里却十分畏惧父母。平时爸爸妈妈工作比较忙，无暇顾及幼儿，就把贺贺交给奶奶照料。奶奶对贺贺十分宠爱，百依百顺，就养成了贺贺任性而为、缺乏规则意识的习惯。爸爸妈妈发现贺贺的不良行为，立刻意识到了问题，开始亲自教育，但是教育方法就是打骂。一旦贺贺出现过分的行为，一顿训斥和拳打脚踢是免不了的。同时，爸爸还吓唬贺贺，要是他再这样不听话，就把他送到孤儿院。在这样的教育方式下，贺贺的自控能力反而愈加低下，并且他开始模仿父母在家训斥他的动作和话语，来吓唬幼儿园的小朋友。

【案例分析】

1. 状况评估

多动症，又称为注意缺陷与多动障碍（Attention deficit hyperactivity disorder, ADHD ），是一种在幼儿中比较常见的神经和精神障碍性疾病。经过分析，幼儿园老师判断贺贺具有多动倾向，主要表现为：① 注意障碍。这是该症最明显的表现，贺贺不能集中注意力于一定的场合或事物，缺乏选择性集中注意，对于任何已开始的活动不能始终坚持，常常半途而废。② 冲动性。贺贺情绪不稳，极易冲动，做事仅凭兴趣，情绪波动大，对自己感兴趣的事物易过度兴奋、手舞足蹈、忘乎所以，稍受挫则易怒、发脾气、伤人，不能控制自己的情绪。③ 行为过度。贺贺一天在幼儿园上蹿下跳，活动量大，进餐、睡眠等难以形成规律；好破坏，爱冒险，不知危险，行为不分场合。④ 学习障碍。虽然贺贺的智力没有缺陷，但表现出学习困难。[1]

1 熊忠贵 . 幼儿注意缺陷多动障碍的综合研究［D］. 武汉：华中科技大学，2006.

2. 原因分析

那么造成贺贺多动倾向的主要原因是什么呢？关于多动的原因，目前较多学者倾向于认为是许多不同病因所致的一组综合表现，或是在先天遗传不良和某种神经递质缺陷的基础上，加上后天某些原因造成的脑损伤或精神创伤，促使了症状的出现或发展。

（1）生理因素

据了解，贺贺的爸爸也十分易怒，脾气暴躁。因此，父亲的遗传因素可能对贺贺的多动倾向有一定影响。[1]同时，冲动、暴躁型人格往往会让家庭关系较为紧张，母亲可能在孕育贺贺期间，生理、心理状况不佳，在一定程度上导致了贺贺多动倾向的发生。[2]

（2）心理因素

① 家庭教养方式不当

贺贺从小主要是由奶奶照料，奶奶的溺爱养成了他任性、以自我为中心的个性。同时，父亲又对他严格要求、严厉管教，使得贺贺出现了“反抗”的心理和行为。充满矛盾的双重不稳定教养，促成了贺贺多动倾向的发生。另外，父亲的暴躁、易怒，暴力解决问题的方式对贺贺形成了负面示范。[3]

② 幼儿园教育方式欠佳

贺贺的问题行为，使得他在幼儿园受到了小朋友们的排斥与反感。老师也对他无可奈何，几乎放弃，没有及时联系家长，合作进行调节和矫正，这使得贺贺缺乏科学适宜的行为引导。贺贺想要与人交往，但是因个性与行为问题无法正确进行，而他人给予的负面反馈又进一步刺激了贺贺的不良情绪，使得原本不恰当的人际交往愿望与行为陷入负面情绪的恶性循环。

---

1 陈寿康，王玉凤，刘靖，季军，顾伯美，贾美香．学习困难和多动幼儿父母个性特点的初步探讨［J］．中国心理卫生杂志，1992，6（6）：246–249，286.

2 周韦华，罗学荣，韦臻，朱炎．注意力缺陷障碍伴多动幼儿个性和行为特点与其家庭环境［J］．中国临床康复，2005，44（9）：72–74.

3 王媛，张姗红，王鹏，钟苑心，杨斌让，王玉凤．注意缺陷多动障碍幼儿的父母养育方式与情绪问题的关系［J］．中国心理卫生杂志，2019，33（8）：607–611.

【案例启示】

为了使贺贺能尽快融入集体生活，减少问题行为的发生，尽可能弥补和减少多动倾向带给贺贺的负面影响。我们需要进行有效的介入与矫正。

1．确立改善目标

教育活动需要以一定的目标为导向。我们首先要针对他的一系列不良行为表现，突出具体目标。通过家庭和幼儿园的双向协助，以游戏、教育等方式进行良性引导，改变他不当的交往行为、不良的行为习惯，使他能以较为稳定的情绪投入学习与成长中。

2．制订实施计划

（1）科学认识，寻求改变

研究表明，多动倾向幼儿表面看起来十分调皮淘气，不遵守常规，注意力无法集中，情绪暴躁、冲动等，但这都不是他们故意为之，更不是与家长、老师恶意对抗，而是他们对自己的行为缺乏控制。因此，作为父母，首先要正确、科学地认识贺贺的行为，理解他的表现，包容他的过错，同时以温暖的陪伴和积极的态度引导贺贺朝良性改变，帮助贺贺养成良好的行为习惯。[1]

首先，营造良好的家庭环境，提供高质量的陪伴。父母应当尽可能地陪伴、关心贺贺，以平等、尊重的方式与贺贺进行沟通，不应让贺贺总是生活在威胁恐吓的情绪状态下。[2]同时，通过有针对性的游戏和活动，有步骤地引导贺贺进行转变。其次，家长应给贺贺树立良好的情绪和行为示范，避免不当行为对幼儿的负面影响。再次，家庭成员内部要统一教育理念与方式。教育效果受到多方面因素的制约，如果家庭内部成员没有密切配合，教育效果将会大打折扣。最后，与幼儿园紧密联

1　刘华清．学会与多动的幼儿相处［J］．家庭医学：上半月，2001（7）：28.

2　周韦华，罗学荣，韦臻，朱炎．注意力缺陷障碍伴多动幼儿个性和行为特点与其家庭环境［J］．中国临床康复，2005，9（44）：72-74.

系，协同合作。幼儿园是开展幼儿教育的专业场所，家长应与老师保持积极的联系，了解幼儿在幼儿园的表现，向老师请教解决幼儿发展问题的科学思路和策略，与幼儿园密切配合，引导幼儿的行为。[1]

（2）游戏为主，针对改变

著名的注意力缺损多动障碍专家巴克利提出：注意缺陷只是表象，背后实际的机制是幼儿不能控制自己的行为，自控能力缺乏。巴克利认为，人的大脑神经在受到刺激后会产生必要的兴奋，但同时也会产生一定的抑制，用来压制其他不必要的兴奋。这种抑制反应功能发展的迟滞是造成幼儿自我控制缺陷的主要因素。因此，对于多动倾向幼儿的矫正，最关键的是要提升他的自控能力，游戏就是其中最主要的方式。游戏是学龄前幼儿进行学习、积累经验的主要方式，既能促进幼儿的认知发展，引导良性社交的发生，还能促进幼儿积极情绪和体验的产生。[2]

对于贺贺这样自控能力较差的幼儿，家长首先应当有意识地引导他参加一些高耗能的运动游戏，如跑步、打球、跳绳等。幼儿大脑是极容易兴奋，又极容易疲劳的，因此，越是高耗能的游戏活动，越能带来幼儿安静休息的过程。[3]贺贺喜欢到处乱跑，我们可以让他在家从事劳动活动，负责家里的扫地、拖地工作，并及时进行正向强化，表扬、鼓励贺贺。这样，既转移了贺贺搞破坏的注意力，又培养了他的责任感和专注力。

为了提高幼儿的自控能力和认知能力，家长可以创造机会让幼儿表现，如：可以请贺贺充当小老师，回家后将在幼儿园学到的知识讲给爸爸妈妈听，并给予表扬奖励。这样有助于让幼儿在幼儿园认真参与集体活动，克制他的多动行为。[4]

---

1 张佳．浅谈多动幼儿与家庭教育的关系［J］．当代家庭教育，2020（2）：19–20.

2 王飞英，倪钰飞，陆梅娟，徐小晶，许占斌，江玲玲．游戏疗法对注意缺陷多动障碍幼儿的干预效果［J］．中国妇幼保健，2021，36（15）：3488–3490.

3 宋以玲，任园春，姜稳，谢永涛，陈梦歌．运动干预对注意缺陷多动障碍幼儿执行功能的影响研究进展［J］．中国运动医学杂志，2021，40（4）：306–311.

4 周翔，陈强，庄志成，陈红，曾彩霞．学龄期注意缺陷多动障碍幼儿智力发育的年龄特征［J］．中国幼儿保健杂志，2014，22（12）：1317–1319.

为了提高幼儿的规则意识，家长可以设置一些规则游戏与幼儿共同玩耍，借助游戏活动，特别是其中的规则，潜移默化地纠正幼儿的不良行为，抑制其不良情绪，如棋牌类游戏，既有趣味性又有极强的规则要求，很适合培养多动倾向幼儿的规则意识。游戏对于多动倾向的幼儿有显著的作用，可以让他们在游戏中可以学会遵规守纪和礼让他人。

（3）明确要求，有效改变

仅靠成人提醒的行为控制，是永远无法真正达成的。提升幼儿自控能力的关键还是让幼儿学会自我教育，进行自我驱动，改善不良行为。

首先，帮助幼儿意识到多动行为的危害，加深他对自身行为造成的不良后果的认识，增强他改变自身行为的自觉性、坚定性和坚持性。如：亲子阅读一些绘本，如《大卫不可以》等，在阅读过程中对幼儿进行提问，并共同讨论为什么大卫不可以这么做，大卫这么做别人为什么不喜欢他等问题，让幼儿明白，随意破坏是不受别人欢迎的。同时，在幼儿发生不良行为时，要及时提醒幼儿，他的行为给别人造成了伤害和麻烦，应该道歉。通过这些活动，增强他克制不良行为的自觉性。

其次，提出具体明确的要求。幼儿容易兴奋，忘乎所以，不管不顾。因此，在活动前，家长可以先与幼儿进行谈话，告诉他应当遵守哪些纪律和规则，并明确要求，能做什么不能做什么，逐渐帮助幼儿形成对错意识，在脑海中形成清晰的规则要求，并能贯彻于行为之中。

（4）发现兴趣，创造改变

兴趣是最好的老师。在进行自己感兴趣的活动时，幼儿会尤为投入和专心，多动倾向的幼儿也不例外。因此，我们可以利用其兴趣培养注意力。

首先，关注幼儿，发现兴趣。家长应当利用日常生活，认真关注，仔细观察，寻找幼儿的兴趣点。如：有的幼儿喜欢各种各样的小动物，我们可以指导幼儿通过科普读物、幼儿绘本，了解动物外貌、习性等，然后引导幼儿画自己喜欢的小动物，模仿表演小动物的形象或故事。通过兴趣点的不断迁移，引发幼儿深入的探索和思考。

其次，努力发掘幼儿兴趣。家长可以多为幼儿提供机会，让他们在生活中多看、多听、多尝试、多感受，与周围环境中的人和物有更多的交往和接触机会，逐步培养幼儿的认知能力，激发潜在兴趣。

再次，科学引导幼儿兴趣。有多动倾向的幼儿的注意力时间较短，坚持性较差，因此，更需要兴趣的引导与培养，使他能有更广泛的兴趣，更长时间的专注。鼓励和支持是最有效的引导策略。在幼儿发现并坚持兴趣的过程中，家长应该及时给予肯定和表扬，增强幼儿的成就感与自信心，激发他想要做得更好的愿望。

幼儿的成长离不开家庭，有多动倾向的幼儿自然也不例外。家长的教养态度、教养方式，家庭成员间的关系，家庭的精神氛围，都直接影响多动倾向幼儿的发展。家长应当意识到家庭教育的重要性，真正尊重幼儿的感受，关心幼儿的成长，科学进行教育，为幼儿的成长打造温暖的港湾。

（三）养成教育：贴纸小管家

【案例描述】

养成教育是对幼儿行为习惯和道德品质的培养教育。它如潺潺细水，渗透在幼儿的一日生活中，于无声无息中潜移默化地影响着幼儿的身心发展。幼儿园是养成教育的重要场所。从盲目无序到自觉守规，从被管理者到班级的主人，幼儿经历了什么，又获得了什么呢?

早餐后，骁骁突然跑到区角了，小莫大声喊道："老师，他没吃完饭就跑进区角玩。"正在吃饭的鑫鑫说："老师，他的桌面好多饭粒。"骁骁听到了，赶紧跑回了餐桌旁。

午餐后，幼儿们陆陆续续吃完饭了，他们有的进入区角玩耍，有的在教室里走来走去，还有的趁着饭后漱口的机会在盥洗室里玩水、嬉闹……乐乐哭了起来，追着多多说："别跑，把玩具还给我！"

当幼儿向我们"告状"，我们犹如法官，如何回应？于是，我以幼儿为主体，与幼儿共同制定进餐公约。通过讨论，大家制定出公约：吃完饭的幼儿可以自主选择以下三种方式获得贴纸，一是担任贴纸管家，有序地给他人发贴纸并可自获贴纸；二是通过“工作（擦桌子、扫地、摆椅子）”赚取贴纸；三是吃饭光盘，获得奖励贴纸。制定公约后，教师创设游戏环境，利用简便的桌椅，设置移动式工作台；提供自主选择的材料，进行了人员分流，增强了幼儿的整理意识。

【案例分析】

1．幼儿养成教育的重要意义

我国著名教育家陈鹤琴先生曾指出：“人类的动作十之八九是习惯，而这种习惯有大部分是在幼年养成的，所以在幼年时代，应当特别注意习惯的养成。但是习惯不是一律的，有好有坏；习惯养得好，终身受其福，习惯养得不好，则终身受其累。”斯金纳经过研究发现，人一天的行为中大约只有5%是属于非习惯性的，而剩下95%的行为都是习惯性的，并且人一旦形成某种习惯后就很难改变。由此可见，习惯对个体的行为具有潜移默化、深远持久的影响。因此，习惯的养成在一定程度上决定了个体的行为模式，从而影响着个体的成长发展。

学前阶段的幼儿由于身心发展尚不成熟，自我控制能力较差，行为的约束多依赖于成人，而幼儿阶段是个体身心发展最为敏感的时期。因此，不论是现阶段的成长还是长期发展，学前阶段的幼儿养成教育都具有重要的意义。一方面，养成教育帮助幼儿初步建立是非观与规则意识，能够让幼儿学会判断自身行为的妥当性，更知道什么该做、什么不该做。另一方面，成人通过多种教育手段，对幼儿进行科学适宜的养成教育，可以促进幼儿形成良好的学习、生活、社交等多方面习惯的形成，为幼儿的后续发展打好坚实的基础。

2．幼儿养成教育中出现问题的原因

（1）不适宜的教育方式

在对幼儿进行养成教育时，成人的惯用方法是说教，即站在“制高点”通过语言灌输的方式评价幼儿的行为，要求幼儿达到好习惯的标准。幼儿此时正处于权威规则的服从时期，他们敬畏成人的权威，但却不明白说教的含义，无法内化。因此会出现，他们一方面畏惧而另一方面又经常违反的现象。因此，说教的教育方式，并不符合幼儿的认知发展水平，不利于幼儿形成良好的行为习惯。

（2）抽象的知识输出

受传统思想的影响，成人在对幼儿进行养成教育时存在一种片面化注重知识的现象。学前期幼儿的思维仍处于直观想象思维，即便是幼儿末期，也仅仅是抽象思维的萌芽。因此，幼儿的学习更多地依靠直接感知、亲身体验、实际操作来实现。因此，幼儿的养成教育也应该以幼儿的亲身体验与操作为来源，而不是成人单纯的抽象输出。如果缺乏对养成内容的直观认知，单纯依靠知识获得，养成教育将永远难以被幼儿真正理解内化，也自然不能成为幼儿不假思索的行为定式，养成教育也就失去意义。

（3）家园合作不到位

幼儿养成教育不是“单打独斗”，也不是“一蹴而就”的，养成教育是“多向协同”，是“持之以恒”的。这其中，自然离不开家园共育。然而，在实际的教育情境中，养成教育的家园不一致现象较为突出，这很大程度上导致了幼儿行为习惯的不稳定性。如：幼儿在幼儿园能独立自理，懂得分享和合作，但一回到家，在爷爷奶奶、外公外婆、爸爸妈妈的多重宠爱下，幼儿就变成了衣来伸手、饭来张口、唯我独尊的“小皇帝”“小公主”。产生这种现象的重要原因，就是幼儿园与家庭未能搭建有效的沟通，未能达成一致的共识，未能做到科学的共育，使得幼儿养成教育很难取得好的成效。

【案例启示】

1．通过实际体验形成幼儿认知

古人有言，“万事始于行，诸行始于知”，个体行为的发生，必然是基于对该行为的原因及后果的认知。因此，注重启发幼儿对良好行为习惯的认知是养成教育的第一步。学前期幼儿的认知处于前运算阶段，他们依赖对具体情境和生动形象的体验感知来形成表象。因此，一方面，家长可以让幼儿更多地投入良好习惯的实际操作中，获得积极正向的身心体验和情绪感受。如：让幼儿自己整理收纳玩具，在幼儿完成时，给予表扬奖励等正向强化。另一方面，家长可以通过故事，即别人的真实体验和感受来影响幼儿，帮助幼儿形成对良好习惯的积极认知。如，家长可以与幼儿共读绘本《大卫不可以》，讲解完故事后，家长可以提出这样的问题："大卫都做了什么事情？""故事里的其他人喜不喜欢他这样做，为什么？""你喜欢大卫吗，为什么？"这样的提问不仅让幼儿认真聆听并回顾了绘本内容，更让幼儿知道不良的行为习惯会给自己和他人带来很多困扰。

2. 通过趣味游戏增强幼儿体验

在目前的幼儿养成教育中，成人关注的焦点通常是幼儿的习惯养成，相对忽略了养成过程中幼儿的情绪情感体验。古人云："感人心者，莫先乎情。"情绪情感是发挥个体主观能动性的重要催化剂。情绪情感体验的产生来源于亲身参与和实际操作。幼儿的年龄特点决定其最基本的活动是游戏。"幼儿教育之父"福禄贝尔指出："游戏给人欢乐、自由、满足，内部和外部的平静和整个世界的安宁。它具有一切善的来源。一个能够痛快地游戏，有着自动的决心、坚持做游戏、直到身体疲劳为止的幼儿，必然会成为一个完全的人、有决心的人，能够为了增进自己和别人的幸福而自我牺牲的人。"因此，游戏应是幼儿养成教育的基本途径，家长应注重创设游戏的情境，让幼儿在参与游戏的过程中获得积极的情感体验，形成良好的行为习惯。如：家长可以与幼儿开展亲子角色游戏，通过不同角色的扮演，体会不同角色的情感，让幼儿学会站在他人的角度思考问题；家长可以与幼儿开展亲子体育游戏，制定一定的游戏规则，让幼儿体验在规则下游戏的快乐。

3. 通过日常生活引导幼儿坚持

著名教育家杜威提出"教育即生活"，我国著名教育家陶行知也提出了“生活教育理论”。由此可见，日常生活是个体教育的重要来源与归宿。习惯是指人们做某事的自动定势，不需要过多意识的参与，而习惯的养成需要时间的积累和个体的坚持。在此过程中，个体将克服来自内心和外界的重重诱惑和障碍，最终走向预定目标。因此，要想养成良好的习惯，就必须排除外界环境的干扰，克服所遇到的困难，这就需要坚持的力量。幼儿的身心发展特点决定了他们自控能力相对不足，坚持性较差，对成人的依赖性较大。因此，在日常生活中坚持性的培养对幼儿的养成教育非常重要。如：有的幼儿做事“三分钟热度”，对一件事情热情高涨，但很快就被别的刺激物吸引。因此，家长应在日常生活中让幼儿长时间地坚持做一些力所能及的事情（如早睡早起等），培养幼儿良好的坚持性。

4．通过高级榜样培养幼儿习惯

行为是基于一定的认知和情感而产生的，养成教育的最终目标是培养幼儿良好的行为习惯。社会学习理论的代表人物班杜拉通过实验提出了观察学习的理论，即学习主要是通过观察、模仿他人的行为，进行自我强化而获得的。首先，父母作为与幼儿朝夕相处的“第一任老师”，自然而然地成为幼儿的主要模仿对象。因此，父母应为幼儿树立高级榜样，要求幼儿做到的事情，自己必须先做到、做好。如：家长让幼儿养成不乱丢垃圾的习惯，那么家长自己就不应乱丢垃圾；要让幼儿养成乐于助人的习惯，父母就不能对他人的困难冷眼旁观。其次，幼儿的同伴，经常接触的绘本人物、动画角色等也是幼儿模仿的主要对象，这就要求父母要善于利用幼儿的替代性经验对幼儿的良好行为进行强化。如：在动画片《汪汪队立大功》中，队员们总是在帮助遇到困难的人，而他们通常都会获得大家的赞美与感谢。这样一方面能够强化幼儿的良好行为，另外一方面则能为幼儿树立良好的榜样。

良好的习惯是基于正确的认知、愉悦的情感体验再加上持之以恒的毅力并通过行为表现出来的。因此，为了实现养成教育的目标，家长在教育过程中应注重知、情、意、行的统一，同时应当与幼儿园积极合作，共同为幼儿养成教育努力。

（四）二胎教育：突然“变脸”的腾腾

【案例描述】

5岁的腾腾是个活泼开朗的男孩。每天早晨都能看到他满面笑容来上幼儿园的情境。腾腾的自理能力很强，可以自己穿衣叠被。在活动和游戏中，他都是最积极的那一个。但是最近一段时间，腾腾突然发生了变化。早晨妈妈送他入园时，他哭着拉着妈妈不愿意进门，妈妈走后就一个人趴在桌子上，不吃早饭。老师关心地询问他，他会说自己身体不舒服，闹着要去医务室。每天早晨都要沮丧一个小时才能慢慢恢复。老师们经过分析得出，腾腾一系列的反常表现很可能与腾腾妈妈即将生产有关。腾腾妈妈已经怀有9个月的身孕，再有一两周就将临盆。于是，老师先和腾腾沟通，问他为什么早晨哭闹着不让妈妈走，腾腾过了好久才吞吞吐吐地说：“我在电视上看到阿姨生宝宝的时候特别痛，可能会死掉，我怕妈妈也会死掉，也怕妈妈喜欢弟弟，不喜欢我了。”于是老师和妈妈沟通，要多与幼儿沟通交流，缓解幼儿的不安情绪；还可以通过多种方式让他逐渐参与到二宝的成长中。

暑假伊始，腾腾妈妈生下了小弟弟，老师也继续关注着他们一家，给予了适当的指导帮助。开学再来时，腾腾又变回了以前那个开朗活泼的男孩，他还经常和老师、小朋友们分享他和弟弟的趣事。

【案例分析】

1．自我中心地位的改变

3—6岁幼儿处于前运算阶段，此时他们的思维虽已具有符号性，但他们的思维依然是非逻辑性的、直觉性的，且具有明显的自我中心性，以自己的视角去认知和顺应外部世界，不能换位思考。原本家里只有一个幼儿，独生子女是家庭的中心，家庭生活的一切都围绕这个中心转。这种养尊处优的安逸感在他们的心里早就根深蒂固，随着新成员的到来，中心地位明显改变，家庭的重心一下子就转移了，地位的急剧下降，会给幼儿带来巨大的失落感和落寞感，甚至产生一种极不稳定的焦灼感。[1]

2. 为占有权吸引注意的恐惧感

当今社会抚养幼儿的成本比较高，对于多数普通家庭来说，多养一个幼儿就意味着原来的物质生活质量相对要降低。吃的、玩的就不那么轻易能得到了，而有好吃的、好玩的，也要先让给弟弟妹妹，原有享受权力的减少，让幼儿产生爸爸妈妈不爱我了的错觉，产生恐惧感，为了能获得父母更多的关注，幼儿致力于各种“反常”行为，以此引起父母注意，试图重新获得父母的单独占有权。

3. 被要求长大的依恋危机

作为家中唯一的幼儿，对父母依赖性比较强，自理能力也比较差。但新成员的到来，让父母的家庭工作量一下子增加了许多。对于第一个已经有点长大的幼儿，父母会自然减少照顾的精力。这些原本集宠爱于一身的幼儿，一夜间被父母要求快速长大，长成不要再让父母操心的独立自主的乖孩子，而这一过程中往往会因为缺少了一些环节而引发一系列的问题，如幼儿行为退化、情绪不定等。[2]

【案例启示】

1. 关注情感，让心灵敞开

（1）感受新生命带来的欣喜

引导幼儿看宝宝一天天的变化，和他一起回忆，他小时候有意思的事情。看宝宝的成长，就像看自己小时候的样子，那是一件多么有意思的事情。等宝宝长大了，幼儿还可以跟宝宝回忆这些事，那又是多有意

---

1 李雪荣 . 幼儿行为与情绪障碍［M］. 上海：上海科学技术出版社，1987：53-54.
2 陶袁琳 . 浅谈二胎家庭幼儿的心理辅导与家庭教育策略［J］. 教育前沿，2016（3）：225.

思的事。这些愉悦感与接纳感是需要父母帮助幼儿建立的。

（2）共同期待新生命的成长

父母可以引导幼儿，每个人都是这样成长的，父母虽然养大宝宝很辛苦，看到宝宝成长却很欣慰、自豪。如果幼儿能给小宝宝以哥哥姐姐的关怀，也同样会有这样的欣慰与自豪。

2. 实践体验，让幼儿融入角色

（1）体会艰辛

迎接一个新生命的到来，是一件极为神圣和艰难的事，父母要为此做许多准备。可以跟幼儿一起回忆在弟弟妹妹出生之前，爸爸妈妈做过哪些准备，怀宝宝的妈妈吃过哪些苦，妈妈辛苦怀宝宝，幼儿是如何懂事，不让妈妈操心的。这些回忆，是由父母、幼儿和未出生的宝宝一起勾画的。与此同时，家长也须引导幼儿明白，生宝宝虽然很辛苦，但并不危险，幼儿并不会失去爱他的妈妈，只会多一个爱他的人。

（2）实践感悟

父母可以让幼儿做些力所能及的事，如：在妈妈忙碌的时候，帮妈妈找小宝宝换洗的衣服。父母及时的肯定、鼓励以及赞许的目光，会让幼儿在参与的过程中，在实践体悟中感受生命成长的微妙，也为自己能托起生命之重而倍感骄傲。

3. 移情处理，构建和谐的亲子关系

（1）警惕比较心理，养育幼儿没有标准答案

有了两个幼儿，父母会不由自主地比较。如果父母把差异看成差距，并且因此给幼儿定性或者对他们进行评价的话，一定要警惕比较带来的不好的心理变化。养育幼儿没有标准答案，父母平时要细心观察幼儿的天性，发现他们的差异和特长。鼓励个性，才是父母最需要做的功课。

（2）给予幼儿“退行”空间，设立与大宝的独处时间

二胎家庭心理变化最大也最需要呵护的是大宝。当弟弟妹妹出生的时候，大宝往往会更加缠着妈妈，故意欺负婴儿或者做一些其他坏事惹父母生气，有些幼儿甚至连生活能力都倒退了。幼儿的“退行”行为背

后实际上隐藏着幼儿“妈妈，我感觉寂寞，不要总是看着婴儿，你们也看看我，我爱你们”的想法。因此在大宝故意欺负婴儿或者比以前更加让人操心的时候，请一定不要认为他是个坏孩子，要具备更高的敏感性，注意移情处理，即多从幼儿的角度出发，思考幼儿的需求和意愿。在矛盾发生的时候，家长要善于分析原因，了解事情的缘由，切忌不问青红皂白地训斥。了解原因后，从幼儿的角度去思考问题，并且引导幼儿从对方的角度思考，尽量做到以谈话、交流的方式取代批评、呵斥。[1]

父母是子女的第一任教师，家庭教育是幼儿人生中的启蒙课，是双向的、相互影响的教育活动。在养育二孩的过程中，家长要能够时刻注意到幼儿的心理动态变化，正视教育过程中遇到的家庭问题，不仅要提前与大宝沟通，做好相应的引导措施，让他们正确接纳弟弟妹妹，在家庭教育问题上，还要能够转变观念，自我提升科学教养水平，平等公正地对待幼儿，营造和谐氛围，关注幼儿心理变化，加强情感交流，以促进二孩家庭教育取得良好效果。

（五）父母缺位：小仪的孤独世界

【案例描述】

小仪原本是一位活泼好动、热情爱笑、乐于表达的小女孩，但很长一段时间以来，她却变得情绪低落、沉默寡言，特别是遇到与父母相关话题时容易情绪激动或有意回避。

忙碌的父母

小仪父亲是一名警察，工作很忙，常常不在家；母亲又带着弟弟生活在外地，只有假期才会回来。小仪从小便和爸爸妈妈分离，由爷爷奶奶照顾。入园后，小仪的生活和教育也主要是爷爷奶奶负责，幼儿园

1　范钰文．学前教育中财政投入对幼儿园幼儿心理健康教育的影响［J］．教育现代化，2019，6（6）：188–190.

举办的亲子活动也一直是奶奶参加。老师也只是通过电话偶尔联系过小仪的父母，但由于他们都不在小仪身边，这样的联系也未能起到共育的作用。

低落的幼儿

小仪在班级里表现得很内向，独来独往，很少和老师还有其他小朋友交流，有时候还会一个人在角落里发呆。班里的小朋友谈论起自己父母的事情时，小仪从不参与他们的交流，她会呆呆地看着发言的小朋友，然后默默走开。在一次以“我的爸爸”为主题的教学活动中，老师提前向家长收集了爸爸录制的“宝贝我想对你说”的视频，在班里统一播放。在观看视频时小仪突然放声大哭，说：“我好想我的爸爸，他在很远的地方上班，已经很久没回家了，我很久没见到他了……”老师急忙劝慰，小仪仍然止不住哭泣，哭到了中午吃完饭，哭得没有力气了才睡着了。此后，小仪变得更加沉默寡言，老师安排有趣的活动和好玩的游戏也很少能让小仪开怀一笑。

艰难的改变

老师关注到了小仪情绪的波动，并给予了小仪更多的关注和照料。老师经常与小仪聊天，拥抱她、安抚她。希望能通过沟通和关爱缓解因为父母缺位给小仪带来的失落，小仪刚开始非常抗拒老师的主动关心，后来她开始依赖老师的拥抱，并一点点向老师谈起自己的心事：“我看到其他小朋友都有爸爸妈妈，我的爸爸妈妈只在电话里，我好难过。”详细了解了小仪的家庭情况后，老师希望通过家园沟通来帮助小仪。老师先来到小仪家进行家访，向爷爷奶奶说明了小仪在幼儿园情绪低落的情况，更强调了情绪和心理对幼儿发展的重要影响，并建议爷爷奶奶要多让小仪的爸爸妈妈联系幼儿、关心幼儿，尽量待在身边陪伴幼儿。老师也电话联系了小仪的父母，言明因为父母缺位给幼儿带来的不良影响，建议父母陪在小仪身边。小仪的父母这才开始正视自己未能陪伴小仪而给她成长所带来的不利影响。但是改变不是一朝一夕的，老师开始经常与小仪的父母电话联系，沟通小仪的成长状况，并给予教养方式的指导；小仪爸爸开始更加关注女儿的成长，即使工作繁忙也会抽出时间接送她或参加幼儿园的活动；小仪妈妈调整了自己的工作，带着弟弟回到了长沙，一家人团聚。小仪的脸上渐渐有了笑容，性格也变得比以前活泼开朗了，她也终于不再回避与小朋友谈论自己的爸爸妈妈了。一次，幼儿园开展“我们一家人”的主题活动，她还绘制了一幅全家福，上面有爸爸妈妈、爷爷奶奶还有弟弟，一家人笑得十分开心。

【案例分析】

1. 被错过的依恋建立敏感期

0—3岁，是幼儿的依恋建立敏感期，是幼儿与父母建立亲情关系的重要阶段。这个年龄段的幼儿正处于建立自我认识和与外部世界建立联系的阶段，如果在渴望爱的敏感期，他们没有感觉到来自父母的爱，强烈的不安全感就会使他们不能顺畅地与外界建立良好联系，[1]导致他们缺乏安全感、敏感多疑、情绪控制能力不佳。

2. 被忽视的情感表达敏感期

毫无疑问，小仪已进入了情感表达敏感期，这个阶段的幼儿，对于情感，已经有了更加深刻的认识。当家长疏于陪伴幼儿，疏于观察幼儿的行为，他们就会伤心、哭泣，因为在他们幼小的心灵中，会觉得这是家长不爱他们的表现。然而，哭过之后，幼儿还会把这些事放在心上，久而久之，幼儿的“心事”也就产生了，这正是乐于表达的小仪变得情绪低落、沉默寡言，并且不愿和同伴聊自己父母的原因。[2]长期的负面情绪积压，会对幼儿的身心发展造成重大影响。一项研究表明，长期生活在紧张、恐惧、压力、悲伤情绪氛围中的幼儿，其智力发育会远远迟缓于生活在和谐、温暖、积极气氛中的幼儿。处于低落情绪中的幼儿其抵抗力也比情绪积极的幼儿差。

---

1 刘良华．儿童的敏感期及其教育［J］．湖南师范大学教育科学学报，2019，18（3）：8-13.

2 刘良华．儿童的敏感期及其教育［J］．湖南师范大学教育科学学报，2019，18（3）：8-13.

【案例启示】

1．父母陪伴要"尽量在位"

不管幼儿处于哪一个敏感期、关键期，陪伴是最好的爱，也是最基础的教育方式。父母要认识到家庭环境和自身陪伴对幼儿的重要影响，尽最大努力实现陪伴"在位"，如主动接送幼儿，与幼儿沟通交流，护理照顾幼儿，节假日主动陪伴，参与各类活动等，尽量多地参与家庭教育，从"缺位"到"尽量在位"，提供高质量陪伴，增进情感，促进亲子教育关系。如果实在因为不可抗力无法陪伴幼儿，也应以其他形式，创造条件尽量"补缺"。如：时常与幼儿打电话或视频沟通，多与幼儿主要监护人联系，掌握幼儿发展的情况，更要学会表达爱、反馈爱，使幼儿直接、直观地感受到来自父母的关爱。

2．家人陪伴要"氛围补位"

在父母缺位的情况下，其他亲人可以通过自身有技巧的陪伴和教育弥补父母缺位带来的不良影响。一是营造父母关爱的氛围。可以通过照片、录像等方式，记录育儿的点滴，与幼儿一起观看回顾；每日让父母和幼儿尽量保持至少一次的电话或网络、视频联系，以父母的名义与幼儿一起过节、旅游、阅读、送礼物；给幼儿讲述爸爸妈妈的工作或成长故事等，让幼儿体会到父母的关心，让幼儿建立"爸爸妈妈爱我、保护我、关心我"的意识。二是采取科学的教养方式。采用民主型的教养方式，尊重、倾听幼儿的想法，满足幼儿身心发展需要；切不可过分严格地管束甚至体罚幼儿，或完全放任、溺爱幼儿；与父母保持积极一致的教养原则。

3．配合幼儿园"活动补位"

父母在注重陪伴时间的同时，更应关注陪伴质量，为幼儿提供更高质量的家庭教育。在家园协同共育趋势下，幼儿园会经常通过微信公众号平台、班级群、微信小程序、家园共育栏等方式，将适宜的、多样的、有益的育儿活动、育儿策略、幼儿发展知识等传递给家长，如：不要错过幼儿成长的敏感期、如何应对幼儿口吃等。家长可以通过网络平台等多种方式积极参与、关注、学习，强化父母的存在感，提升陪伴质量。

4. 关注社会“多元补位”

2021年1月备受瞩目的《中华人民共和国家庭教育法（草案）》正式提请十三届全国人大常委会会议审议，家庭教育正式纳入国家教育事业发展规划和法治化管理轨道，家庭教育已不只是“家事”，而是全社会关注和参与的“大事”。[1]在园社协同共育的氛围中，社会各界均开展了相关的父母教养支持活动，需要父母们及时关注、积极参与。很多教育组织通过公益广告、社区宣讲等形式推送科学教育理念与方法，或开办父母讲堂、父母学校等激励父母积极学习，提升育儿水平。作为父母应当有积极参与的意识和认真学习的决心和毅力，牢固树立科学适宜的家庭教育观念，并积极与幼儿园、社会联手合作，形成教育合力，共同助力幼儿的健康成长。

每个幼儿都向往着其情依依、其乐融融的家。在幼儿的心中，再多的金钱与物质都无法代替爸爸妈妈温暖的关爱。没有什么比父母的陪伴更美好，也没有什么比幸福的家庭更重要。父母在其位，幼儿才能更健康、快乐!

三、个别幼儿家庭教育案例

幼儿生活在复杂多变的环境中，受到多种因素的综合影响。一颗沙里看出一个世界，一朵野花里藏着一座天堂。幼儿的成长是所有美好的集合，是家长、老师辛勤培育的过程，每个瞬间都值得被看见和珍藏。本节中我们将通过三位幼儿的个案故事，看到每段成长背后的生命轨迹和教育印迹。

---

1 彭可馨.家庭教育法草案：家庭教育不只是“家事”［J］.云南教育（视界综合版），2021（Z1）：5-7.

◆ 案例一：小林子换班记

【案例描述】

小林子是被其他幼儿园拒收后转入我园中一班的幼儿。四岁多，高个子，很结实，大大的眼睛，看起来很可爱。初到新的班级他话不多，更没有像新生那般哭闹，我们想：小林子应该是个听话的幼儿。但是几天后，小林子的种种表现，却让我们目瞪口呆！

想睡就睡，人间蒸发

生活习惯不规律的小林子习惯了晚睡晚起。但幼儿园要求幼儿早早来园，睡眠不足让他在游戏时、集体活动时昏昏欲睡。他会直接躺在教室任何角落睡觉。每当老师尝试唤醒他，被打扰的小林子就会号啕大哭，让老师束手无策。而到了午睡的时间，他又精神抖擞，吵扰其他幼儿休息。趁老师不注意，小林子会突然消失，当大家室内室外紧急寻找时，他又从床底溜了出来。根据幼儿父亲的反馈，幼儿在超市、游乐场等地走丢也是常有的事，让人焦头烂额。

想玩就玩，鸡飞狗跳

虽然小林子已经上中班了，但他却经常游离于班级之外，干扰其他小朋友的游戏、打断老师的教学秩序。走到哪他破坏到哪，走到哪他打到哪。摔碎区角操作材料，乱涂墙壁上的布置，穿鞋随意在床铺上踩踏，飞脚踢坏晒衣架、玩具……教室里处处有他搞破坏的身影，老师耳边时时有告状哭闹的声音。

想吃就吃，大打出手

进餐中的小林子，坐无定处，到处走动，边吃边丢，边丢边擦。手就是筷子，衣服就是擦嘴巾，大口吃菜，大声呼叫，有时还会把吃剩的残渣丢到别人的饭菜里。小林子就餐处总是一片狼藉，饭桌周围一地饭粒，好似出山的土匪般豪爽。其他小朋友见状纷纷想制止，小林子的巴掌却拍落在别人脸上。对于教师苦口婆心地教育视若无睹，依旧我行我素。以上种种，让小林子“坏孩子”“破坏王”的形象牢固地树立在了其他幼儿和家长心中。

单亲家庭（父亲）中成长的小林子，四岁前没有上过幼儿园，在农村跟着奶奶生活。长辈过分溺爱，凡事唯他独尊，生活缺乏规律，全无规则教育，家人束手无策，频频被其他园所劝退。无奈又焦急的爸爸这才找到我们：“听说军区幼儿园有军营文化，慕名而来，希望能改改幼儿的坏习惯。”面对幼儿来园后给我们的“下马威”，教师头疼，班级不宁，园长不安。于是，园方联系家长，通过一问、二学、三跟、四诊、五换的方式，近两个学期过去了，小林子终于较好地适应了班级的常规要求，基本能够参与班级活动，习惯也在逐步改进。家长万分欣喜，带班老师也松了口气。

【案例分析】

1. 家庭功能不全

家庭功能是衡量家庭系统运行质量的标志，是家庭系统影响幼儿全面发展的深层因素。[1]许多研究表明，家庭功能直接影响着幼儿的行为、学业问题，[2 3]更是同伴接受程度与行为问题发生的主要影响因素。[4 5]家庭功能的充分发挥，能给予幼儿足够的身心发展支持，帮助幼儿养成良好的道德品质和健全的人格，促进幼儿的全面发展。反之，则会导

---

1 俞国良，辛自强 . 社会性发展［M］. 第 2 版 . 北京：中国人民大学出版社，2013：59–64.

2 Morrison, G. M. , Zetlin, A. Perceptions of communication, cohesion, and adaptability in families of adolescents with and without learning handcaps[J]. Journal of Abnormal Child Psychlolgy, 1988, 16(6): 675–685.

3 Smet, A. C. , Hartuo, W. W. Systems and symptoms: Family cohesion/adaptability and childhood behavior problems[J]. Journal of Abnormal Child Psychology, 1988, 16(2): 233–246.

4 俞国良，辛自强，罗晓路 . 学习不良幼儿孤独感、同伴接受性的特点及其与家庭功能的关系［J］. 心理学报，2000，32（1）：59–64.

5 辛自强，池丽萍 . 家庭功能与幼儿孤独感的关系：中介作用［J］. 心理学报，2003，359（2）：216–221.

致幼儿表现出一定程度的社交障碍、情绪控制问题和攻击性行为。据小林子的爸爸介绍，他与幼儿妈妈早已离婚，小林子三岁半前是放在老家跟奶奶及农村几个哥哥一起长大的，他忙于工作也很少陪伴，而奶奶年事已高，同时照顾几个幼儿也力不从心，对幼儿的身心健康关注不足。直到小林子快上幼儿园时，才被接回到爸爸身边。由此可见小林子在入园前长期处于父母缺位，家庭成员亲密度不足和祖辈主导、沟通交流缺乏的疏远而僵化的不良家庭功能影响之中。因此，我们可以推断幼儿的规则意识不足、情绪不稳定、自控能力较差等表现与之密切相关。

2. 教养方式不佳

教养方式是监护人的教育观念、教养行为以及对幼儿的情感的一种组合，具有相对稳定性。小林子从小跟随奶奶一起生活。奶奶心疼小林子年纪小，父母不在身边，格外溺爱，不忍约束和教育，凡事都依从小林子的要求，对小林子的教养方式以放任型为主。并且奶奶对幼儿生理需求的满足尤为关注，而对正确行为的引导与心理需求的回应不甚重视。由此，养成了小林子以自我为中心、生活习惯较差、文明礼仪缺乏的不良行为表现。小林子入园后由爸爸主要负责教育，爸爸性格急躁，缺乏耐心，教养方式以专制型为主，对于小林子非打则骂。这样的教育不仅不能帮助小林子养成良好的行为习惯，反而会疏远亲子关系，造成更多的心理问题，加剧不良行为的产生，更是给小林子树立了“暴力解决一切”的负面示范。由此可见，不科学的教养方式也是造成小林子一系列行为问题的主要原因。

3. 发展关键期贻误

中国人民公安大学犯罪心理学教授李玫瑾曾谈道：“对于幼儿的教育，规矩是绝对不能少的。”中国有句古语：没有规矩不成方圆。有了规则的约束和指导，人类才能生活在不超越底线的自由状态中，生活在和谐的秩序中。幼儿时期是萌生规则意识的关键期，也是初步形成规则意识的重要时期。此阶段的规则教育不仅规范着幼儿的行为，更对其日后的发展产生着深远持久的影响。因此，作为家长，必须重视幼儿规则意识的建立，并采取行之有效的教育手段。但是，案例中的小林子在四岁之前，由祖辈照料，未能及时建立良好的规则意识，如不乱跑、不乱丢、有良好作息、礼貌交往、专注参与活动等等。父亲的严厉教育，也未对其形成规则意识产生良性引导。小林子规则教育的关键期就这样被贻误了，因此出现了当前立规难、守规难的问题。

【案例启示】

1. 以爱为基，健全家庭功能

为详细了解小林子的成长情况，园所深度访谈了小林子的爸爸，并给予了初步的教育建议。首先，我们建议爸爸修复家庭关系，发挥有爱的家庭功能：一是，鼓励爸爸尽可能多地陪伴小林子，耐心倾听幼儿的想法，在生活细节上给予幼儿充分的关爱，让幼儿感受来自父亲的关爱。二是，摒除原来动辄打骂的过激教育行为，采取温和坚定的教育手段，让小林子真正明白自己"应该怎样"和"不该怎样"，而不是屈服于暴力。其次，为了使爸爸了解小林子的表现，直观感受幼儿的成长过程，我们建议爸爸来园一个月，跟班观察了解如何教育幼儿。经过一个月的共同努力，幼儿爸爸觉察到了自己对幼儿的了解和关心不足，更学会了温和关爱的教育方式，逐渐改掉了打骂过激的教育行为，并将了解到的班级教师对于幼儿行为的要求和家庭教育并轨，小林子在爸爸有爱的陪伴下开始有了点滴进步。

2. 以教为引，建立科学教养方式

对幼儿的爱是需要科学运用的。对于科学教养方式的建立我们提出了两大原则：一是教养方式的科学性。园所协助家长按照小林子的性格特点与发展情况制定了适宜的家庭生活时间表与家庭教育公约，更向爸爸大量宣传了民主型教养方式的要点。请爸爸回家按照时间表规范小林子的生活习惯，采用民主型的家庭教养方式来对待幼儿。二是教养方式的一致性。我们建议幼儿爸爸跟奶奶形成统一认识，这三个月期间，主要由爸爸负责教养，奶奶则从旁协助，提供幼儿的生活保障。奶奶也必须转变溺爱的教养方式，与爸爸保持一致的教养规则。在没有奶奶过度溺爱的氛围下，小林子的生活习惯不断得到强化与纠正。从早上来园主动、有礼貌打招呼，到学会正确的进餐方式；把平时十一点睡觉调整为八点睡觉，睡前讲述故事；在爸爸陪伴下加强体育锻炼，慢慢爱上了运动……幼儿美好的变化在悄无声息中发生，我们欣喜地感受到幼儿在成长！

3. 以巧为机，加持教育效果

小林子在生活习惯上的变化令人惊喜，但是仍然存在喜欢搞破坏、不参与集体活动的问题。我们与家长共同商议了几个巧妙的教育策略，来帮助小林子更好地融入幼儿园生活：

（1）有事可做，不闲着

在园时，让小林子担任老师的“小助手”；在家时，让小林子成为爸爸的“小帮手”。不论在园还是在家，每天都安排一些他力所能及的事情，让他逐步形成任务意识，并充分享受完成任务带来的责任感、成就感与自信等积极的心理状态。

（2）奖惩分明，多鼓励

家长和教师在开展活动前，首先要耐心倾听小林子的想法，并充分尊重他的意见，让他感受到自己“被重视”。同时，在确认小林子不会对其他幼儿造成伤害的情况下，充分尊重幼儿的思想与行为，让他感受到“被尊重”。在小林子积极主动参与活动时，家长、教师予以及时的肯定与鼓励。如：小林子爱吃鸡蛋，老师和家长就会奖励给他半个鸡蛋，正向强化小林子的主动性；反之，如果小林子没有遵守规则，随心所欲且影响到他人，家长与教师则会让他处理造成的不良后果，并取消他感兴趣的活动，让他明白应当对自己的行为负责任。

（3）寻找契机，有突破

小林子身上也有闪闪发光的优点。相较于同龄人，他动作灵活，思维敏捷，并且喜欢与年长的幼儿交往。这些可能来源于童年早期他多与兄长一起玩耍的经历。每次在阳台游戏，老师都会发现他喜欢跑到隔壁大班观望，流露出羡慕的眼神。为了满足小林子对大班的好奇与交往愿望，大班老师邀请小林子去班级做客。我们惊喜地发现，在中班怎么也坐不住，跟谁都无法正常交往的小林子竟然能积极参与到大班的游戏中，并且对棋类这种益智游戏表现出强烈的兴趣和专注。以此为契机，我们大胆地采取了“以大代小”的策略，即在和家长做好沟通后，把小林子转入了隔壁大班。新入大班的小林子，和大班哥哥姐姐一起生活和游戏，不仅能有序专注地参与学习，与其他小朋友相处融洽、遵规守纪，还参加了班上的值日生活动，服务大家，乐在其中。

（4）步调一致，常坚持

我们都知道，习惯的养成非一朝一夕，小林子的改变给我们带来了惊喜与信心。然而，维护并强化宝贵的教育成果还需要持之以恒的家园共育。因此，园所要时刻与家长保持联系。家长及时地反馈幼儿在家的发展情况，并接受园所的科学指导，有爱、科学、一致地教养幼儿。只有在长期适宜的教养方式下，在温馨和谐的教养氛围中，幼儿才能走得更远，成长得更幸福、健康。

幼儿是上天赐予我们最好的礼物！小林子曾是令人无可奈何的“礼物”。家长的苦楚，我们深有体会。作为家长，需要选择坚持，选择不放弃，选择主动与教师沟通，通过诊问题、析原因、学方法、跟班级、换环境的方式，抓住有利时机，运用教育的智慧，适时引导，静待花开。看到幼儿的成长、进步，让我们如沐春风。

◆ 案例二：微笑公主

【案例描述】

四岁的枣枣是我们班年纪最小的女孩，小小的个子，头上扎一个小辫子，超级可爱。她的笑容和嘴都很甜，每天围绕老师左右，有说不完的话题。表达能力很强的她，常能说出让你惊叹的词和语句。这样的幼儿，应该很能适应幼儿园的生活吧？错！每天的入园环节，是枣枣、家长、老师的“噩梦”！

入园看家本领：哭闹！

早上入园，无论是园门口的晨检医生还是班级门口的教师，都能按时听到楼下的嘶吼声：“我要回家，我要妈妈来接我……”枣枣来了！从入园的第一天到升入中班前，枣枣来园的哭声充斥在园所的每个角落。伴随哭闹声，还有永不停止的问话：“你带我到楼下去玩好不好？”“我现在就要下去，现在就要回家！现在！你带我走！”“我不想在幼儿园，给奶奶和妈妈打电话，好不好？”情绪激烈的时候，体育老师使出全身力气，才能将其抱入班级。

入班的十分钟：微笑！

说来奇怪，无论枣枣早上在园门口怎么哭闹，如何地歇斯底里，一到班级，在老师的拥抱与小朋友的欢闹中，她可以立马变脸式地微笑起来。见到巡班的园长妈妈，她可以主动搭话，甜蜜的微笑带着刚刚挂在眼中的泪珠，信誓旦旦告诉我们：明天来园坚决不哭。一副甜甜的笑脸可以让我们无比相信她是认真的。

昨天的小情绪：发泄！

虽然枣枣年纪小、个子小，但是非常有主见。在与小朋友的交往中，她一直处于主导地位。她常常会有新奇的主意、有趣的玩法，会组织其他幼儿玩耍。若有幼儿反对她的建议，她会尽力劝说，有时还会请老师来帮忙。如若老师也不能支持她，她会牢牢记在心里，第二天晨间入园时，她定会边哭闹，边诉说昨日的伤心事。如：哪个小朋友不喜欢她，进餐时有一个菜不想吃，老师没有答应她……在园任何一件事情没有如愿，第二天的晨间必定会情绪崩溃、号啕大哭。

据家长反映，枣枣在家稍不如意就哭闹，家人束手无策。通过一段时间的家园配合，包括采取拥抱式抚慰、注意转移、冷处理对待、作息一致、绘本引领等方法，近三个学期过去了，枣枣终于较好地适应了幼儿园一日生活。从哭喊着要妈妈到主动和园长妈妈、老师还有小朋友们说“早上好”，我们看到微笑公主诞生了。

【案例分析】

1. 哭闹的背后是分离的焦虑

“分离焦虑”是指幼儿和抚养者之间分离时表现出的一种不安的情绪和行为，是一种消极的情绪体验和情绪障碍，属于内化综合征。枣枣第一次独自进入一个陌生环境，离开了熟悉的家庭环境，离开了熟悉的爸妈，接触陌生的人，所产生的一系列哭闹等情绪的反应都是分离焦虑的表现。著名的教育家陈鹤琴曾经说过：“大家都知道，幼稚园的环境跟家庭环境是不相同的，因此，当一个小孩到幼稚园的时候，在他心理上就发生问题了。”一方面，幼儿园与家庭不论是从建筑外观、内部格局，还是物品摆放等物质材料方面都存在着极大的差异；另一方面，幼儿园与家庭的心理环境更是不同。枣枣平常接触的都是熟悉的家人，与其他成人、幼儿交往的机会较少，所以表现出交往意愿犹疑、交往技巧不足的情况，因此，在幼儿园这样的陌生人际环境中很容易出现归属感与安全感的缺失。同时，枣枣在家中备受宠爱，家人对她有求必应。而在幼儿园中，老师要同时兼顾全班幼儿的身心需要，不能时时刻刻停留在枣枣身边，并且在园的一日生活要遵守常规，这又加深了枣枣的焦虑情绪。因此，枣枣入园的哭闹行为属于分离焦虑。

2. 坚持哭闹是隔代带养造成的问题

很多幼儿短时间哭闹，我们都视为正常分离焦虑的应激表象，而枣枣一直坚持哭闹一年多，这样的现象令人费解。经过家园沟通，枣枣的父母工作都很忙，幼儿一日生活都是由外婆在打理。外婆嘴上说配合幼儿园，坚持入园，可在甜嘴枣枣的哭闹、纠缠攻势下，速速败下阵来：给枣枣请假，入园时总是徘徊在园门口不舍离去，甚至引导性地问枣枣是否是在幼儿园受了委屈……这样，疑团解开了，枣枣剧烈化、持续化的入园焦虑与隔代带养有着密切关系。隔代带养，主要是指以祖父母与外祖父母为主的教养形式，一定程度上解决了父母工作与照料幼儿之间的矛盾。但隔代带养也弊端丛生，主要表现为教养方式的不当。祖辈在教育方式、教育能力、教育水平上很难适应幼儿的发展需求，更容易产生溺爱的教养方式。枣枣外婆对她的娇纵和一味顺从，使枣枣在心理和精神的发展上出现偏移，导致入园心理适应期的延长。我们通过观察发现：外婆在园门口停留时间越长，枣枣的哭闹时间就越长，外婆越是屈服，枣枣越是难以适应园所生活。从枣枣回到班级后瞬间微笑，我们可以得出结论：枣枣的哭闹是表演给外婆看的！对于隔代带养形成教育的“脱代”问题，在枣枣身上很明显地表现出来。

3．骄纵的原因是家庭的溺爱

苏霍姆林斯基曾经说过：“娇纵的爱是最可悲的，它是一种本能的、缺乏理智的爱。”父母对幼儿百般溺爱，不仅给自己带来苦恼，更不利于幼儿的身心健康。枣枣是独生女，家长爱子心切，百般顺从，满足幼儿的各种需求，让幼儿在家享受特殊地位。枣枣当然意识到自己不管想要什么都能实现，想做什么都不受限制，所以，她对幼儿园不能“唯她独尊”的人际环境十分不适应。同时，她还认为只要不想上幼儿园，大声地哭闹，家人必然会顺从自己，就不用再上幼儿园了。她将哭闹视为自己达成需求的途径，视为自己家庭地位的象征。由此，加剧了枣枣的哭闹现象。

【案例启示】

1．耐心爱心，缓解焦虑

枣枣入园焦虑的原因，本质上是害怕幼儿园里的老师、小朋友不能像家人那样爱自己。因此，以爱温暖，以爱支持，是缓解枣枣入园焦虑的关键。对此，家园合作，开展了“三步走”的关爱计划。首先，园方管理者、班级教师都密切关注枣枣的来园动态，每一个迎接入园的管理人员及班级教师都主动给予枣枣温暖的拥抱，每天如此，让幼儿感受到自己在幼儿园也是被关爱的、被重视的，幼儿园里每一个人都爱自己，从而与幼儿园建立了情感的亲密感与归属感。其次，我们建议枣枣的爸爸妈妈找合适的机会带枣枣在幼儿园里游戏，既可熟悉园所班级环境，又能建立良好的亲子关系。同时，每天在入园之前提醒枣枣，今天幼儿园里又会有很多好玩的游戏，和蔼的老师和友好的小伙伴等着她；每天离园归家后也引导枣枣多讲讲幼儿园里有趣的事情，以强化枣枣快乐的入园感受与体验。第三，让枣枣对幼儿园产生信任感与归属感。爸爸妈妈以言语告诉枣枣，老师以实际行动向枣枣证明，老师是一个可以帮助枣枣的、值得信任的人，班上的小哥哥和小姐姐既是小伙伴，也是好朋友。他们会和枣枣一起玩，关心、帮助枣枣。与此同时，我们也建议班级教师正确引导枣枣与他人相处和沟通，引导枣枣正确对待老师的批评，学会与老师及时沟通，尽快消除由此产生的负面情绪。

2. 科学“冷漠”对待哭闹

枣枣非常聪明，她知道自己可以通过哭闹得到更多关注，达到自己想要的目的。我们与家长达成一致，不论是在家还是在园，对于枣枣的哭闹要坚持“冷处理”的原则。适当地“冷落”她，对于哭闹视而不见，让她明白这种方式解决不了问题。如果幼儿不生病的话，家长都应坚持送幼儿入园，温柔且坚定地告诉枣枣，小朋友坚持上幼儿园是一件很自然的事，和妈妈上班一样。时间一久，枣枣发现哭闹不管用时，自然就会进行自我调适，从心理上接受幼儿园。同时，我们还建议枣枣的家长，要引导枣枣在家分享交流幼儿园的趣事，家长更要给枣枣以幼儿园是美丽的、有趣的，老师是和蔼的、可靠的，小朋友是友好的等正向暗示，让枣枣对幼儿园产生积极印象与期待。

3. 快乐游戏转移注意力

解决枣枣的入园焦虑，最关键的途径还是让她感受到幼儿园生活的快乐和有趣，从而提升来园的内驱力。因此，我们鼓励枣枣主动参与各类活动，并从中获得积极的心理体验。如：老师安排枣枣当值日生，服务全班小朋友。枣枣从中获得了成就感与荣誉感，快乐与满足冲淡了她刚来园时的不安与焦虑。枣枣性格活泼开朗又充满好奇，老师就让枣枣做小记者去采访别的班的小朋友，然后为大家播报其他班小朋友的一日生活。枣枣从中获得了探索的快乐与表达的自信，新奇感与成就感冲淡了难过和无助的感受。

4. 家园一致，培养良好生活习惯

解决枣枣入园焦虑的问题，关键是要了解枣枣内心的想法。和枣枣聊天时，枣枣提到有时自己早晨还没睡醒，就被送来幼儿园了，很不舒服，所以才大哭的。妈妈跟老师沟通中也反映幼儿在家作息时间与幼儿园不一致，尤其是在周末，更加随意放松，晚睡晚起是常事。到了入园时，幼儿无法适应。因此，我们建议家长与幼儿在家尽量保持规律作息，如用餐、活动、午休、晚上睡觉等时间与幼儿园大体保持一致，不要随意打乱。这样做有助于枣枣形成良好的秩序感与规则意识，更帮助枣枣养成了良好的生活习惯。

5. 绘本助力，抓住契机促进成长

一天早上，全体晨检的老师都十分惊讶：今天的枣枣居然微笑着来幼儿园了！老师们纷纷表扬枣枣："枣枣今天笑得真好看！"枣枣欢快地答道："我是微笑公主哟！"原来，前一晚上枣枣和妈妈共同阅读了《微笑公主》的故事，故事里面有一个微笑公主魔咒，只要念响魔咒，公主就会变得无所畏惧，快乐会常驻心里。绘本以图画为主要形式，给幼儿呈现了一个奇妙的想象世界。幼儿对彩色的画面、生动的故事、可爱的角色有着极高的接受度，更会把从绘本中学习到的知识和道理内化并应用于自己的生活。于是，我们利用了《微笑公主》的绘本情景，每天早上见到枣枣，都称呼她"微笑公主"，听到这样的称呼，原本想哭闹的枣枣就会收起眼泪，自言自语道："我是微笑公主，我不哭。"然后高高兴兴地入园了。绘本的故事角色，对于枣枣是一种积极的自我教育，更暗示枣枣，做一个勇敢的幼儿，战胜自己，微笑面对。

从哇哇大哭的枣枣，到如今的微笑公主，幼儿发生了翻天覆地的变化，家长也如释重负。你瞧，枣枣还得意地说："老师，你叫我一声微笑公主试试，我就会笑得很开心哟，嘻嘻。"我竖起大拇指叫她一声"微笑公主"，她就咧嘴开怀大笑。我知道，幼儿那一刻的雀跃，是对自己进步的认可。我再次体会到：教育需要坚持，教育需要等待，教育更需要及时地了解与适宜的关注。

◆ 案例三：光盘之星"耀"成长

【案例描述】

元元是大三班最喜欢运动的男孩，沟通与动手能力很强。上学期，幼儿园发起了爱惜粮食、养成良好饮食习惯的倡议书，班级响应号召，积极开展了光盘行动。幼儿们都兴致勃勃，争做爱惜粮食的好宝宝，可是一直爱挑食的元元，依然我行我素。

挑食我第一

每当保育员为幼儿们打餐时，总能听到元元跟保育老师说："老师，我喜欢吃这个，请给我多打一点，我不喜欢吃那个，请打少一点。"当打餐结束后，元元又会立刻端起餐盘要求保育老师将喜欢的菜再次添给自己，而不喜欢的菜则一口未动晾在餐盘里。当老师鼓励元元尝试一下时，元元则会立刻做出恶心呕吐的动作。等到老师巡餐，元元就已经将餐盘里不喜欢的菜倒进了餐渣盘中。对于起床后的水果点心，元元总能找出各种各样的理由来回避不喜欢吃的水果，一会儿是肚子不舒服，一会儿是吃太甜的对牙齿不好，总之就是不想吃。

进餐无习惯

进餐时不随意讲话，注意保持桌面和地面的整洁，是班级共同制定的进餐要求。在幼儿们的互相提醒下，大家都能遵守规定文明进餐。而元元的进餐情况却是一边吃一边聊，一会儿聊神话故事，一会儿聊喜欢的玩具，哪怕无人理会也能自说自话到进餐结束。不仅如此，每次值日生收拾餐桌时，都会发现元元的餐桌上和地面上一片狼藉，老师也时常遇到值日生状告元元不遵守班级规定、浪费食物的情况。

零食来当家

在家的元元，那就是山大王回了山，脱离了班级制度的约束，更加肆无忌惮了。零食是想吃就吃，吃饱为止。到了饭点，一口饭都吃不下了，没一会儿，肚子饿了又会抓起没吃完的零食。好不容易上了餐桌，一口饭也要伴着爸爸妈妈几句哄劝的话才能下肚。

随着光盘行动的开展，经过家园齐心协力的引导，元元逐渐改变了挑食、偏食的习惯，还成为遵守规则、进餐专注的“小吃货”，获得了班级光盘之星的称号，成为班级光盘行动的“督导员”，身体健康如小虎。

【案例分析】

已经上大班的元元挑食严重，还未养成良好的进餐习惯，是什么原因导致元元出现饮食行为问题呢?

1. 家庭教养方式存在偏差

家庭是幼儿活动的主要场所，对幼儿饮食行为的塑造有着特殊的、重要的意义。因此，家庭环境是影响幼儿饮食行为的首要因素。[1]二胎家庭的元元，爸妈平时工作比较忙，对元元生活上的照顾是心有余而力

1 孙卫民 . 幼儿不良饮食行为与教育［J］. 家庭医学，1994（3）：10.

不足，家庭的饮食尽量是贴近元元的喜爱而制作安排，这间接导致元元形成“只吃自己喜欢的，不喜欢的就不吃”的不良饮食行为。《3—6岁儿童学习与发展指南》中强调：幼儿阶段是幼儿身心发展非常迅速且十分重要的时期，拥有良好的饮食习惯对幼儿的健康起到至关重要的作用，将为他们顺利过渡打下良好的基础。[1]由于家庭不了解幼儿时期的饮食对健康发育的影响，忽视了对于元元随意撒饭、挑食行为的引导，对元元毫无节制吃零食的行为不予纠正，长此以往就造成了幼儿偏食、挑食的习惯，营养不均也对幼儿的生长发育十分不利。

2. 教师观察和引导不及时

幼儿园是有组织、有目的、科学、集中开展幼儿教育的主要场所，其中幼儿教师的引导是影响幼儿饮食行为的重要因素。“学前幼儿健康行为形成过程中的每一环节都需要健康教育的介入。而健康教育的内容、方法及手段的选择均关系到教育的效果。”[2]3—6岁是幼儿习惯、性格形成的关键期。因此，幼儿时期的行为习惯需要教师的正确引导，班级老师作为专业的幼儿教育者，没有及时关注到元元挑食、偏食的问题，加以科学引导，未与家庭沟通、合作教育，这也是导致元元形成挑食、偏食习惯的原因之一。

3. 既成的不良饮食习惯

《辞海》中对“挑食”的定义是：对食物挑剔，只吃特定的一种或几种食物。对“偏食”的定义是：偏爱吃某种或某几种食物。[3]通过持续的观察，元元挑食、偏食的习惯已经处于既成状态。从挑食、偏食的程度上来说，元元属于偶尔挑食、偏食的幼儿。“美国学者布朗研究了‘食谱与性格形成’问题，认为父母应珍惜学前幼儿尝试不同类别食物的好奇心。因为一个人在幼年接受的食物类别越多，其成年后性格的包容度就越大。对蔬菜鲜脆、辛烈、清苦等诸多滋味的接受程度，与学前期幼儿形成很强的环境适应能力有着密切的关联，拒绝蔬菜的学前

---

1 中华人民共和国教育部 . 3—6 岁儿童学习与发展指南［M］. 北京：首都师范大学出版社，2012：78.

2 顾荣芳 . 学前幼儿健康教育论［M］. 南京：江苏教育出版社，2016：138.

3 夏征农，陈至立 . 辞海，第六版，彩图本［M］. 上海：上海辞书出版社，2010：1731.

期幼儿常常有拒绝接受周围环境的倾向。”[1]可见长期的挑食、偏食不仅会造成幼儿营养不均，影响生长发育，还会影响幼儿的环境适应能力，威胁幼儿的心理健康和长远发展。因此，改善元元的饮食习惯已刻不容缓。

【案例启示】

1. 家园沟通达成共识

面向集体，形成公约。通过线上家长会，班级发布了光盘活动倡议书，向家长宣传幼儿园活动的同时，也借助家园共育之力量，将活动辐射至每个家庭中，既让家庭了解到班级活动的开展情况，也希望通过家园配合，家长的以身作则，营造良好的家园饮食氛围，从而进一步帮助幼儿养成“光盘”的好习惯。

个别交流，直击问题。老师通过微信与元元妈妈进行沟通，详细描述了元元在幼儿园进餐的现状，分析了这个年龄阶段的幼儿养成良好饮食习惯的重要性。通过多次交流，家庭也意识到了帮助元元养成良好的饮食习惯，是迫在眉睫的，愿意积极和老师一起，帮助引导和纠正元元的不良饮食习惯。

2. 游戏促成好习惯

游戏是最符合幼儿年龄的学习方式，让元元在游戏中，从被动的要求到主动习得好习惯，是家园共同的目标。为此，家园开展了多种游戏活动：

（1）拍灯游戏激发进餐兴趣

班级老师先与幼儿重新讨论了班级的进餐要求，然后创设了餐后游戏墙，幼儿可在光盘后点亮自己的灯，通过游戏的形式激励幼儿光盘。元元十分喜爱光盘后能点亮属于自己的小灯的游戏，进餐时遇到不喜欢的食物也不再那么抵触了。

1　顾荣芳．学前幼儿健康教育论［M］．南京：江苏教育出版社，2016：213.

（2）评选游戏树立榜样力量

班级开展评选“光盘之星”的游戏活动，幼儿们都要以日记的形式自主记录每日光盘情况，每星期通过自评、互投的方式，共同评选出班级“光盘之星”。除此之外，光盘日记里还可以记录喜欢吃的、不喜欢吃的和想吃的食物，在幼儿的自主介绍中，教师会有针对性地对幼儿的分享进行话题讨论和引导，鼓励幼儿吃完每一份饭菜，做到不浪费粮食，引导幼儿们讨论不喜欢某种食物的原因，鼓励幼儿下一次尝试。评选游戏以自评和他评的方式开展，驱动幼儿的光盘行为，更增强了幼儿珍惜粮食的道德感。

（3）督导游戏连续正面强化

随着班级“光盘之星”活动的不断深入开展，对于三餐中未按班级要求进餐的幼儿，幼儿们提出了自己的想法，每日最先进餐完毕的幼儿可以当选光盘督导员，可以在送餐处检查幼儿们的光盘情况，鼓励和督促小伙伴进行光盘。这极大地激发了幼儿们的班级主人翁意识和成就感。以自主、自治的手段给予幼儿正面强化，持续鼓励光盘行为。

（4）种植游戏改变原有认知

在日记分享里得知，元元不喜欢的食物是幼儿园食谱上经常出现的西红柿，他不喜欢西红柿的味道，那么，如何让元元爱上西红柿呢？班级开展了种植西红柿的活动，元元在种植西红柿苗，帮西红柿除草浇水的劳动中，日复一日地观察着西红柿的生长变化，元元对西红柿的认知不再仅是餐盘里的食物，更是小朋友们精心呵护的小宝贝。在不知不觉中，元元不再抵触幼儿园食谱上的西红柿，在日记中“不喜欢吃”的一栏里，也不再有西红柿的身影。

（5）打卡游戏实现家园同步

元元妈妈受到班级活动的启发，和元元共同制定了家庭公约，元元可以通过表格自主记录，给自己每日的进餐情况进行评价，坚持一个小周期可以实现一个小心愿。以此来正面强化元元在家的光盘行为。在家园同步的激励下，元元的饮食行为正在逐渐改善。

3. 双向反馈共引导

家园的信息交互是开展高质量家园共育的基础。老师会定期将元元在园的进餐情况向家庭进行反馈，如每月挑食、偏食情况的变化，让元元将在园的光盘日记带回家和爸爸妈妈分享，元元妈妈听到老师的反馈，也会开心地和老师讨论在家时元元的饮食表现，询问该如何调整。班级还利用每学期一次的家长开放日，特意邀请元元爸爸入园参观，陪伴元元度过了幼儿园的半日活动。通过半日的参观，元元爸爸不仅了解了幼儿在园的饮食情况，也更加知道在家庭中应该如何继续引导，以全面改善元元的饮食行为。在家园的共同引导和努力下，元元凭借自己的改变获得了班级的“光盘之星”，还当上了班级的“光盘督导员”，养成了积极尝试新食物、爱吃蔬果的饮食习惯。与此同时，得到家庭、老师和同伴鼓励的元元，也越来越自信开朗，成为班级的自理小能手。

教育幼儿的过程同时也是父母、教师自我认知、自我学习、自我提升的过程，对于元元的不良饮食习惯，家园能够及时发现、积极沟通、达成一致、同步行动，从而营造了科学适宜的教育氛围，共同促进幼儿的健康发展。看似小小的饮食习惯，却与幼儿的身心健康息息相关，教育无小事，相信在家园携手下，我们定能为幼儿健康成长创造更加美好的环境。

附　家庭教育重要法律、政策、文件链接

附件一：幼儿园教育指导纲要（试行）

http://www.moe.gov.cn/srcsite/A06/s3327/200107/t20010702_81984.html

附件二：3—6 岁儿童学习与发展指南

http://www.moe.gov.cn/srcsite/A06/s3327/201210/t20121009_143254.html

附件三：教育部关于加强家庭教育工作的指导意见

http://www.moe.gov.cn/srcsite/A06/s7053/201510/t20151020_214366.html

附件四：幼儿园工作规程

http://www.moe.gov.cn/srcsite/A02/s5911/moe_621/201602/t20160229_231184.html

附件五：全国家庭教育指导大纲

http://www.moe.gov.cn/jyb_xxgk/moe_1777/moe_1779/201007/t20100714_92936.html

附件六：中国儿童发展纲要（2021—2030 年）

http://www.gov.cn/zhengce/content/2021-09/27/content_5639412.htm

附件七：大力推进幼儿园与小学科学衔接的指导意见

http://www.moe.gov.cn/srcsite/A06/s3327/202104/t20210408_525137.html

附件八：中华人民共和国家庭教育促进法

http://www.moe.gov.cn/jyb_sjzl/sjzl_zcfg/zcfg_qtxgfl/202110/t20211025_574749.html

后 记

为母21年，从教27载。回首教育往事，点滴在心头。对于自家幼儿的培养，我想说“愿岁月可回头”，有对初为人母时懵懂无知的悔意，有似水流年般的蹉跎之感，如果时间可以倒流，我作为母亲有很多需要改变，让我的育儿观念更接近这个时代，让我的幼儿能体验到更有意义的童年，摒弃许多无谓的焦虑，多些理性的从容。作为任教27年的老师，我想说“家长就是起跑线”，家长就是幼儿的第一任老师。身边的家长朋友时常向我倾诉：我当然知道家庭教育的重要性，也想成为最好的家长，但教育是最难的事，难就难在它需要恰到好处，更需要智慧适宜。

的确，家天然带有温度，它不仅是我们身体修行的地方，更是我们心灵停靠的港湾。家庭是一个人成长的起点，也是人行走一生的慰藉。父母，作为家庭主要成员，如何运用智慧的教育，助力幼儿起跑，成为幼儿带着无限爱迈入未来的引擎，成为幼儿无论走多远都能感受到的力量源泉呢？我想对新时代的父母说说自己的感悟：

智慧父母，给予适宜的爱。有爱，教育才有温度。爱，是为人父母都具备的最原始的情感。在爱的基础上，教育能焕发新的生命。有爱为前提，教育才能发挥应有的功效。父母之爱，首先需要的就是真心的接纳。幼儿是世界上独一无二的个体，他不是谁的附庸，更不是谁的对比物，他就是他自己。作为父母，要接纳自己的幼儿，接受他的优点，也接受他的不完美，更接受他拥有的独特个性与想法。父母的接纳，既不是无条件的顺从，也不是充满挑剔的指摘，而是真心地认可与顺天性而为。父母之爱，需要精心的陪伴。花时间与幼儿游戏，花心思和幼儿共读，定时设置有趣的户外运动、有挑战的家庭竞赛、有规划的远足旅游……点滴爱的积淀，让教育有了底气，让幼儿更容易接受。父母之爱，需要适时的放手。教育的最终目的，就是让幼儿成功地脱离父母，更好地适应社会。我们应守望幼儿成长，坚信他能独立面对自己的世界，鼓励积极的冒险，培养迎接未来的勇气。用心的陪伴与适时的放手，将会印刻在幼儿心中，成为他不断挑战、不断攀登的精神支柱。因此，教育的本质就是爱！

智慧父母，需要换位思考。请父母“蹲下来”吧，回味自己的童年，感知自己曾为孩子时的内心需求。回眸自己的童年经历，什么事情让我们感动一生，无法忘怀？什么事情让童年充满欢乐？什么场景让我们羞愧与愤怒？什么样的话语激励我们成长？我们童年喜欢什么样的父母，我们就应该努力成为那样的父母。理解、接纳、尊重、鼓励、坚持……这些都是智慧育儿的关键词，这些能点亮幼儿的心灵，激发幼儿的动力。

智慧的父母，需要不断学习。向书本学习，向身边教师学习，更应该向幼儿学习，积极面对这个世界，积极的创造生活。你希望幼儿是什么样的人，就要先去成为什么样的人。积极的影响，在幼儿未来的性格、格局、处事态度等各个方面都将得到体现。教育其实就是父母身体力行！

本书第一章“科学的家庭教育观念”，由湖南师范大学彭丹老师执笔；第二章“适宜的家庭教育指导”，由湖南省军区幼儿园余海燕副园长带领的教师团队，包括蒲阳、刘洁、刘茜、颜媛芳子、邹丹、臧杨、冯丹丹、雷良凤、王磊、黎慧君、何倩、张舒、曾禹、赵海周、易芝、龚一米、蒯颖、李瑶、王晨等老师合作完成；第三章“典型的家庭教育案例”，第一部分由湖南省军区幼儿园幼儿龚思澄、何肖珏、杨宛青、毛汐文、沈熙雯家长共同完成；第二部分由湖南省军区幼儿园臧杨、蒲阳、雷良凤、蒯颖、邹丹老师共同完成；第三部分由湖南省军区幼儿园杨燕园长和易芝、李瑶老师共同完成。

在此，我要感谢为本书的编撰出版贡献力量的每位专家、教师和家长朋友。感谢湖南省教育科学研究院基础教育研究所周丛笑副所长对本书整体编撰工作的指导。从编撰思路到书籍内容，再到文稿审核、作品出版，都离不开周所长的辛勤付出和专业指引。感谢长沙市教育科学研究院薛婷婷主任和长沙市市政府第二幼儿园陈浩军园长对本书筹划编辑、文字审定和出版发行的大力支持。感谢湖南师范大学彭丹老师对本书编撰工作的鼎力相助。感谢余海燕副园长带领的军幼教师团队牺牲业余时间，全身心投入，为本书的编辑出版打下坚实的基础。正是有了权威、专业、敬业、奉献的编辑团队，才有了本书今日的出版，再次感谢大家！

亲爱的家长朋友们，“智慧”的背后，是教育的“无为而治”，让我们在家庭教育中做到有所为，有所不为；“智慧”的背后，是学习与实践的互相促进，让我们在与幼儿生命的互动中体验升华；“智慧”的背后，是教无定法的反思，教育是百花齐放的，幼儿发展是创意无限的。期待我们的幼儿，在游戏中长大，在陪伴中长大，更是在爱里长大！

杨　燕

湖南省军区幼儿园园长、党支部书记

中小学高级教师

2021 年 10 月